Gerhard Eikenbusch

Visualisieren im Deutschunterricht

Eine Einführung in Methoden und Praxisideen

Klett | Kallmeyer

Bibliografische Information der Deutschen Nationalbibliothek
Die Deutsche Nationalbibliothek verzeichnet diese Publikation in der Deutschen Nationalbibliografie; detaillierte bibliografische Daten sind im Internet über http://dnb.d-nb.de abrufbar.

Impressum

Gerhard Eikenbusch
Visualisieren im Deutschunterricht
Eine Einführung in Methoden und Praxisideen

1. Auflage 2024

Redaktion: Stefan Hellriegel, Berlin
Umschlagmotiv: Annett Schroeder
Realisation: Stefan Zielasko
Druck: Beltz Grafische Betriebe GmbH, Bad Langensalza
Printed in Germany

ISBN: 978-3-7727-1724-6

Gerhard Eikenbusch

Visualisieren im Deutschunterricht

Eine Einführung in Methoden und Praxisideen

Klett | Kallmeyer

Inhalt

Vorwort: Visualisieren ... im Deutschunterricht? 6

1 Grundlagen und Hintergründe 9

1.1 Was als Visualisieren verstanden wird, das ist es auch 10

1.2 Visualisieren ist Arbeit – kann sich aber auch lohnen 18

1.3 Aber: Gute Absichten allein reichen fürs Visualisieren nicht 26

1.4 Visualisieren muss man im Unterricht oft erst sichtbar machen 28

2 Werkstatt Visualisieren 31

2.1 Immer zuerst: Erfahrungen sichern und auf bewährte Werkzeuge achten 32

2.2 Das Klassenzimmer aus der Perspektive des Visualisierens sehen 36

2.3 Lehr- und Lernmittel und Medien gezielt und koordiniert einsetzen 40

2.4 Einen Grundstock an Visualisierungsformen und -formaten aufbauen 45

2.5 Für Basismaterial und Minimalausstattung sorgen 51

3 Praxisideen für den Unterricht 79

3.1 Visualisieren für Lehrkräfte 80

3.1.1 Einsteigen, Planen, Sichtbar-Machen, Orientieren 82

3.1.2 Moderieren, Ideen sammeln, auswerten und ordnen 90

3.1.3 Veranschaulichen von Daten, Informationen, Sachverhalten und Analyseergebnissen 114

3.1.4 Analysieren und Interpretieren von Texten 130

3.1.5 Bewerten und Beurteilen 147

3.2 Visualisieren für Schülerinnen und Schüler 149
3.2.1 Impuls 1: Erfahren statt Überzeugen – Visualisieren ist wichtig 151
3.2.2 Impuls 2: Man muss nicht zeichnen, aber gut sehen können ... 152
3.2.3 Impuls 3: Nebenbei Visualisieren lernen 153
3.2.4 Impuls 4: Analoge und digitale Werkzeuge nutzen 155
3.2.5 Impuls 5: Das Alphabet der Sprache des Visualisierens lernen 156
3.2.6 Impuls 6: Punkte machen ohne PowerPoint 157
3.2.7 Impuls 7: Wissen, wozu Sketchnotes & Co. (nicht) geeignet sind 158
3.2.8 Impuls 8: Visualisieren schlägt KI – zumindest noch 159
3.2.9 Impuls 9: Vor lauter Bildern wieder sehen lernen 160
3.2.10 Impuls 10: Visualisieren wertschätzen (lernen) 161

Literaturverzeichnis 163
Bildquellenverzeichnis 167
Verzeichnis der Visualisierungsformen 167
Download-Material 168

Vorwort: Visualisieren … im Deutschunterricht?

Ein kleines Gedankenexperiment: Stellen Sie sich vor, einen Schultag lang im Unterricht auf Bilder, Grafiken, Anschriebe, Schaubilder, Skizzen und Abbildungen zu verzichten. Dazu würden noch alle Lernplakate, Karten und Bilder von den Wänden des Klassenzimmers entfernt, Schulbücher und Hefte blieben in den Taschen oder Fächern. Smartboard, Tafel und Arbeitsblätter würden, wenn *überhaupt*, nur noch für Textnotizen genutzt, die Dokumentenkamera bliebe ausgeschaltet …

Natürlich würde das Ende der Bilder-Welt nicht gleich das Ende Ihres Unterrichts bedeuten: Sicher könnten Sie und Ihre Klasse auch ohne visuelle Darstellungen arbeiten … Aber – wäre es auch gut?

Der Gedanke, einmal ein solches *„Visual-Detox"* durchzuführen, ist verlockend: Wie würde ein Bilder-Blackout meinen Unterricht verändern, das eigene Verhalten beeinflussen? Welche Reaktionen würden die kahlen Wände und das Fehlen von Bildinformationen, Symbolen und Icons, die sonst im Klassenzimmer zu finden sind, auslösen? Und wie käme ich im Deutschunterricht ohne Bilder oder Abbildungen zurecht, wenn ich z. B. demonstrieren möchte, wie sich Satzglieder beim Wechsel vom Aktiv ins Passiv verändern?

Visualisieren ist in der Praxis von Lehrkräften und der Klasse viel zu wichtig, um es bloß dem Zufall oder der Intuition zu überlassen. Und man kann auch nicht einfach mit alten Routinen und Traditionen weitermachen, die man selbst als Schülerin oder Schüler kennengelernt hat, denn die Rahmenbedingungen und die Möglichkeiten fürs *Visualisieren* in der Schule haben sich seitdem grundlegend verändert. Das liegt nicht nur an neuen Medien, Geräten, Programmen und Ausstattungen, sondern auch an veränderten Bilder-Welten, Seh- und Nutzungsweisen: Visuelle Darstellungen werden heute nicht nur anders produziert und konsumiert als noch vor wenigen Jahrzehnten, sie werden auch anders gesehen.

Dieses Buch möchte Einsteigern und Routiniers helfen, die vielfältigen Möglichkeiten und Perspektiven des *Visualisierens* (wieder) zu entdecken. Es lädt dazu ein und regt an, sich intensiver mit dem alltäglichen *Visualisieren* im Deutschunterricht" zu beschäftigen, andere oder neue Wege dafür zu entdecken und die eigenen Gewohnheiten in Bezug auf das „*Visualisieren* im Deutschunterricht" zu überdenken.

Für „*Visualisieren* im Deutschunterricht" gibt es kein Patentrezept, auch nicht die *eine* Methode und erst recht nicht einen einzigen Lehrgang, an dessen Ende man alles kann, was man braucht.

Deshalb bietet dieses Buch *vier unterschiedliche Zugangswege* für Leserinnen und Leser:

- Wer sich erst mit den Grundlagen visueller Darstellungen im Unterricht auseinandersetzen und wissen möchte, wie *Visualisieren* überhaupt funktioniert und wozu es gut sein kann, der kann einsteigen mit dem folgenden Abschnitt „Grundlagen und Hintergründe".
- Wer sich zunächst mit den handwerklichen Voraussetzungen für das *Visualisieren* im Deutschunterricht vertraut machen möchte, kann die „Werkstatt Visualisieren" besuchen und danach entweder die Grundlagen erkunden oder zu praktischen Anwendungen übergehen.
- Wer direkt an der unterrichtlichen Praxis anknüpfen möchte, für den ist der Zugang über die „Praxisideen für den Unterricht" wahrscheinlich am besten geeignet.
- Wer sich dem Thema aus der Perspektive der Schülerinnen und Schüler nähern möchte, kann mit dem letzten Abschnitt des Buches beginnen und dann an die anderen Abschnitte anknüpfen.

Unabhängig davon, wie man in dieses Buch einsteigt und wie man es nutzt: Entscheidend für das Gelingen ist die Neugier, sich mit offenen Augen auf das einzulassen, was Bilder und visuelle Darstellungen leisten (können). Zeichnen, malen oder skizzieren zu können, ist übrigens, wie wir sehen werden, keine Voraussetzung für gelingendes *Visualisieren.*

Viele Ansätze und Anregungen für dieses Buch sind in zwei Seminaren für angehende Deutschlehrerinnen und -lehrer an der Universität Rostock entstanden. Bis zum Schluss blieb „*Visualisieren* im Deutschunterricht" für sie und für mich ein spannendes und kreatives Thema, mit vielen Facetten, aber auch vielen Herausforderungen – und es hatte viel mehr mit der alltäglichen Praxis im Deutschunterricht zu tun, als wir vorher ahnten.

Allen, die mit Ideen, Hinweisen, Kommentaren und Kritik zu diesem Buch beigetragen haben, möchte ich herzlich danken für ihre Unterstützung, ihre Ermunterung und ihre Bereitschaft, sich auf das „Abenteuer des Sehens" einzulassen.

Lübeck und Rostock, Mai 2023 – Gerhard Eikenbusch

1 Grundlagen und Hintergründe

Visualisieren ist keine Kunst.
Visualisieren ist Handwerk.
Es geschieht nicht einfach „nur so“, sondern es entwickelt sich in einem Wechselspiel zwischen Lehrpersonen und Lernenden und dem, was das Thema oder die Sache erfordern. Dieses Zusammenspiel lässt sich nicht exakt vorausplanen oder vorhersehen. Das heißt aber noch lange nicht, dass es dafür keine Strukturen gibt und dass es nicht zielbewusst gestaltet werden kann. Denn *Visualisieren* beruht, wie jedes Handwerk, auf erprobten Konzepten und Arbeitsschritten, auf Erfahrungen, Routinen, Wissen, auf Ordnungen für den sachgerechten Umgang mit dem Material und für korrekt durchgeführte Arbeitsprozesse.

Abb. 1.1: Comenius: „Die Schul“ – Visualisieren mit der Wandtafel 1658 (*Orbis Sensualium Pictus*, Nürnberg 1658, S. 198)

Spätestens als 1658 der mährische Lehrer und Schuldirektor Johan Amos Comenius (1592 – 1670) in seinem deutsch-lateinischen Jugend- und Schulbuch *Orbis Sensualium Pictus* unter der Nr. 97 ein Schulzimmer abbildete, in dem die Wandtafel einen prominenten Platz einnimmt, war das Handwerk des *Visualisierens* in der Schule auch schwarz auf weiß dokumentiert. So nannte er das Klassenzimmer „die Werkstatt“, in der die Rollen klar verteilt waren:

Der Schulmeister lehrt die Schüler lernen: „Etliches wird ihnen vorgeschrieben mit der Kreide an der Tafel." (Comenius 1658, S. 199) Und natürlich – hier warb Comenius gleich für sein eigenes Produkt – sollten im Schulzimmer auch illustrierte Bücher gelesen werden, mit denen man sich die Welt erschließen konnte.

Wie selbstverständlich ging Comenius davon aus, dass jeder Schulmeister mit Tafel und Büchern lehren kann und dass Schülerinnen und Schüler damit lernen können. Diese Annahme erweist sich – bis heute – häufig als über-optimistisch, wenn Lehrpersonen und ihre Klassen visuelle Darstellungen und Medien nutzen, ohne dabei die dafür notwendigen handwerklichen Voraussetzungen zu beachten. Dabei ist seit Comenius klar: Visuelle Darstellungen und Medienangebote können so gut sein, wie sie wollen – sie scheitern, wenn sie handwerklich falsch eingesetzt werden.

Um nicht in diese Scheiterns-Falle zu geraten, werden in diesem Kapitel (vor der sich anschließenden praktischen Werkstatt) wichtige Grundlagen für das Handwerk des *Visualisierens* im Unterricht vorgestellt.

1.1 Was als Visualisieren verstanden wird, das ist es auch

Visualisieren geschieht in der alltäglichen Praxis des Deutschunterrichts ständig durch die Lehrpersonen und in der Klasse – allerdings oft so, dass es den Beteiligten gar nicht bewusst ist: So produziert eine Lehrperson im Deutschunterricht im Laufe ihres Berufslebens, grob gerechnet, etwa 35.000 Tafelbilder – wenn man von einem pro Unterrichtsstunde ausgeht.

Auf der Seite der Lernenden sieht es nicht anders aus: So müssen Schülerinnen und Schüler in den ersten zehn Schuljahren mindestens über 20.000 Bilder, Grafiken und Abbildungen im Unterricht verarbeiten. Diese Zahl ist in den letzten Jahren eher noch gestiegen: Zum einen ist die ohnehin schon große Menge an Bildern, die für den Unterricht zur Verfügung steht, durch das wachsende und leicht zugängliche digitale Angebot noch größer geworden. Zum anderen setzen die Produzenten von Deutschlehrwerken, Ratgebermedien und Schülerhilfen immer mehr visuelle Elemente, Bilder und Grafiken ein. Häufig werden sie nur zur Auflockerung, als Illustration oder als Teaser eingesetzt. Mittlerweile finden sich in Deutschbüchern durchschnittlich mehr als zwei Abbildungen pro Doppelseite, in einigen Themenbereichen (z. B. Berufswahl, Sachtexte erschließen) sind es mehr als fünf pro Seite. Auf Webseiten und in Schülermaterialien sind es meist noch deutlich mehr.

Doch damit nicht genug: Weitere visuelle Reize und Aufforderungen sind für Lehrpersonen und in den Klassen ständig präsent: In Klassenzimmern der Sekundarstufe I finden sich oft über hundert Lernplakate, Hinweise, Karten und Bilder an den Wänden, Regalen, Türrahmen. In der Primarstufe sind es oft noch viel mehr. In dieser Aufzählung sind nur analoge Darstellungen enthalten. Rechnet man noch hinzu, wie viele Bilder die Schülerinnen und Schüler in digitaler Form auf ihren Tablets oder Handys gespeichert haben, auf die sie jederzeit zugreifen können, dann wird die Zahl der visuellen Darstellungen, die Klassen und Lehrpersonen produzieren oder konsumieren, schon im Zeitraum eines Jahres unüberschaubar: In der Sekundarstufe II kommen manche Kursmitglieder schon auf über 5.000 Präsentationsfolien pro Schuljahr, das macht 15.000 bis zum Abitur – und das nur bei durchschnittlich fünf Präsentationen pro Woche mit je zehn Folien.

!

Zwischenruf

Sind diese Zahlen nicht übertrieben? Nicht jedes Tafelbild oder jede Abbildung in einem Lehrbuch ist wichtig. Oft sind es nur Skizzen, Illustrationen, Hinweise, die *eigentlich* nicht weiter beachtet werden müssen. Die Klasse soll sich ja auch nicht mit jeder Illustration, jedem Tafelbild oder mit jeder Folie intensiv beschäftigen ... oder? Viele visuelle Darstellungen im Unterricht sind doch nur Hintergrundrauschen und sollen nicht aufmerksam, sondern automatisiert aufgenommen und beachtet werden.

Dieser Zwischenruf wäre berechtigt, wenn für Lehrkräfte und die Klasse immer klar wäre, was beim *Visualisieren* überhaupt wichtig genommen werden soll, was für die weitere Arbeit im Unterricht bedeutsam sein wird und was nur zum illustrierenden oder rituellen „Bilderrauschen“ gehören soll.

Hier gibt es allerdings drei Probleme:

- Lehrpersonen und die Klasse sind sich im Unterrichtsprozess oft nicht sicher, ob und wann etwas beim *Visualisieren* wichtig ist oder werden kann.
- Die am Unterricht Mitwirkenden definieren für sich individuell (auf dem Hintergrund ihrer Möglichkeiten, Erwartungen und Bedürfnisse), ob und was sie beim Visualisieren für relevant halten. Was beim *Visualisieren* wichtig ist, kann nicht für jemand anderen entschieden werden.
- Ob eine visuelle Darstellung relevant ist, kann sich im Laufe der Zeit ändern, zum Beispiel wenn sie bei der Wiederholung auffällt, an etwas erinnert oder durch neue Informationen eine andere Bedeutung erhält.

Visualisieren ist also keine einseitige und klar abgrenzbare intentionale Handlung der Lehrperson, sondern es entwickelt sich in Handlungs-, Rezeptions- und Kommunikationsprozessen: Was als *Visualisieren* verstanden wird, das ist es auch. Man könnte also die berühmten Axiome Watzlawicks über Kommunikation (Watzlawick/Beavin u. a. 2011) abwandeln:

- Beim *Visualisieren* kann man nicht nicht visualisieren – selbst eine kahle Wand in einem Kursraum kann eine – klare! – visuelle Aussage sein.
- Jedes *Visualisieren* vermittelt eine Aussage über Inhalt und Beziehung – beispielsweise ein Smiley am Heftrand, Verbotsschilder auf dem Flur.
- *Visualisieren* hat immer eine Ursache und erzeugt mindestens eine Wirkung – auch dann, wenn es nicht beachtet wird. – Man kann also nicht einfach mal „Bilder nur so" in der Klasse aufhängen, für irgendjemanden und irgendwas sind sie immer von Bedeutung.
- Beim *Visualisieren* entsteht immer ein Interpretations- und Verstehensspielraum. Er kann nicht durch Definitionen eliminiert werden.
- *Visualisieren* ist symmetrisch oder komplementär – es vermittelt den Eindruck von gleicher Augenhöhe/Sichtweise oder von Unterschiedlichkeit und Differenz.

Es spricht also alles dafür, *Visualisieren* im Unterricht und in der Schule ernst und wichtig zu nehmen. Wenn man es handwerklich richtig einsetzt, kann es wunderbare Erfahrungen und Ergebnisse bringen. Wenn man es nicht beherrscht oder falsch einsetzt, schadet es im besten Fall nicht.

Visualisieren ist im Deutschunterricht mehr als bloß ein Thema

Zum Thema „*Visualisieren* im Deutschunterricht" gibt es kaum Fachpublikationen. Dies wird häufig damit erklärt, dass es zu diesem Thema auch nichts Relevantes zu sagen gäbe, dass es für den Deutschunterricht auch nicht relevant sei und dass die Lehrkräfte daran auch kein Interesse hätten.

In der Tat ist es auffällig, wie „blind für Bilder" (Schmitz 2005) die Germanistik und die Deutschdidaktik sind und dass es bei ihnen nur wenige grundlegende Arbeiten zum Thema gibt – und das trotz besserer Einsicht: „Visualisierungen [sollten] generell mehr Beachtung zukommen." (Heinz/Pflaeging 2015, S. 240)

Wenn das Thema dort aufgegriffen wird, dann in Bezug auf sprach- und lesedidaktische Bereiche oder in der Didaktik des Deutschen als Fremdsprache (vgl. Hussong/Schütt u. a. 1971; Grzesik 1990; Bühs 1993; Willenberg 1999; Radvan 2012; Jesch 2015; Gretsch/Holzäpfel u. a. 2016; Kist 2017; Rödel 2017; Meyer/Meyer u. a. 2018; Gätje 2020). Aus-, Fort- und Weiterbildungsangebote oder gar Lehrstühle zu diesem Thema sind Mangelware, „die deutschdidaktische Szene [ist] noch eher wenig affiziert von [...] Visualisierung" (Jesch/Staiger 2016, S. 73). Die Folge: „Ein gängiges, einheitliches Visualisierungskonzept für das Fach Deutsch ist nicht etabliert. Dafür sind die den Deutschunterricht speisenden fachwissenschaftlichen und fachdidaktischen Disziplinen zu heterogen." (Gretsch 2016, S. 23) Zu ihnen gehören u. a. die Erziehungswissenschaft (z. B. Weidenmann 1994), die Kognitionspsychologie (z. B. Ullrich/Schnotz u. a. 2012), die Medientheorie und das Informationsdesign (z. B. Stapelkamp 2013).

Dass *Visualisieren* für den Deutschunterricht nicht besonders relevant sei, ist im besten Fall ein Missverständnis. Das mag daran liegen, dass es in Lehrplänen, wenn überhaupt, meist nur in zwei Kompetenzen aufgegriffen wird:

- Diagramme für Dokumentationen und Präsentationen selbst erstellen können (mit Tabellen, Modellen, Präsentationsprogrammen),
- Visualisierungen (in diskontinuierlichen Texten, z. B. Webseiten) beschreiben, auf ihre Funktionen hin untersuchen und kritisch bewerten können.

Wenn *Visualisieren* in Lehrplänen nur so unprominent vorkommt und ihm in Deutschbüchern immer nur wenige Seiten eingeräumt werden, vermittelt das den Eindruck, man brauche dafür keine eigenen Konzepte, da reichten die Anleitungen in den Lehrbüchern.

Dieses weit verbreitete Missverständnis verstellt den Blick darauf, dass visuelle Darstellungen auch in vielen anderen Bereichen des Deutschunterrichts explizit zum Thema werden, z. B. bei Beschreibungen, Illustrationen, Bilderbüchern, Comics und der Medienanalyse. Seit einigen Jahren sind sie bereits in Form von multimodalen, nichtlinearen oder diskontinuierlichen Texten zum Gegenstand von Lernstandserhebungen und internationalen Schulleistungsstudien geworden. Und noch viel länger werden im Deutschunterricht schon Aspekte der visuellen Darstellung und der Auseinandersetzung mit Bildwelten thematisiert, etwa bei Präsentationen oder der Beschäftigung mit Karikaturen und Plakaten. Visuelle Darstellungen sind im Deutschunterricht also ein Thema – und zwar ein wichtiges, und das auch schon lange.

Aber sie sind noch mehr: Lehrende und Lernende nutzen Veranschaulichungen mit visuellen Elementen durchgängig als Werkzeug und Methode ihrer Arbeit, bei ihren Darstellungen und ihrer Kommunikation, sie nutzen Bilder zum Erklären und Präsentieren. Die Veranschaulichungen und der Umgang mit visuellen Elementen erfolgt dabei auch prozessbezogen, wenn z. B. Texte in bestimmter Weise präsentiert und zugänglich gemacht (materiell, typografisch), Arbeitsschritte veranschaulicht (Markierungen, Gliederungen), Bilder unterstützend eingesetzt oder Bildimpulse der Umwelt aufgegriffen werden. Hier geht es um die Auseinandersetzung mit dem Thema „Bild" oder „visuelle Darstellungen" und um *Visualisieren* als durchgängiges Grundprinzip des Lernens und Lehrens im Deutschunterricht (vgl. Meyer/Junghans 2021, S. 91).

In diesem Buch wird dieses Grundprinzip mit der Wahl des Begriffes *„Visualisieren"* in den Vordergrund gerückt und hervorgehoben. Der themenbezogene Umgang mit visuellen Darstellungen ist darin eingeschlossen:

Visualisieren in Arbeits- und Kommunikationsprozessen des Deutschunterrichts ist das Aufbereiten, Konstruieren, Anwenden, Interpretieren und Reflektieren von piktorialen, grafischen oder visuellen Repräsentationen von Mitteilungen, Aussagen, Daten, Informationen und Zusammenhängen mit dem Ziel, Informationen zu erschließen und zu kommunizieren, Probleme zu lösen, Ideen zu entwickeln, mentale Modelle aufzubauen und vertieftes Verständnis zu erreichen.

Diese Arbeitsdefinition (vgl. Arcavi 2003) umfasst sowohl das Produkt (z. B. visuelle Darstellungen) als auch den Prozess (Grundprinzip des Lernens) der Veranschaulichung mit visuellen Elementen. Er fokussiert auf die Praxis des Visualisierens und umfasst alle Veranschaulichungen im Unterricht, also nicht nur solche, die didaktischen Zwecken dienen (vgl. Gretsch 2016, S. 9). Damit setzt sie einen anderen Schwerpunkt als Ansätze, die die Perspektive der Datenvisualisierung“ (vgl. Stapelkamp 2013), des „digitalen Präsentierens“ (vgl. Lehrerinnenfortbildung Baden-Württemberg o. J.) oder der „Moderationsmethode“ (vgl. Seifert 2018) betonen. *Visualisieren* ist im Deutschunterricht also weit mehr als bloß ein Unterrichtsthema – es ist auch ein roter Faden, der Lehr- und Lernprozesse strukturiert, Wege aufzeigt und Zusammenhänge herstellen kann.

Wahrnehmung macht die Bilder

Traditionell werden visuelle Darstellungen im Deutschunterricht als Objekte betrachtet, gemustert, benutzt, analysiert, interpretiert und behandelt. Je nach Aufgabenstellung werden sie als Informations- oder Datenträger (z. B. Diagramme), als Illustration, Veranschaulichung (z. B. Grammatikmodelle) oder Motivationshilfe funktionalisiert.

Selbst wenn sie „in eigener Sache“ auftreten dürfen, beispielsweise bei Bildergeschichten, wird die Aufmerksamkeit sofort mit Was-Fragen auf den Objektstatus gelenkt (was kann ich sehen?). Dann werden Objekteigenschaften inventarisiert (Künstler, Material, Format, Farbe, Form, Raum usw.), um schließlich einen Diskurs über das Bild zu eröffnen: Was war interessant …?

Wie und *warum* Schülerinnen und Schüler selbst das sehen, was sie sehen, wird selten thematisiert. Wenn sie überhaupt nach ihrer Wahrnehmung gefragt werden, dann eher (wie bei der Percept-Methode „Kunst mit allen Sinnen wahrnehmen“) nach ihren Assoziationen bei der ersten Begegnung mit dem Bild und Objekten, die sie kennen oder wiedererkennen.

Dass die eigene Wahrnehmung Grundlagen dafür schafft, wie wir uns ein Bild von Zusammenhängen, Prozessen und visuellen Darstellungen machen, ist seit dem letzten Jahrhundert von der Gestaltpsychologie (z. B. Wertheimer 1923; Koffka 1935; Sarris 2019; Fitzek 2020; Wertheimer 2020) herausgearbeitet worden. Drei Erkenntnisse sind von maßgebender Bedeutung:

- Bilder werden vom Rezipienten nicht 1 : 1 so „gesehen", wie sie durch die Reize auf der Netzhaut abgebildet werden. Vielmehr wird die Außenwelt aus den auf der Netzhaut eintreffenden Informationen erst rekonstruiert. Wahrnehmung ist also ein Prozess, der die Aktivität der Betrachtenden erfordert. Rekonstruktionsroutinen ermöglichen es, Merkmale, Konstellationen oder Strukturen (z. B. Figuren, Kontraste) schnell zu identifizieren, wiederzuerkennen und mit ihnen zu interagieren.
- Bei der Rekonstruktion des Wahrgenommenen zu einem „Bild" werden nicht einfach die einzelnen wahrgenommen Teile zusammengefügt (summiert), sondern: „Richtiger ist es zu sagen, dass das Ganze etwas anderes ist als die Summe seiner Teile, denn das Summieren ist ein sinnloser Vorgang, während die Beziehung zwischen dem Ganzen und seinen Teilen sinnvoll ist." So beschreibt Koffka (1935, S. 176), einer der Begründer der Gestaltpsychologie, der bereits 1927 in die USA übergesiedelt war (Stadler 1985), das Gestaltgesetz der „Übersummativität". Diese „andere" Gestalt kann so nachdrücklich wahrgenommen werden, dass sie auch dann erhalten bleibt, wenn man alle Einzelteile verändert („Transponierbarkeit").
- Wahrnehmen ist eine Grundvoraussetzung für das Lernen. Lernprozesse werden auch dann (oft sogar intensiver) in Gang gesetzt, wenn die Wahrnehmung auf Uneindeutiges, Unvereinbares oder Ungeordnetes stößt, das vom Lernenden zu einem neuen Ganzen zusammengefügt werden muss.

Die Wahrnehmung von Vorgängen und Bildern ist nach gestaltpsychologischem Verständnis also kein passiver Rezeptionsvorgang, sondern ein psychophysischer Prozess, der die Verteilung aller Reize und Informationen nach bestimmten Prinzipien organisiert, sie dabei auf Muster und Beziehungen untersucht und zu einem Ganzen zusammenfügt (Koffka 1935, S. 108 f.). Je mehr, je schneller und je komplexer dabei Eindrücke und Reize verarbeitet werden müssen, z. B. bei Webseiten, desto wichtiger ist es, den Wahrnehmungsprozess zu unterstützen und wahrnehmen zu „lernen". Und umgekehrt gilt auch: Je besser und schneller die Aussage einer visuellen Darstellung wahrgenommen werden soll, desto wichtiger ist es, sie bereits bei der Gestaltung unter Berücksichtigung der Gestaltgesetze zu konzipieren.

Dies gilt auch für Wahrnehmungsprozesse in der Schule: *Wie* und *warum* Schülerinnen und Schüler das sehen, was sie sehen, ist für das Lehren und Lernen im Unterricht von großer Bedeutung. Wenn Lehrkräfte um die Faktoren bzw. Prinzipien der Wahrnehmung und ihre Bedeutung für die Bildkommunikation wissen, können sie ihr Visualisieren darauf ausrichten. Und wenn Schülerinnen und Schüler erfahren können, *wie* sie sehen und wie sie sich ein Bild machen, hilft ihnen das bei Präsentationen, bei der Reflexion der eigenen

Wahrnehmung und bei der Analyse visueller Darstellungen. Insofern gehört die Auseinandersetzung mit Gestaltprinzipien der Wahrnehmung (und ggf. das gezielte Abweichen davon) zum Handwerk des Visualisierens.

Wertheimer hat in seinen *Untersuchungen zur Lehre von der Gestalt* (1923, S. 304–338) sechs Gestaltprinzipien (die er damals „Faktoren" nannte) ausführlich dargestellt:

- *Ähnlichkeit:* Einander ähnliche beziehungsweise identische Elemente werden eher als zusammengehörig erlebt als einander unähnliche.
- *gute Ganzgestalt* (Einfachheit bzw. Prägnanz): Es werden bevorzugt Gestalten wahrgenommen, die in einer einprägsamen und einfachen Struktur resultieren.
- *gute Fortsetzung:* Elemente, die entlang einer (gedachten) Linie geordnet sind, werden als nicht unterbrochen angesehen. Kreuzen sich zwei Linien, wird nicht davon ausgegangen, dass der Verlauf der Linien hier einen Knick macht, sondern dass es sich um zwei gerade durchgehende Linien handelt.
- *gemeinsames Schicksal:* Elemente, die gleichzeitig in eine Richtung bewegt werden, werden als Einheit oder Gestalt wahrgenommen.
- *Geschlossenheit und Symmetrie:* Symmetrische Elemente und Elemente, die als Teile einer geschlossenen Form aufgefasst werden können, werden eher als geschlossen wahrgenommen.
- *Nähe/Geteiltheit:* Je geringer der Abstand zwischen Elementen ist, desto eher werden sie als zusammengehörig oder gruppiert wahrgenommen.

Jedes Gestaltprinzip veranschaulichte Wertheimer mit Beispielen – wie den Faktor „Nähe" (vgl. Abb. 1.2), bei dem Gruppen von Elementen mit kleinem Abstand durchweg prägnanter und leichter wahrgenommen werden als Gruppen mit großem Abstand.

Die Beispiele von Wertheimer (1923) und Koffka (1935) erleichterten die Verbreitung und die praktische Anwendung der Gestaltgesetze (vgl. Abb. 1.2). Im Laufe der Zeit wurden bestehende Gesetze modifiziert und weitere formuliert, u. a. das Gesetz der Verbundenheit, der Bindung an Erfahrung und

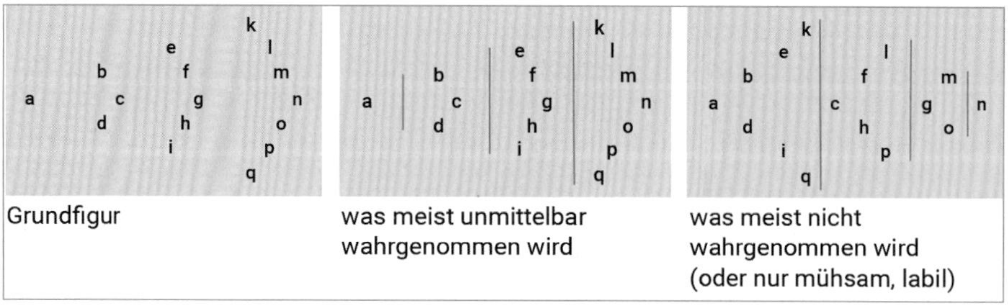

Abb. 1.2: Faktor der Nähe (nach: Wertheimer 1923, S. 306)

Wiedererkennen (isomorphische Köhärenz), der gemeinsamen Region, der verbundenen Elemente und der Konstanz.

Bezog sich die Erforschung der Gestaltgesetze lange Zeit auf analoge Medien, so hat sie durch die digitalen Medien einen neuen Schub erhalten. So wurden im Webdesign schon sehr früh Erkenntnisse der Gestaltgesetze genutzt und es wurde untersucht, ob für digitale Medien eigene bzw. weitere Prinzipien der Wahrnehmung gelten (Chang/Dooley u. a. 2002; Stapelkamp 2013; Ware 2022).

Zusammenfassend lässt sich bisher feststellen, dass bei der Wahrnehmung digitaler Medien die klassischen Gestaltgesetze nach wie vor von grundlegender Bedeutung sind, sie werden aber ergänzt durch Gesetze, die digitale Aspekte einbeziehen, z. B. das Gesetz der Gleichzeitigkeit, nach dem animierte Elemente (auf einer Webseite o. Ä.), die sich gleichzeitig verändern, als zusammengehörig wahrgenommen werden, oder das Auswahl-Gesetz, nach dem weniger Auswahlmöglichkeiten die Wahrscheinlichkeit erhöhen, dass ein Nutzer eine Auswahl trifft.

Mit den wachsenden Gestaltungsmöglichkeiten digitaler Medien, von der Gestaltung und Optimierung von Benutzeroberflächen („Usability") bis hin zur responsiven und personalisierten Gestaltung von Webseiten, wächst die Notwendigkeit für Produzenten wie für Nutzer und Konsumenten, sich mit Wahrnehmung und ihren Gesetzmäßigkeiten auseinanderzusetzen, wenn sie erfolgreich visuell kommunizieren wollen.

Abb. 1.3: Gestaltgesetze auf einer Webseite erkennen (nach: Böhringer/Bühler u. a. 2014, S. 596)

Der verstärkte Einsatz digitaler Medien im Unterricht führt dazu, dass auch hier Fragen der Wahrnehmung – oft unausgesprochen oder indirekt – zum Gegenstand des Unterrichts werden, etwa wenn es um die Gestaltung von Präsentationen geht. Lehrende und Lernende müssen ständig Entscheidungen darüber treffen, wie etwas wirkungsvoll mit dynamischen Mitteln dargestellt werden kann, und sie müssen sich dazu verhalten, wie visuelle Darstellungen auf sie wirken. Kurz: Sie brauchen „Kompetenz für die Wahrnehmung“ (Stapelkamp 2013, S. 133) und so etwas wie eine „Grammatik des Visualisierens“, mit der sie die grundlegenden Beziehungen in komplexen Bildern und zwischen den Zeichen eines Zeichensystems untersuchen können (vgl. Sachs-Hombach 2013, S. 103). Dies wäre z. B. ein hilfreiches Werkzeug, um die Gestaltung zu analysieren, die im Grundaufbau einer Webseite (Abb. 1.3) verwendet wurde oder um ein Inhaltsverzeichnis (zum Beispiel für eine Facharbeit) so zu gestalten, dass auch der Aufbau und der Zusammenhang der Arbeit schon visuell deutlich werden.

1.2 Visualisieren ist Arbeit – kann sich aber auch lohnen

Wenn visuelle Darstellungen im Deutschunterricht eingesetzt werden, dann fast immer in der besten Absicht, um die Arbeit der Schülerinnen und Schüler zu erleichtern und zu strukturieren, sie zu motivieren, ihre Neugier zu wecken oder einfach nur, um den Unterricht aufzulockern. So finden sich allein auf einer Seite eines Deutschbuches für die 5. Klasse (ausgerechnet zum Thema „Diagramme verstehen“) allein sieben farbige (Foto-)Grafiken, dazu drei hervorgehobene Nummerierungen, fünf Icons zu Arbeits- und Auftragsformen, zwei farbig unterlegte Kästen und untergliederte Aufgaben, teilweise mit Wahlmöglichkeiten. Schon der Versuch, sich nur einen ersten Eindruck von dieser Seite zu verschaffen, ist anstrengend: Wozu gehört welche Überschrift, wie ist die untere Darstellung der Diagrammformen mit dem oberen Bilddiagramm mit den hübschen Hundefotos in Beziehung zu setzen und welche Bedeutung haben die verschiedenen Schriftfarben (blau, orange, schwarz, grau)?

Die Schülerinnen und Schüler müssen viele Operationen beherrschen, um sich eine visuelle Darstellung wie die Schulbuchseite anzueignen und daraus Informationen über Inhalt, Kontext, Bedeutung und Relevanz abzuleiten. Erstaunlicherweise kommen die Deutschschülerinnen und -schüler am Ende aber doch mit solchen Schulbuchseiten zurecht und lösen die Aufgaben. Irgendwie. Was sie dabei an Wahrnehmungs-, Konzentrations- und Denkleistungen erbringen müssen, wird oft fatalerweise doppelt falsch eingeschätzt:

- Die Anforderungen an die Prozesse des Sehens und der visuellen Wahrnehmung werden unterschätzt.
- Der Nutzen und die Vorteile des Visualisierens für Lehr- und Lernprozesse werden überschätzt.

Sehen und visuelle Wahrnehmung verlangen Anstrengung

Die Unterschätzung der Komplexität visueller Wahrnehmungs- und Verarbeitungsprozesse beruht häufig auf Alltagsvorstellungen über das Sehen: Fragt man z. B. Nicht-Biologen unter den Lehrkräften, wie das Sehen „funktioniert", wird gerne die Analogie von Auge und Fotoapparat bemüht: So wie bei einer Kamera das Bild der äußeren Realität auf einen Sensor fällt, so fällt es beim Auge auf die Netzhaut und wird dann „weitergeleitet". Bekannt wurde diese Vorstellung durch René Descartes" Standardwerk *Der Mensch (De homine)* von 1662, in dem er ausführlich und anschaulich illustriert beschreibt, wie das Sehen „geht" (vgl. Abb. 1.4): Demnach ist der Sehvorgang die Aufnahme von Sinnesinformationen, die zu Verhaltensreaktionen oder Handlungen führen können – oder auch nicht. So stimulieren in unserem Beispiel die Pfeilreize A, B und C Partikel in den Augen (1 bis 6), die das Bild an die Zirbeldrüse (H) weiterleiten, wo Geist und Körper zusammentreffen. Diese gibt über bestimmte Rezeptoren (8) einen Impuls an die Armmuskeln (7), sodass die Hand dorthin gerichtet wird, wohin der Mensch schaut.

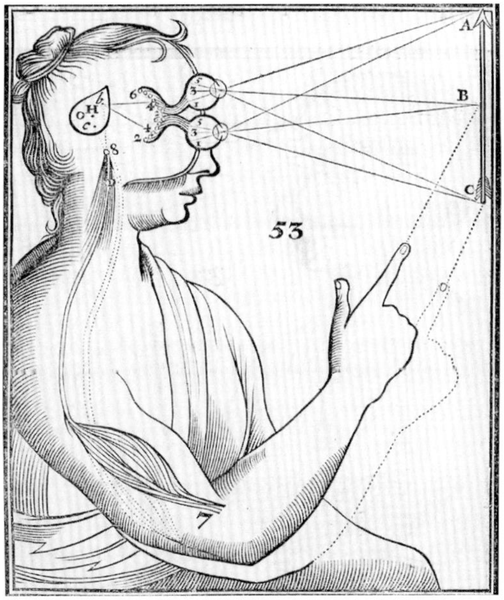

Abb. 1.4: Descartes (1677): Theorie des Sehens (Umwandlung äußerer Reize in Handlung). Illustration von Ludovici de la Forge

Dreihundert Jahre lang hielt sich dieses mechanistische „Theatermodell" der visuellen Wahrnehmung, bei der der Seele „aus Animalgeistern hergestellte Bilder vorgehalten werden" (Descartes 1677, S. 139), auch wenn die Bedeutung der Zirbeldrüse bei diesem Prozess relativiert wurde. Erst zu Beginn des 20. Jahrhunderts wurde herausgearbeitet (u. a. von Hermann von Helmholtz), dass Wahrnehmung mehr ist als nur die Umsetzung von visuellen Reizen über die Netzhaut. Erst durch „unbewusste Schlüsse" (Helmholtz/König 1896) auf der Grundlage von Vorerfahrungen, Vorannahmen, Beobachtungen, Wissen und durch Handeln werden die von der Netzhaut aufgenommenen Reize zu Objekten mit Eigenschaften, die über das Optische hinausgehen (wie beispielsweise das Bild eines Verkehrsschildes). Seh- und Wahrnehmungsvorgänge sind keine Kopien von Sinnesreizen, sondern sie hängen ab von ihrem sozialen und kulturellen Herstellungskontext und davon, ob und wie die gesehenen Objekte wahrgenommen und erkannt werden. Visuelle Wahrnehmung erfolgt also durch Auge und Verarbeitung in zahlreichen Gehirnarealen. Beim Sehen sind in einem Kommunikationsprozess sowohl Top-down- sowie Bottom-up-Prozesse beteiligt, in denen durch Veranschaulichung Begriffe erkannt, Gegenstände charakterisiert und Einstellungen zum Gegenstand zum Ausdruck gebracht werden (vgl. Sachs-Hombach 2013, S. 178 f.; Marks 2023).

Diese Prozesse erfordern je nach Kontext und zu verarbeitenden Reizen unterschiedliche Anstrengungen: Im Vergleich zu anderen Bildtypen sind „darstellende Bilder" wie Piktogramme oder Icons (als konventionalisierte Bilder) fast immer leichter zu verarbeiten, da die visuellen Eigenschaften des Zeichens denen des dargestellten Objekts entsprechen. Dagegen erfordern „Strukturbilder" wie Karten und Diagramme größtenteils einen höheren Wahrnehmungsaufwand, weil Beziehungen zwischen visuellen und nichtvisuellen Eigenschaften oder Elementen erst dargestellt werden müssen (Sachs-Hombach 2013, S. 185 f.). Zu den im Deutschunterricht besonders anspruchsvollen Strukturbildern gehören Darstellungen grammatischer Phänomene in Deutschbüchern (Rödel 2017).

Eine besondere Herausforderung stellen auch Mischungen aus darstellenden Bildern und Strukturbildern dar. Dies gilt besonders für digitale Bilder. Sie erfordern Interaktivität in der Wahrnehmung, können flexibel ausgewählt, vergrößert, verändert (z. B. in Auflösung, Farbgebung, Textur) oder mit anderen Bildern verknüpft werden. Fokussierungen und Perspektivwechsel, wechselnde Bildtiefen und Bildkontexte sowie ggf. Animation erfordern eine ständige Neukalibrierung im Wahrnehmungsprozess. Mithilfe von Grafikprogrammen bzw. bei webbasierten digitalen Bildern kann der Nutzer in den Prozess der Bilderstellung eingreifen und bewusst mit dem Bild interagieren.

Die Vorstellung des cartesischen Theatermodells der visuellen Wahrnehmung verdeckt die Arbeit, die das Gehirn bei der visuellen Wahrnehmung vollbringen muss: So müssen 200 Millionen Nervenzellen die Informationen weiterverarbeiten, die von rund zwei Millionen Ganglienzellen aus beiden Augen in die vierte Schicht der primären Sehrinde gelangen, von wo sie in komplexe Schaltkreise übertragen und verarbeitet werden (vgl. Frings/Müller 2019, S. 187). Die primäre Sehrinde ist dabei nur eine Station der Informationsverarbeitung, es sind weitere Areale daran beteiligt, die mit über 300 Nervenbahnen verbunden sind, die die Informationen an das Gehirn weiterleiten bzw. zurückmelden.

Visuelle Wahrnehmung und Visualisieren sind sehr anspruchsvolle und komplexe Prozesse, sie sind nicht nur bloßes Sehen, sondern das Ergebnis von Verarbeitung. Deshalb kommt es bei ihnen auch nicht (nur) darauf an, dass visuelle Reize schön, leicht verständlich oder gar hübsch gestaltet werden. Entscheidend ist vielmehr, dass sie gut und möglichst leicht zu verarbeiten sind. Sehen ist eben nicht die einfachste Sinnestätigkeit, bei dem man etwas vor Augen geführt bekommt und es allein schon dadurch leichter versteht. Es macht Arbeit – und als Lehrperson oder bei der Herstellung von Schulbüchern, Webseiten und Unterrichtshilfen muss man deshalb darauf achten, dass *Visualisieren* sich lohnt und nicht bloß eine Mehrarbeit wird.

Visualisieren kann hilfreich für Lernen sein – muss es aber nicht

Dass *Visualisieren* wichtig für Lehr- und Lernprozesse sei, wird häufig damit begründet, dass es die kognitive Verarbeitung erleichtere und so zu besseren Lernergebnissen führe. Dies leiste es u. a. durch folgende Eigenschaften:

- durch die *Bildung von Wahrnehmungsmustern und Erkenntnisstrukturen* [Entwicklungs- und Kognitionspsychologie];
- durch (häufig wiederholte) *Organisation und Verwendung von Bildern* und Abbildungen sollen sich – insbesondere im Kindesalter – Wahrnehmungs- und Denkschemata herausbilden, auf denen späterer Wissenserwerb und Denken aufbauen können;
- durch Optimierung von Lern- und Behaltensleistung [Kognitions- und Rezeptionspsychologie];
- durch ein *Mehr an Informationen* sowie Nutzung unterschiedlicher Quellen (z. B. Text plus Bild) soll mehr Wissen aufgebaut, organisiert und behalten werden;
- durch Förderung der *Aufmerksamkeit und Orientierung* [Wahrnehmungs- und Motivationspsychologie];
- durch die *Lenkung der Aufmerksamkeit* (z. B. durch Pfeile, Textfelder, Spotlights) auf einen bestimmten Punkt und Orientierung im Wahrnehmungsprozess: im Deutschunterricht können so Merksätze oder Fachsprache besonders hervorgehoben werden, durch illustrierende Abbildungen zu Texten soll die Motivation zur Textarbeit erhöht werden;

- durch die Unterstützung der Anschaulichkeit [Didaktik];
- *durch Erfahrung an Dingen* sowie durch Verknüpfungen mit Anschauungsmaterial und bildlichen Darstellungen (Prinzip der Anschaulichkeit), wenn dabei Einzelheiten einem Ganzen zugeordnet werden und an Vorerfahrungen angeknüpft werden kann;
- durch die *Vermittlung von Kenntnissen, Fertigkeiten und Fähigkeiten im Bereich visueller Kommunikation* [Kommunikationsdesign, *digital design*],
- durch die *Vermittlung eines kritischen Verständnisses* durch Analyse und Gestaltung.

Ob Visualisieren das wirklich leisten kann, ist in vielen Einzelstudien, häufig unter speziellen Bedingungen, untersucht worden: Für jeden der genannten Aspekte lassen sich positive, aber auch negative Belege finden. Die Frage, ob und wann Visualisieren für die kognitive Verarbeitung in Lehr- und Lernprozessen hilfreich ist, lässt sich also nicht durch Studien zu einzelnen Aspekten beantworten. Es braucht vielmehr ein Modell, das den Prozess des Visualisierens insgesamt in den Blick nimmt und aufgreift, dass Informationen nicht nur in einer Stufenfolge (bis zum Verstehen) verarbeitet werden, sondern mithilfe von Rückkopplungen, z. B. mit dem Vorwissen (Eitel/Oestermeier 2014).

Ein solches Modell bietet die *Theorie der kognitiven Belastung* (*cognitive load theory*, CLT) (Sweller/Chandler 1994; Sweller 1999; Sweller/Ayres u. a. 2011). Es enthält folgende Annahmen über die Funktionsweise unseres kognitiven Apparates bei der Verarbeitung bildhafter und verbaler Reize (Schnotz/Kulhavy 2010; Mayer 2021):

- Durch Selektionsprozesse des sensorischen Gedächtnisses, in dem verbale und räumlich-visuelle Informationen getrennt verarbeitet werden, gelangen Informationen in das Arbeitsgedächtnis.
- Das Arbeitsgedächtnis von Menschen hat nur begrenzte Verarbeitungskapazität, es kontrolliert, reguliert und hält wichtige Informationen aufrecht. Verbale und bildhafte Informationen werden dort, orientiert an der Zielsetzung und Aufgabenstruktur, in getrennten Kanälen weiterverarbeitet und können in einem Wechselspiel der Bildung von verbalen oder bildhaften Repräsentationen zum Aufbau eines mentalen Modells[1] führen.
- Menschen verfügen über ein unbegrenztes Langzeitgedächtnis, das Informationen speichert, reorganisiert, verändert, verknüpft und insbesonde-

1 Schnotz/Zink u. a. (1996, S. 200 f.) betonen die integrative Form kognitiver Text-Bild-Verarbeitung, durch die ein gemeinsames mentales Modell des typischen Sachverhalts entsteht: „Das Verstehen einer Visualisierung ist demnach ein Prozess der Strukturabbildung eines Systems von externen räumlichen Relationen auf ein System von internen semantischen Relationen. […] Es kann sowohl ein mentales Modell anhand einer Visualisierung konstruiert als auch ein bereits konstruiertes mentales Modell anhand einer Visualisierung überprüft werden."

re mentale Modelle des Arbeitsgedächtnisses integriert. Das Wissen wird in Schemata gespeichert, die neu konstruiert, verändert oder mit anderen Schemata verbunden werden können.

Dieser Verarbeitungsprozess kann das Gedächtnis auf drei Weisen fordern:
- themenbezogen *(intrinsic load)*: durch intellektuelle Anforderungen;
- lernumgebungsbezogen *(extraneous load)*, z. B. durch Lernmaterial;
- lernprozessbezogen *(germane load)*: durch Aufbau und Aktivierung vorhandener Schemata.

Werden die kognitiven Fähigkeiten der Lernenden im Lernprozess unterfordert, bleiben Ressourcen im Arbeitsgedächtnis ungenutzt. Werden Ressourcen überlastet, kann dies den kognitiven Prozess beeinträchtigen.

Wie aber kann dann Visualisieren (bzw. multimodales und multicodales Lernen, Trepte/Reinecke u. a. 2019) die kognitive Belastung (insbesondere des Arbeitsgedächtnisses) positiv beeinflussen? Die Kognitionsforschung hält dies für möglich durch optimierte Gestaltung der Lernumgebung und des Lernmaterials *(extraneous load)*.

Vorgeschlagen werden u. a.:
- *Visuelle Hinweise, Erläuterungen und Markierungen und Multimedia-Angebote* können die Bearbeitung von Zielen und Aufgaben erleichtern. Allerdings erhöhen visuelle Elemente (z. B. Icons oder rein illustrativ verwendete Abbildungen) ohne zielgerichtete Arbeitsaufträge die kognitive Belastung, da sie zusätzliche Integration erfordern. Hilfreich für das Textverständnis ist die Kombination von Text und Bild, wenn wenig Vorwissen vorhanden ist. Besteht viel Vorwissen, führt dies zu Redundanz.
- *Visuelle Lösungsbeispiele* wie Lernschrittfolgen können die kognitive Belastung reduzieren, wenn sie einfach und klar genug sind.
- Die *Integration verschiedener Informationsquellen* reduziert die Belastung durch den Effekt der geteilten Aufmerksamkeit („split-attention-effect"): Klare farbliche Kennzeichnung, zum Text eindeutig zugehörige visuelle Erläuterungen sind hier vorteilhaft.
- Andererseits hilft eine *klare Trennung zwischen verbaler und nonverbaler Information*, die getrennte kognitive Verarbeitung im verbalen und nonverbalen Kanal zu erleichtern.[2] Dies setzt voraus, dass komplementäre Informationen in Bild und Text aus einem begrenzten Bereich gleichzeitig zu

2 Die Dual-Coding-Theorie geht beim Sprachverstehen von einem verbalen und einem nonverbalen System aus, die beide aus internen Repräsentationseinheiten (logogens, imagogens) bestehen und in Wechselwirkung agieren (Paivio 2014; Jesch/Staiger 2016). Komplexere Visualisierungsprozesse lassen sich mit dieser Theorie schwer erklären.

verarbeiten sind („modality-effect“, „well-defined effect“). Dabei müssen visuelle und textliche Elemente deutlich aufeinander Bezug nehmen (z. B. durch Beschriftung direkt an den Details und durch eindeutige Führung von Verbindungslinien) (vgl. Bay/Thiede u. a. 2016).

- Die *Verringerung der Redundanz* bei der Verwendung von visuellen Darstellungen ist entscheidend für deren Wirkung: Zeigen sie dasselbe wie der begleitende Text, erhöht das die extrinsische Belastung. Insofern ist bei Darstellungen, die den Text „doppeln“, besondere Vorsicht geboten.
- Ob Bilder einen höheren *Wiedererkennungseffekt* („picture-superiority-effect“) als Texte haben, der dazu führt, dass Bilder schneller und effektiver in Text umgewandelt werden, ist umstritten und gilt nur dann, wenn keine abstrakten Konstrukte beschrieben werden. Ob eine Kodierung in beiden Systemen die Wahrscheinlichkeit erhöht, dass ein Reiz gespeichert und erinnert wird, kann nicht pauschal gesagt werden.

Wenn also *Visualisieren* in Lehr- und Lernprozessen die kognitive Verarbeitung von Texten im Deutschunterricht unterstützen soll (durch besseres Verstehen, Motivation etc.), dann muss es sehr gezielt und überlegt eingesetzt werden. Es gilt also nicht: Mehr Visualisieren hilft mehr – im Gegenteil – weniger Visualisieren erreicht oft mehr.

Die Absicht macht den Unterschied

„Glauben Sie, dass Ihr Tafelbild erfolgreich war?“, möchte die Fachleiterin in der Unterrichtsnachbesprechung wissen. „Ja“, antwortet die Referendarin verblüfft und blickt auf das Smartboard: Übersichtlich und in nachvollziehbaren Arbeitsschritten hat sie dort mit der Klasse den Spannungsbogen einer Erzählung erarbeitet.
„Wo hätten Sie es noch übersichtlicher anlegen können?“, fragt die Fachleiterin nach.
„Wozu?“, lautet die Gegenfrage.

Gespräche darüber, ob und wie im Deutschunterricht visualisiert werden kann, sind besonders schwierig, wenn unterschiedliche Ziele verfolgt werden und wenn Orientierungspunkte fehlen.

Spätestens, wenn im Zusammenhang mit *Visualisieren* das Wort „erfolgreich“ benutzt wird, sollte man hellhörig werden und nach den zugrunde liegenden Erfolgskriterien fragen: Zielt „erfolgreich“ auf die gestalterische Darstellung (übersichtlich, ästhetisch ...) oder auf deren Wirkung bei den Lernenden? Und was wäre, wenn die visuelle Darstellung sehr gut gestaltet ist, aber bei den Schülerinnen und Schülern überhaupt nicht ankommt?

Die Wozu-Rückfrage der Referendarin im Fallbeispiel ist nur allzu berechtigt – sie rückt die didaktische und methodische Begründung des Unterrichtsschrittes in den Vordergrund, ob Absicht, Umsetzung und Ergebnis des Visualisierens zielführend und hilfreich waren.

Fachdidaktik und Allgemeine Didaktik bieten zur Klärung dieser Wozu-Frage kaum Hilfestellungen. (Ausnahmen: „Didaktik der Tafelarbeit" von Gudjons 2021 und „Visualisieren in der Sprachdidaktik" von Gretsch/Holzäpfel 2016.) Wenn überhaupt, wird *Visualisieren* in Didaktiken angesprochen:

- bei Methoden, Lernhilfen, Medienwahl und schulorganisatorischen Hilfen im Unterrichtsprozess (wie in der bildungstheoretischen und der lern- und lehrtheoretischen Didaktik; Schulz 1980);
- im Hinblick auf den Nutzen vielfältiger Materialien aus der Lebenswelt der Schülerinnen und Schüler (wie in der „Neurodidaktik", Müller 2021 oder von Concept Maps Brüning/Saum 2019) oder
- mit „Medien" als Vermittlungsrolle als eine von sechs Perspektiven, die die zentralen Dimensionen des Unterrichts kennzeichnen (Meyer/Junghans 2021), bei der z. B. „Veranschaulichen" und Präsentieren als Elemente der Mikromethodik des Unterrichts verortet werden.

Die Beschränkung des *Visualisierens* und des Medieneinsatzes auf die Transfer- bzw. die Vermittlungsrolle verkennt jedoch ihre Möglichkeiten im Unterricht: *Visualisieren* kann Lernen und Lehren anders machen, es kann didaktisch und methodisch viel breiter eingesetzt werden.

Entscheidend ist die didaktische Absicht beim *Visualisieren*, zum Beispiel:

- Schaffen von Anschaulichkeit (Hervorhebung, Beschreibung, Bebilderung, Reduktion, visuelle Erläuterung),
- Unterstützung von Arbeit und Verständigung in der Lerngruppe (durch Fokussierung, grafische Aufbereitung, visuelle Impulse),
- Aufbereiten der Stofffülle (Zusammenfassung, Hervorhebung, Unterteilung in Abschnitte, Bildkommentare und -erklärungen),
- individuelle Förderung (Erläuterung, Leitsymbole, Strukturierung),
- Stärkung der Motivation (Selbsttätigkeit, Lerninteresse),
- Förderung der Aufmerksamkeit (reduzierte, persönliche Gestaltung),
- Erleichterung oder Verbesserung des Behaltens (Vokabellisten, Kollokationen, Merksätze, mehrkanalige Darbietung von Inhalten),
- Herstellen von Ordnung und Struktur (Gliederung, Aufteilung),
- Schulung kritischer Sehfähigkeit (Analyse von Diagrammen),
- moralische Erziehung (Präsentation von Regeln in der Klasse, Erziehungsmaximen, Bildnisse von Personen),

- Dokumentation (von Absprachen, Lernergebnissen, Aufträgen),
- Ergebnissicherung (Sammeln und Ordnen von Beiträgen und Lösungen)
- Vermittlung von Visualisieren als Lerngegenstand (Vermittlung und Übung wissenschaftspropädeutischen Arbeitens),
- Schulung ästhetischer und kreativer Fähigkeiten (Nutzung von Symbolen, Icons, Diagrammformen),
- Herstellung einer bestimmten Sozialform (gemeinsame Erarbeitung von visuellen Darstellungen in Partner- oder Gruppenarbeit, Fokussierung im Frontalunterricht als gemeinsamer Bezugspunkt),
- Sicherung der Lehrerzentrierung (Ausrichtung auf visuelle Darstellung),
- Disziplinierung (gleichgerichtete Aufmerksamkeit, Beschäftigung durch Abschreiben, Vervollständigen, Ausmalen),
- Zeitvertreib (Tafelanschriebe ins Heft übertragen lassen),
- Wertschätzung (Präsentation und Hervorhebung von Schülerarbeiten).

Selbst wenn Visualisieren eine automatisierte Alltagsroutine ist, z. B. beim Notieren von Aufträgen oder Stichworten an der Tafel, verfolgt es implizit immer mindestens eine der hier genannten Absichten, oft sogar im Hinblick auf die Tiefenstruktur des Unterrichts (kognitive Aktivierung, Klassenführung und Unterstützung). (Terhart 2009)

Visualisieren ist also nicht nur, was man sieht, sondern auch, was man damit auslöst und erreicht. Dabei machen die Absichten im Hinblick auf das Visualisieren den Unterschied. Und wenn es zu einem bewussten Grundprinzip des eigenen Handelns im Unterricht werden soll (Meyer/Junghans 2021, S. 91), muss man sich darüber im Klaren sein, welche Absicht man damit jeweils verfolgt – bei sich selbst und bei den Schülerinnen und Schülern.

1.3 Aber: Gute Absichten allein reichen fürs Visualisieren nicht

Wenn Lehrkräfte im Deutschunterricht *visualisieren*, verbinden sie dies oft gleich mit Selbstabwertungen wie „Ich weiß, dass ich nicht gut zeichnen kann", „Ich kann nicht gut mit dem Smartboard umgehen" oder „Ich bin eben kein Designer". Abgesehen davon, dass dieses Vorgehen spätestens nach mehrmaligem Einsatz für die Klasse kontraproduktiv wird („Warum lernt er es nicht, das ist doch sein Job!", „Wenn der Lehrer es nicht kann, warum soll ich es können?"), ist es auch noch ein Indiz für ein falsches Verständnis von *Visualisieren*. Ausdrücklich heißt es ja nicht „Malen", „Zeichnen" oder „Skizzieren", und es ist auch nicht mit einem künstlerischen Anspruch verbunden. Das heißt auf der anderen Seite allerdings nicht, dass die Gestaltung beim *Visualisieren* keine Rolle spielen würde – im Gegenteil. Die Einhaltung der folgenden sechs Standards ist für eine gute Gestaltung besonders wichtig:

- *Visualisieren* erfolgt nur mit Absicht – nicht aus Routine, nicht ohne Grund.
- *Visualisieren* stellt Informationen im Kontext und im richtigen Maßstab dar – Angabe von Quellen und Sachzusammenhängen, Nennung der Stichprobe und des Erhebungsinstruments.
- *Visualisieren* verwendet nur Elemente, die im Lehr- und Lernprozess erkannt und genutzt werden – Vermeidung kognitiver Überbelastung und Ablenkung.
- *Visualisieren* gliedert und unterscheidet deutlich – Klärung der Verbindlichkeit und Wichtigkeit von Aussagen und Informationen durch Hervorhebung, Markierung.
- *Visualisieren* zieht Verbindungen, macht Zusammenhänge und Prozesse sichtbar – Herstellen von Ordnung und Verknüpfungen durch Pfeile, Verbindungen, Verweise.
- *Visualisieren* macht Lernen anders (als andere Verfahren) – nur dann braucht man es.

Wie wichtig die Einhaltung der Standards ist, zeigt sich bereits in alltäglichen Situationen wie der Korrektur von Klassenarbeiten:

!

Die Smileys von Herrn K.

Lehrer K. möchte in die Korrektur der Deutsch-Klassenarbeit etwas Auflockerung bringen und markiert auffällige oder (aus seiner Sicht) dumme Fehler mit einem Enttäuscht-Smiley, positive Leistungen markiert er mit freundlichen Smileys. Als er die Klassenarbeit zurückgibt, reagieren die Schülerinnen und Schüler empört, chaotisch und mit Unruhe: Sie zählen nur die Anzahl der Smileys, vergleichen, kritisieren, dass der Lehrer sich über ihre Fehler lustig gemacht hat ...

Wahrscheinlich hat der Lehrer bei der Korrektur die Smileys einfach „nur so“ absichtslos eingesetzt, er fand sie effektiv und lustig. Aber in der Klassenarbeitssituation waren sie das überhaupt nicht, sondern signalisierten einen Mangel an Wertschätzung, Sensibilität und Respekt.

Aber selbst bei guten Rahmenbedingungen und in einem positiven Kontext gelingt es oft nicht, die Standards beim Visualisieren einzuhalten. Das liegt meist nicht an einer zu nachlässigen, sondern eher an einer zu akribischen Vorbereitung: Da werden viel mehr Folien gezeigt, als überhaupt kognitiv verarbeitet werden können, Grafiken werden nur kurz erläutert, Texte huschen vorbei. Die folgenden „Erste-Hilfe-Tipps“ für gute Gestaltung beim *Visualisieren* können helfen, solche Fehler zu vermeiden und die Standards zu erreichen:

Erste Hilfe für gute Gestaltung beim Visualisieren ...

- Auf gleich gute Wahrnehmbarkeit von Visualisierungen für alle Schülerinnen und Schüler achten – sowohl von der Raum- und Lichtsituation her als auch von der Größe und Lesbarkeit der dargestellten Objekte.
- Korrespondierende Inhalte und Bilder gemeinsam präsentieren.
- Doppelnde Inhalte und Bilder möglichst vermeiden.
- Als Lehrperson immer nur auf eine unterrichtliche Handlung fokussieren: etwas zeichnen – und dann erklären, etwas anschreiben – und dann vorlesen.
- Kontrollieren, dass Skizzen, Merksätze und Tabellen keine Fehler enthalten, wenn sie bei Wiederholungen und Vorbereitungen helfen sollen. Die Klasse muss sich darauf verlassen können: Was prominent an der Tafel steht, das gilt.
- Genügend Weißraum bei Darstellungen vorsehen, um so Übersichtlichkeit und Platz für Anmerkungen und Hinweise zu schaffen.
- Der Tafel nicht die Funktion der Richtstätte geben: Vor der Klasse keine Leistungsüberprüfungen an der Tafel durchführen.
- Im Sprachunterricht: Als Lehrperson alle visuellen Darstellungen vorbereiten, keine spontanen Satzbau- oder Wortartanalysen.
- Inflationär verwendete Darstellungsformen der Mindmap und Concept Map zurückhaltend nutzen.
- Kommunikativ und interaktiv visualisieren: Beiträge aus der Klasse einbauen, wenn möglich auch sinnlich erfahrbar: Verwendung von Schülerprodukten in visuellen Darstellungen.
- Nur bekannte bzw. vereinbarte Symbole und Icons verwenden.
- Eine sich wiederholende Grundstruktur von Darstellungen/Tafelbildern schaffen z. B. links: Themen- und Fragenspeicher, Mitte: Skizze zur Stunde, Merksätze; rechts (ggf. für weitere Stunden): Informationen zum Stundenablauf, Tagesablauf, Planungen (vgl. *Das Visualisieren strukturieren* in Kap. 2.4).

1.4 Visualisieren muss man im Unterricht oft erst sichtbar machen

In Lehrplänen und Handreichungen der Bundesländer für den Deutschunterricht (und übrigens auch für andere Fächer) wird *Visualisieren* meist auf Kompetenzen „für den Umgang mit Diagrammen" beschränkt. So etwa im Rahmenplan Deutsch für die Orientierungsstufe in Mecklenburg-Vorpommern (2020):

> Wortbedeutungen aus dem Kontext erfassen, Ableiten von Fragen aus dem Text ableiten, Visualisieren von Inhalten, z. B. Mindmap, Flussdiagramm.

Bis Ende der Sekundarstufe I sollen sich die Schülerinnen und Schüler nach den Vorgaben des Rahmenplans (2019) dann auseinandergesetzt haben mit:

- Schreiben: Formatierung; Tabellen (z. B. für Präsentationsfolien),
- Texte schreiben: Tabelle, Statistik, Diagramm, Schaubild,
- Strategien zum Leseverstehen: Visualisieren von Inhalten, z. B. Mindmap, Flussdiagramm,
- Sach- und Gebrauchstexte: Entnehmen von Informationen u. a. aus Tabellen, Diagrammen, Schaubildern, Infografiken.

Erreicht werden sollen dadurch folgende Kompetenzen:

- mündlich und aspektorientiert ein Diagramm auswerten,
- wesentliche Aussagen eines diskontinuierlichen Texts schriftlich zusammenfassen,
- verschiedene Lesarten eines Diagramms vergleichen und auswerten,
- die Gestaltungsmittel eines Diagramms analysieren.

Während Mecklenburg-Vorpommern (wie die meisten anderen Bundesländer) in seinen Lehrplänen speziell das Erstellen und Verstehen von Diagrammen als Form diskontinuierlicher Texte hervorhebt, ordnet Nordrhein-Westfalen (2020) die Beschäftigung mit *Visualisieren* im Deutschunterricht vorwiegend dem Lernbereich „Umgang mit Medien“ zu:

- Rezeption (Medien): Inhalte digitaler [...] Medien beschreiben und auf Funktionen untersuchen; Medien gezielt auswählen und Nutzung begründen; Gesamteindruck der ästhetischen Gestaltung eines Produktes beschreiben und an Form-Inhalt-Bezügen begründen; mediale Darstellungen als Konstrukt identifizieren,
- Produktion (Medien): zur Dokumentation von Arbeitsergebnissen geeignete [...] digitale Medien verwenden; Inhalt, Gestaltung und Präsentation von Medienprodukten analysieren.

Die Auseinandersetzung mit visuellen Darstellungen wird dem (Wahlpflicht-) Fach Informatik (2020) zugeordnet, so z. B. für die Klassen 5 und 6:

> Die Lernenden setzen sich mit [...] Diagrammen, Grafiken oder Anschauungsmodellen auseinander. Sie erwerben die Fähigkeit, eigene Ergebnisse in geeigneten Darstellungsformen darzubieten und Darstellungen von anderen zu interpretieren. Geeignete Visualisierungen von Sachverhalten unterstützen die Lernenden bei Erläuterung und Interpretation der genannten Zusammenhänge im Rahmen des Modellierungsprozesses. [Übungsform: Dokumentation von Sachverhalten in geeigneter Darstellungsform (z. B. Text, Tabelle, Diagramm).]

Die Verlagerung in den Bereich „Medien" bzw. ins Fach Informatik spiegelt ein instrumentelles Verständnis von *Visualisieren* wider: Weil visuelle Darstellungen immer mehr und einfacher digital erzeugt werden und das Angebot überwiegend über digitale Medien erfolgt, muss sich das „digitale Fach" Informatik darum kümmern. Es ist absehbar, dass die Verlagerung des Themas *Visualisieren* in den Informatikunterricht wenig erfolgreich sein wird: Auch wenn die Zuständigkeit dorthin wandert, so bleiben doch die visuellen Darstellungen – als diskontinuierliche Texte, in Text-Bild-Kombinationen usw. – ein ständiger und gewichtiger Gegenstand, der in allen Lernbereichen des Faches Deutsch präsent ist und behandelt werden muss.

In (fast) allen Deutschlehrplänen für die Sekundarstufe I (und damit auch in allen Deutschbüchern) finden sich deshalb für den 9. und 10. Jahrgang Vorgaben und Lernmaterialien zu drei Kompetenzzielen im Umgang mit Visualisierungen und Diagrammen:

- Erfassen, Analysieren und Vergleichen von visuellen Darstellungen;
- Prüfen der Angemessenheit und Richtigkeit sowie Wertung von visuellen Darstellungen;
- Planen und Erstellen eigener Diagramme (wobei „Diagramme" zunehmend verstanden wird als Sammelbegriff für alle bildlichen Darstellungen von Informationen).

Darüber hinaus wird *Visualisieren* in Lehrplänen und Handreichungen auch als expliziter Unterrichtsgegenstand genannt, z. B. bei der Gestaltung von Wand- oder Klassenzeitungen, Lernplakaten, Präsentationen, der Veranschaulichung von Erzählverläufen, Gliederung von Fragestellungen, Gestaltung von Briefen und Bewerbungen, der Durchführung von Umfragen oder bei der Auseinandersetzung mit Fake News und Meinungsmanipulation (z. B. Jarvis 2016; Kleber/Richter-Krautz 2022; Deutscher Bildungsserver 2023).

Visualisieren ist also ein Dauerthema im Deutschunterricht, nicht zuletzt aufgrund des alltäglichen Umgangs mit visuellen Darstellungen. Wenn man das nicht vermittelt und man visuelle Darstellungen nur wie Texte behandelt und nicht auf ihre visuelle Ebene eingeht und wenn man die Erstellung von visuellen Darstellungen anderen Fächern zuweist, dann macht man *Visualisieren* im Deutschunterricht unsichtbar.

Und was unsichtbar ist, kann – wenn überhaupt – nur sehr schwer gelernt werden. Es spricht also viel dafür, das Thema *Visualisieren* ständig und immer wieder sichtbar zu machen im Unterricht, schon beim Erstellen von Tabellen und Übersichten auf die grafische Struktur hinzuweisen. Als Lehrperson sollte man auch immer wieder das eigene *Visualisieren sichtbar machen*: „So habe ich hier etwas bildlich dargestellt, deshalb habe ich die Skizze so angelegt ..., deshalb sieht das Arbeitsblatt so aus, wie es aussieht ..."

Visualisieren lernt man nur durch Sehen – und Gesehen-Werden.

2 Werkstatt Visualisieren

Wer Visualisieren im Deutschunterricht als Handwerk erlernen oder es verbessern will, fängt nicht bei null an, sondern hat (zumindest in der eigenen Schulzeit) schon anderen zugeschaut, Erfahrungen gesammelt, Gewohnheiten entwickelt und Lösungen gefunden. Dieses Kapitel fordert deshalb ausdrücklich nicht dazu auf, die eigene bisher meist halbwegs funktionierende Praxis im Umgang mit Tafelbildern und Medien einfach über Bord zu werfen. Es werden auch keine bestimmten zeichnerischen Verfahren, Programme, Apps oder Techniken propagiert, mit denen visualisiert werden soll (anders als z. B. Bühs 1993; Kohler 1999; Berger 2014; Seifert 2018; Brüning/Saum 2019; Roßa 2019; Hilmes/Troué 2021; Korth/Roßa 2021; Bonnkirch-Sapper 2022; Renz 2022).

Vielmehr stellt die folgende „Werkstatt“ ein breites Repertoire an Arbeitsweisen und Werkzeugen bereit, mit dessen Hilfe man die eigene Praxis des Visualisierens erweitern, verbessern oder auf den Prüfstand stellen kann. Dazu gehören u. a. Anregungen zur visualisierungsfreundlichen Gestaltung von Klassen- und Kursräumen, zum Einsatz von Arbeitsmitteln und Medien, zum Aufbau einer „Sprache des Visualisierens“ in der Klasse und zu einer Minimalausstattung.

Das Handwerk des Visualisierens kann man als Lehrperson allerdings nicht allein, theoretisch und für sich lernen, sondern man erwirbt es in der Praxis, in gemeinsamen Handlungs-, Rezeptions- und Kommunikationsprozessen mit den Schülerinnen und Schülern, an denen beide Seiten aktiv beteiligt sind. Deshalb enthält dieses „Werkstatt-Kapitel“ auch Hinweise, Übungen und Ideen für Schülerinnen und Schüler und für die kollegiale Fort- und Weiterbildung.

2.1 Immer zuerst: Erfahrungen sichern und auf bewährte Werkzeuge achten

Gutes Handwerk spart nicht an Werkzeug und Arbeitsmitteln, es braucht, was es braucht. Weniger geht nicht. Aber – mehr muss dann auch nicht sein.

Wenn beim Thema Visualisieren die Rede von Werkzeugen oder Grundlagen ist, geht es meist um bestimmte Materialien oder darum, dass man über Grundkenntnisse einer (bestimmten) Methode verfügen soll. So werden von Firmen Sets für Visualisierungen oder Moderationskoffer mit Markern, Aufklebern und Papier in Wolkenform angeboten, es wird für Illustrations-Apps und Grafiksammlungen geworben, die die Arbeit des Visualisierens erleichtern sollen. Hinzu kommen Offerten für Kurse und Trainings, wie man in ein paar Schritten zeichnen lernen kann, Strichmännchen richtig platziert, animierte Präsentationen erstellt. Bei vielen Angeboten wird fälschlicherweise davon ausgegangen, durch neue (meist: digitale) Medien und Verfahren werde Visualisieren von Grund auf verändert und man müsse es *neu* lernen.

Aber man kann mit den eigenen Sehgewohnheiten und Routinen beim Visualisieren und den erlebten Bilderwelten nicht einfach „Tabula rasa" machen wie in der Antike, als man auf einer Wachstafel schnell alles „ausradieren" und die Bilder ungeschehen machen konnte.

Die Auseinandersetzung mit den eigenen Erfahrungen beim Visualisieren ist wichtig: Ständig greifen Lehrkräfte im Unterricht auf eigene Bilderfahrungen zurück, nutzen gewohnte Sehweisen, fokussieren ihre Wahrnehmung auf bestimmte Aspekte, blenden andere aus. Oft visualisieren sie im Unterricht so, wie sie es in ihrer Schulzeit durch Vorbilder, Medien oder in ihrer Ausbildung gelernt haben – oft ohne sich dessen bewusst zu sein.

Die Reflexion der eigenen Erfahrungen im Umgang mit Bildern und Text-Bild-Verknüpfungen hilft zu klären, worauf man bei der Weiterentwicklung des Visualisierens aufbauen kann und wo man neue Impulse, Materialien oder Methoden benötigt. Vor allem aber hilft es zu klären, welche Absichten man mit dem eigenen Visualisieren verfolgt – und ob man sie erreicht.

Alle Übungen mit dem Download-Symbol können Sie als Kopiervorlage im Download-Material zu diesem Buch erhalten.

Bilder-Hausputz

Mit einer der drei folgenden Seh-Übungen, inspiriert von Marina Abramović (2021), können neue Seherfahrungen geschaffen werden:

Drei Seh-Übungen

1. Eine Primärfarbe (rot, gelb, blau) auf einer ebenen Fläche über einen längeren Zeitraum (mehr als fünf Minuten) still sitzend betrachten. Die Augen kurz schließen, nach dem Öffnen sofort mit drei Wörtern beschreiben, was man als Erstes gesehen hat. Wie verändern sich die Eindrücke, wenn man die Farbe wechselt oder die Übung mehrmals durchführt?
2. Mit verbundenen Augen oder ohne zu hören (dichte Ohrenstöpsel) einen Raum erkunden – ohne dass jemand in der Nähe ist oder man gestört werden kann. Nach mindestens einer halben Stunde die Augenbinde abnehmen und die Rückkehr der Sinne wahrnehmen: Wie hat sich die Beziehung zum Raum verändert?
3. Eine Wand (ohne Dekoration, vorher alle Fotos aus dem Blickfeld entfernen) reglos betrachten. Wie wirken sich Monotonie und Gleichförmigkeit auf die Wahrnehmung aus?

Diese Seh-Übungen sensibilisieren zum einen für die Wahrnehmung des Augenblicks und schaffen einen Kontrast zur Komplexität der Wahrnehmungen im Alltag. Andererseits zeigen sie Wahrnehmungspotenziale auf.

Verbindungen in einem Zimmer sichtbar machen

Die Gegenstände in einem Zimmer, die etwas miteinander zu tun haben, sollen durch einen Wollfaden miteinander verbunden werden.
Material: Wollfaden (eine Rolle), Büroklammern, evtl. Klebestreifen.

Komplementär zum „Bilder-Hausputz“ sollen hier die (inhaltlichen, persönlichen ...) Verbindungen zwischen den Gegenständen (Möbeln, Bildern etc.) eines Raumes wiederentdeckt und sichtbar gemacht werden.

Die Erfahrung zeigt, dass auch in spärlich eingerichteten Räumen viele Verbindungen sichtbar werden, z. B. zwischen Büchern, Bildern, Alltagsgegenständen. Wie können wichtige Verbindungen stärker betont, unwichtige oder falsche Verbindungen aufgelöst werden?

Ein Klassenbild sichtbar machen (lassen)

Die Lehrperson bittet eine Person (Schülerin oder Schüler, Gast, Referendar), ihren Bewegungs- und Blickverlauf über die Dauer einer Unterrichtsstunde auf einen Klassenplan (Grundriss des Raumes, Sitzordnung, wichtige Möbel) grafisch festzuhalten: Eine Linie zeigt dann den Weg durch die Klasse, Pfeile geben die Blickrichtung an.
Material: Klassenplan

Lehrpersonen schaffen durch ihre Bewegungen und ihr Handeln im Unterricht „Autobahnen der Wahrnehmung“, aber auch „blinde Flecken“. Welche Bewegungen und Blicke waren hilfreich, um die eigene Aufmerksamkeit der Klasse auf das Konstruktive (und nicht auf das Störende) zu lenken?

Für die Schülerinnen und Schüler entsteht aus Bewegungen und Blicken ihrer Lehrpersonen ein Klassenbild. Sie verfolgen, was wie wahrgenommen wird, wer (nicht) im Mittelpunkt steht, was genau betrachtet wird und worauf die Aufmerksamkeit gelenkt wird. Wie Bewegungen und Blicksignale ein Klassenbild erzeugen, wird oft erst durch die Dokumentation bewusst.

Ein Visualisierungslogbuch führen

Über einen Zeitraum von etwa zwei Wochen hinweg wird am Ende jeder Unterrichtsstunde die zentrale/wichtige Visualisierung fotografiert bzw. abgespeichert (Smartboard, Präsentation) und dann in ein Logbuch (digital oder analog) aufgenommen (Speicherung mit Klassenbezeichnung und Datum).

Die eigene Praxis des Visualisierens wird erfahrbar und veränderbar, wenn man sie über einen längeren Zeitraum dokumentiert, um dann einen roten Faden, Gewohnheiten und bewährte Verfahren zu entdecken.

Die Auswertung von dann über 40 Unterrichtsstunden soll sich auf die bewährten und zielführenden Verfahren konzentrieren: Welche Visualisierungen haben die Ziele am besten erreicht? Welche wurden von Schülerinnen und Schülern aufmerksam verfolgt bzw. mitgestaltet? Welche haben sie für sich selbst dokumentiert?

Die eigene Schrift sehen und verändern

Eine Übung für den späten Nachmittag in der Schule: Immer wieder den gleichen Satz an eine Tafel oder ein anderes Medium schreiben – gezielt für eine Unterstufe, für die Oberstufe, für den Elternabend. Einzelne Wörter typografisch betonen, hervorheben, markieren.

Das Üben der Handschrift als der visuellen Darstellung einer Lehrperson ist besonders wirkungsvoll, wenn man nach jeder Schreibübung fünf bis acht Meter von der Tafel zurücktritt und prüft: Wie wirkt der Satz jetzt? Welchen Eindruck erweckt er? Worauf lenkt die Schrift die Aufmerksamkeit?

Perspektiv-Wechsel bei den Arbeitsheften

Üblicherweise schauen sich Lehrpersonen die Hausaufgaben und Hefte ihrer Schülerinnen und Schüler an, um sich einen Überblick über deren Leistungen zu verschaffen. Dabei zeigen die Aufgaben und Hefte immer auch die Leistungen der Lehrkräfte. Deshalb können die Hefte auch aus einer ganz anderen Perspektive gesehen werden: Was wird in ihnen über meine Arbeit als Lehrperson deutlich? Wie werden meine Visualisierungen verarbeitet?

2.2 Das Klassenzimmer aus der Perspektive des Visualisierens sehen

Es gibt kaum einem Ort, an dem Visualisieren so schwierig ist wie in einem Klassenzimmer. – Diese Aussage mag auf den ersten Blick irritieren, schließlich sind doch Klassenzimmer die Räume fürs Visualisieren schlechthin, sie sind eigens dafür gebaut worden nach staatlichen Vorschriften ... Vergleicht man Klassenräume mit den Räumen, die wirklich für visuelles Erleben gebaut wurden – Kinos, Schaufenster, Showrooms, Galerien, Theaterhäuser –, dann fällt auf, wie ungeeignet die meisten Klassenräume für gutes Visualisieren sind: Fast immer gibt es dort zu wenig Platz zum Präsentieren (nur wenig freie bzw. benutzbare Wandfläche) und noch weniger Platz, um den Prozess des Visualisierens zu beobachten, weil man nicht zurücktreten und Abstand gewinnen kann. Der einzige halbwegs angemessene Abstand in einer Klasse ist der zwischen Schülerinnen und Schülern auf der einen Seite und der Tafel auf der anderen Seite. Aber oft ist dieser Abstand dann wieder so groß, dass man von hinten kaum verfolgen kann, was vorn an der Tafel passiert.

Platzmangel für das Visualisieren entsteht auch dadurch, dass Klassenräume mit Möbeln zugestellt und mit Bildern zugehängt sind und es keine Frei- und Weißräume mehr darin gibt.

Abb. 2.1: „Gruselkabinett" für das Visualisieren: Klassenzimmer einer Grundschule

Unterrichtsräume in Grundschulen werden oft zu „Gruselkabinetten für Visualisieren" (vgl. Abb. 2.1). Dort hat in der Regel die Klassenlehrkraft den Raum zur alleinigen Verfügung und kann damit alles machen, was sie will, während sich die Lehrkräfte in den Sekundarstufen das Klassenzimmer mit anderen teilen müssen. Als Lehrperson allein über die Ausstattung eines Klassenzimmers entscheiden zu können, ist eine große Herausforderung – und eine Versuchung. In dem Bemühen, alles im Raum unterzubringen (Klassenräume sind immer auch Lagerräume!) und den Schülerinnen und Schülern alle Regeln, Merksätze, Erinnerungen, Geburtstagskalender präsent zu halten, wird der Klassenraum visuell bis auf den letzten Freiraum besetzt. Nirgendwo kann der Blick mehr ruhen, es gibt keine bildfreie Zone mehr. Für den Unterricht bedeutet dies, dass die Kinder und Jugendlichen ständig auf etwas schauen müssen, das für sie seine Bedeutung haben soll und mit dem sie etwas verbinden sollen.

Doch damit nicht genug. Meist sind die Klassenzimmer dann auch noch so gestaltet, dass das, was im Mittelpunkt des Visualisierens stehen soll, gerade nicht optimal sichtbar ist. Die breiten Fensterfronten (auf der linken Seite des Klassenzimmers, damit der Schatten beim Schreiben nicht auf die Schrift fällt – jedenfalls nicht bei Rechtshändern ...) sollen für einen großzügigen Lichteinfall sorgen, Vorhänge fehlen aber häufig (Brandschutz, Vandalismus, Verschmutzung, defekte Vorhangschienen), sodass zumindest immer einige Schülerinnen und Schüler bei der Arbeit geblendet werden, sich das Licht auf den Bildschirmen oder dem Smartboard spiegelt. Die radikale Lösung, den Raum abzudunkeln, erweist sich dann oft als problematisch, da die Beleuchtung zwar normgerecht, aber nicht sehgerecht ist.

Kleine Sache, große Wirkung

Eigentlich war es nur gut gemeint: In der Unterrichtsreihe über Sagen und Märchen hatten die Schülerinnen und Schüler schön gestaltete Steckbriefe zu ihren Lieblingsfiguren angefertigt, hatten Porträts gezeichnet, Körperumrisse skizziert. Natürlich sollten die kleinen Plakate sichtbar im Klassenzimmer aufgehängt und als Arbeitsergebnis gewürdigt werden. Nur: Es gab keinen Platz mehr, um 24 Plakate noch aufzuhängen – wenn die Lehrerin nicht eine Wäscheleine quer durch die Klasse gespannt und die Bilder daran aufgehängt hätte. Nun hingen sie für alle gut sichtbar im Klassenraum, wehten beim Öffnen des Fensters im Wind und hinderten alle, die größer als 1,70 Meter waren, daran, durch die Klasse zu gehen, ohne mit dem Kopf an die Bilder zu stoßen.

Eine Grundvoraussetzung dafür, dass Visualisieren in einer Klasse überhaupt möglich und sinnvoll ist, besteht darin, ein Klassenzimmer auch aus der Perspektive des Visualisierens zu betrachten. Es geht nicht darum, ein Traum-Klassenzimmer zu entwerfen, sondern mit den gegebenen Möglichkeiten zurechtzukommen und das Klassenzimmer so einzurichten, dass Visualisieren gut möglich ist, es aber auch nichts anderes behindert.

Sicht-Kontrolle

Diese Übung hilft, sich selbst ein genaues Bild über die Seh-Situation im Klassenzimmer zu machen – und zwar in verschiedenen Settings und aus der Schülerposition heraus: im Frontalunterricht (z. B. Referat), bei Gruppen- und Stationsarbeit und bei einer Klassenarbeit.
Erster Schritt: Die Lehrperson nimmt während des laufenden Unterrichts an fünf verschiedenen Stellen im Klassenzimmer jeweils für einige Minuten Platz (vier Ecken, Mitte) und nimmt dabei möglichst genau wahr, was und wen sie von dieser Position aus sehen kann (Notizen). Wie ist die Beleuchtungssituation an diesem Platz? Welche visuellen Reize sind von hier aus ständig im Blick, welche Darstellungen können gut/schlecht wahrgenommen werden?
Zweiter Schritt: Die Lehrperson beobachtet von der Position aus, die sie als Lehrende in der Klasse am häufigsten einnimmt, ob und wie sie ihre fünf vorherigen Schüler-Positionen sehen kann. Wie werden Schülerinnen und Schüler aus der Lehrerposition überhaupt gesehen – und wie können sie dann Visualisierungen wahrnehmen?

Diese Sichtkontrolle ist nur im laufenden Unterricht sinnvoll, denn wenn das Klassenzimmer leer ist oder nach dem Unterricht sind die Lichtverhältnisse anders, die Raumkonstellation hat sich verändert.

Die Gestaltungsgesetze des Klassenzimmers

Mithilfe dieser Übung kann man auf praktische Weise herausfinden, wie man die Gestaltung eines Klassenzimmers aus dem Gesichtspunkt des Visualisierens betrachten sollte.
Im Grundriss werden Informationen zu den folgenden Fragen eingezeichnet bzw. notiert:

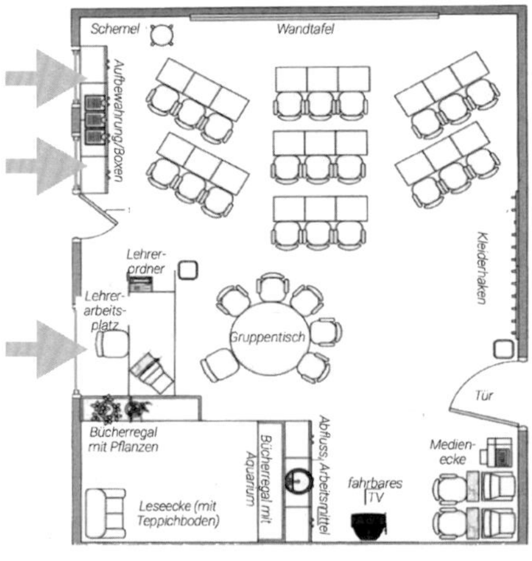

- Wo im Klassenraum können Lehrperson und Klasse Visualisierungen erarbeiten und ggf. dokumentieren/platzieren?
- Wo fällt das Licht ein (graue Pfeile)?
- Von welcher Position können alle Visualisierungen gesehen werden?
- Welche Möglichkeiten bietet der Lehrerarbeitsplatz für das Visualisieren?
- Wenn Sie ein oder zwei Dinge im Klassenzimmer verändern könnten, welche wären das?

Diese Übung zeigt, wie wenig Platz für Visualisieren in der Klasse überhaupt vorhanden ist: Fast alle Wandflächen sind zugestellt oder zugehängt. Im Klassenzimmer selbst kann die Lehrperson nur von einer Position aus visualisieren: frontal vor der Tafel. Alle anderen Positionen in der Klasse lassen entweder keinen Medieneinsatz zu oder sind für die Klasse schlecht einsehbar. Problematisch ist auch der relativ geringe Lichteinfall (Pfeile links) und die „Verinselung" der Klasse. Der Lehrerarbeitsplatz ist klassisch platziert wie der Überwachungsplatz in einem Gefängnis oder einer Anstalt: alles sehen und von niemandem gesehen werden.

Selbstverständlich lassen sich auch solche Räume im Sinne des Visualisierens positiv verändern:

- *Entscheiden und Entrümpeln:* Wenn Visualisieren für den Unterricht wichtig ist, braucht er Raum und Arbeitsflächen. So könnten im Fallbeispiel einige Veränderungen vorgenommen werden: Lehrerarbeitsplatz und Leseecke verkleinern, Rückwand der Regale in der Leseecke als Präsentationsfläche nutzen, eventuell Sitzordnung an Gruppentischen verändern, die Garderobe verkleinern und dafür Klemmleisten anbringen, Präsentationsflächen schaffen (z. B. neben der Tafel).
- *Regeln für Platzierung, Dauer, Gestaltung:* Mit allen in der Klasse unterrichtenden Lehrpersonen und der Klasse festlegen: Wo und wie dürfen welche Visualisierungen angebracht werden? (Z. B.: keine Stecknadeln und Klebestreifen verwenden, Datum und Verwahrung auf der Visualisierung vermerken.) Wie groß müssen/sollen Visualisierungen in der Klasse sein? Wie lange sollen sie hängen bleiben? Wer ist für die „Pflege" der Produkte verantwortlich?
- Sehr hilfreich ist es, jemanden aus der Klasse zu bestimmen, der sich um die Visualisierungen kümmert und sicherstellt, dass sie nicht länger als angegeben präsent bleiben und dann auch entfernt werden.

Das klingt ein wenig nach den Regeln für das Schwarze Brett im Supermarkt. Genau – schließlich wissen solche Geschäfte, was sie tun müssen, damit ihr Schwarzes Brett aktuell, ordentlich und attraktiv bleibt. Von Supermärkten kann man viel über Visualisieren lernen – man muss nur genau hinschauen.

2.3 Lehr- und Lernmittel und Medien gezielt und koordiniert einsetzen

Lange Zeit fanden die Arbeitsmittel einer Lehrkraft in einer Aktentasche Platz – und die hielt womöglich noch ein ganzes Berufsleben lang. Darin befanden sich die Schulbücher, Hefte, Kopien, Folien, der Lehrerkalender, eigene Notizen, Schreibgeräte. Bei guten Lehrkräften kam noch eine Schachtel mit Kreide (vielleicht sogar bunt) und ein kleiner Antennenzeigestock dazu, bei sehr kreativen vielleicht noch eine Handpuppe. Heute gibt es bereits Lehrkräfte, die den „Exklusiv-Shopper" hinter sich herziehen, in dem sich alles befindet, was man im Unterricht gebrauchen kann: Hefte und Schulbücher, dann Tablet, Laptop und Smartphone, ein Satz Tafelmarker, Tafeltücher, Kreide, Klebeband, Magnete. Für alle Fälle befinden sich im Extrafach des Shoppers noch Adapter aller Art, ein Laserpointer und Presenter. Bilder und Filme können in den meisten Klassenzimmern jederzeit gezeigt werden, ohne sich vorher in die Reservierungslisten für Film-, Overhead- oder Polylux-Projektoren eintragen zu müssen, denn es gibt ja Beamer oder Whiteboards.

Und obwohl die Lehrkräfte immer mehr Lehr- und Lernmittel, Medien und Materialien mit in den Unterricht bringen oder dort einsetzen können, hat sich an dem, was sie dann damit produzieren, vergleichsweise wenig geändert: Tafelbilder, Skizzen und Plakate sehen meist so aus wie in der Lehrer-Kreidezeit – sie sind nur gefälliger, perfekter, bunter.

Nach wie vor ist es möglich, durch Visualisieren mit klassischen Mitteln und Medien (Tafel, Kreide) gute Ergebnisse zu erreichen. Und neuerdings ist es möglich, durch Visualisieren mit modernsten Mitteln und Medien schlechte Ergebnisse zu erzielen und die angestrebten Ziele nicht zu erreichen.

Gute Ergebnisse können nur erzielt werden:

- *mit einer funktionierenden und funktionellen Grundausstattung der Unterrichtsräume mit Medien und Lernmitteln:* Ausdrücklich ist hier nicht die Rede von „Mindestausstattung". Was in einer Klasse funktional und notwendig ist, das muss im Einzelfall geklärt werden.
- *bei einer zielführenden und effektiven Nutzung der vorhandenen Lernmittel und Medien:* Dies gilt für *alle* Medien, Lehr- und Lernmittel, keines, weder digital noch analog, ist uneingeschränkt für alles geeignet.
- bei Absprachen innerhalb der Klasse, der Fachgruppe und des Kollegiums, z. B. über den *Einsatz bestimmter Medien oder die Vermittlung bestimmter Modelle oder Visualisierungsformen.*

Tab. 2.1 stellt wichtige Elemente einer Grundausstattung vor und gibt Hinweise für den Einsatz.

Medien und Lernmittel	Hinweise für Einsatz
• **Schulbücher** Angebot an analogen und (wenn möglich) digitalen Ausgaben, die im Unterricht verwendet werden bzw. für das selbstständige Arbeiten erforderlich sind	• klare Regeln für die Ausleihe und Nutzung und den Einsatz im Unterricht
• **Arbeitsblätter, Workbooks** Angebot der Arbeitsblätter, mit denen im Unterricht gearbeitet wird, einschließlich eines „Kopierkontingents" für Schülerinnen und Schüler ab Klasse 9	• einfache und großzügige Kopierregelungen • je eine Kopie in Klassenordner
• **Tafel** (matt lackiert, eine Hälfte liniert/kariert), Schwamm, Kreide (weiß, evtl. bunt), „Abzieher" oder Wischer, Lineal, evtl. Dreieck • **Whiteboard** (lackierter Stahl, optional für Blockhalter), Tafelmarker (Achtung: nichtpermanent, flache Spitze), Tafelwischer und -tuch, Reinigungsflüssigkeit, Magnete	• Absprachen im Kollegium und Regeln in der Klasse über Reinigung • blendfreies Aufstellen der Tafel • auf Beleuchtung der Tafeln achten
• **Lernplakate bzw. Wandzeitungen** Flipchart-Halter (Klemmleiste, Ständer), Block (liniert, unliniert) oder Moderationspapier, Marker (nichtpermanent, flache Spitze), Magnete, Wandzeitung: Kraftpapier (> 1 m breit), doppelt gelegt	• Einführung der Klassen in die Gestaltung • max. Hängedauer Fach/ Enddatum angeben
• **Moderationskarten** Karten A5 (verzichtbar: Wolkenkarten o. Ä.) Filzstifte, Magnete, Befestigungsmöglichkeiten, am besten (aber teuer): selbstklebende Karten (wiederverwendbar, haften auf fast allen Oberflächen), Dokumentation vorab organisieren (Kamera oder auf Wandzeitung kleben)	• Einsatzmöglichkeiten im Kollegium absprechen • große Arbeitsfläche • Dokumentation • digitale Brainstorming-Apps als Alternative
• **Overheadprojektor/Polylux, Beamer** 1 pro Klasse, sofern keine anderen Medien installiert sind, große Präsentationsfläche	• regelmäßige Wartung und Pflege klären
• **Dokumentenkamera** 1 pro Klasse (Lehrerarbeitsplatz), einfacher Anschluss an PC oder Smartboard/Beamer, möglichst mit Aufnahmefunktion und als Webcam nutzbar	• Verwendbarkeit für Online-Unterricht abklären • Software/Treiber und Adapter beschaffen
• **Tablet/Laptop** Software für Organisation und interaktives und kollaboratives Arbeiten, Apps	• Nutzungsmöglichkeiten und -regeln klären
• **digitales Whiteboard** 1 pro Klasse, wenn genügend Nutzungsmöglichkeiten – kein Ersatz für Tafel (möglichst behalten), Adapter für andere Geräte, Software, Fortbildungsangebot über den „Mehrwert" dieser Medien	• Betreuung und Wartung der Geräte klären • Einbindung in funktionierendes Netzwerk • Etat für Medien/Apps

Tab. 2.1: Grundausstattung an Medien und Lernmitteln für Visualisieren im Unterricht (Auswahl)

Welche der genannten Lernmittel und Medien im konkreten Fall zur Grundausstattung gehören sollten, ist nicht nur eine Frage des Geldes und des Raumes, sondern auch eine Frage des damit verbundenen pädagogischen und organisatorischen Konzeptes. Dies betrifft z. B. den bereits oben beschriebenen wichtigen Aspekt der Gestaltung des Klassenzimmers, aber auch Aspekte, wann welche Medien und Lernmittel wofür eingesetzt werden sollen und wie sich die Fächer dabei abstimmen können.

So können digitale Whiteboards und Tablets nur wenig zur Weiterentwicklung des Visualisierens beitragen, wenn es kein Konzept gibt, wofür sie mittel- und langfristig eingesetzt werden sollen. Hier sind kollegiale Absprachen notwendig: Schließlich werden über diese Geräte Inhalte, Materialien und Lernwerkzeuge in den Schulalltag eingeführt, an die der Unterricht in der Fachgruppe anknüpfen muss. Nicht umsonst ist in vielen Bundesländern die Einführung von Lehr- und Lernmitteln immer an einen Beschluss der Fachgruppe gebunden.

Ein tolles österreichisches Schulbuch-Taschenmesser …

Satzgliederpuzzle im österreichischen digitalen Schulbuch (Quelle: https://www.schubu.at/)

Frau B. möchte in ihrem Deutschunterricht endlich das digitale Whiteboard richtig nutzen – und es nicht nur für die Arbeit mit Aufgabenblättern und Präsentationen verwenden.
Zufällig stößt sie auf das Angebot eines (kostenfrei nutzbaren) digitalen Deutschbuchs aus Österreich. Zuerst nutzt sie in ihrer 5. Klasse eine Einheit über Plakatgestaltung, bei der die Klasse unterschiedliche Diagramm-Formate einmal so ausprobieren kann.
Dann nutzt sie das Grammatikkapitel über Satzglieder. Die Klasse macht die Übungen gern, gewöhnt sich an die im digitalen Deutschbuch verwendeten österreichischen Modelle (S, P1, P2), Fachbegriffe („Beistrich").
Probleme treten jedoch auf, wenn Schülerinnen und Schüler diese Begriffe im Englischunterricht verwenden. In einer Fachkonferenz wird das angesprochen. Ergebnis: Um keine Verwirrung zu stiften, soll das tolle österreichische Schulbuch-Taschenmesser nicht mehr verwendet werden.

Das Beispiel unterstreicht die Bedeutung kollegialer Absprachen über visuelle Darstellungen (und damit verbundene Modelle) im Deutschunterricht: Sie basieren häufig auf Modellvorstellungen und verwenden Begrifflichkeiten, die aufeinander abgestimmt und langfristig angelegt sein müssen.

Absprachen sind in der Fachgruppe Deutsch auch darüber notwendig, welche Intentionen mit dem Thema „Lernplakate“ verfolgt werden sollen, insbesondere welchen Stellenwert der Aspekt der Gestaltung und der grafischen Umsetzung haben soll.

Will man den Schülerinnen und Schülern die Kompetenz vermitteln, Ideen und Prozesse auf Lernplakaten zu visualisieren, wäre es wichtig, sich bereits in den unteren Klassen der Sekundarstufe I intensiv mit der Bedeutung der Verbindung und des Zusammenspiels von Bild und Text zu beschäftigen und klassen- und fächerübergreifend Kriterien und entsprechende Übungen für gute visuelle Umsetzungen auf Lernplakaten zu erarbeiten.

Absprachen sind auch in einem Bereich notwendig, den Lehrkräfte meist als ihre ureigenste persönliche Angelegenheit betrachten: bei der Gestaltung von Arbeitsblättern. Wer als Elternteil einmal das Experiment gemacht hat, alle Arbeitsblätter, die das Kind in einem Schulhalbjahr erhalten hat, zu sammeln und zu ordnen, wird in der Regel nicht glücklich: Innerhalb und zwischen den Fächern fehlen Gestaltungsvorgaben, die den Klassen helfen, mit Arbeitsblättern sinnvoll zu arbeiten und sie einem Thema zuzuordnen.

Schon der erste optische Eindruck eines Arbeitsblattes muss den Schülerinnen und Schülern signalisieren, was mit dem Arbeitsblatt gemacht werden soll (dafür muss Platz gelassen werden), wann, für wen und zu welchem Zweck es erstellt wurde. Deshalb sollten Arbeitsblätter mit einer Kopfzeile versehen werden (vgl. Abb. 2.2), aus der hervorgeht, wie das Arbeitsblatt weiterverwendet und an wen es weitergegeben werden soll. Hierfür können entsprechende Symbole vereinbart werden.

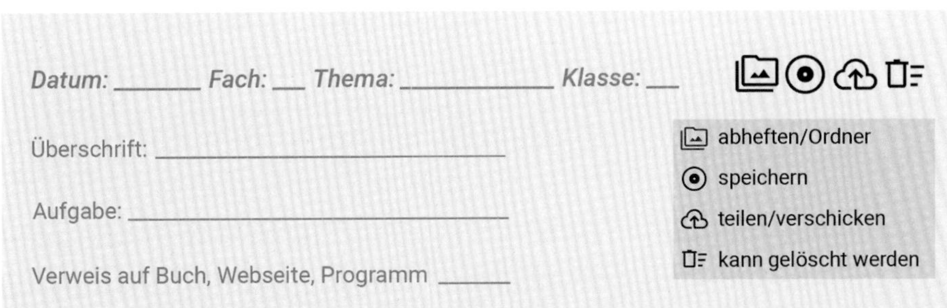

Abb. 2.2: Kopfzeile für Arbeitsblätter – der erste visuelle Eindruck zählt ...

In diesem Zusammenhang muss auch entschieden werden, welcher Anteil des Budgets für das Kopieren von Arbeitsblättern ausgegeben werden soll, ob Schülerinnen und Schüler ein Kopierkontingent (über Tags) erhalten und ob die Scanfunktion der Kopierer aktiv genutzt werden soll. Damit die Schülerinnen und Schüler diese Funktion sowie die digitalen Whiteboards und Tablets nutzen können, benötigen sie einen eigenen Schulaccount.

Digitale Whiteboards und Tablets können eine geringe Innovations-Halbwertzeit für das Visualisieren und den Unterricht insgesamt haben, wenn sie nicht durch Updates und mit für den Fachunterricht relevanten Programmen auf dem aktuellen Stand gehalten werden und wenn sie nicht gut vernetzt sind. Dann mutieren sie letztlich zur klassischen Tafel, nur mit weißem oder farbigem Hintergrund.

Und nicht zuletzt muss im Kollegium und mit der Schulleitung verbindlich geklärt werden, wer für die Wartung und Pflege der Lernmittel bzw. Medien jeweils zuständig ist. Gutes Werkzeug will gepflegt werden. Und wer es nicht pflegt, der kauft doppelt.

2.4 Einen Grundstock an Visualisierungsformen und -formaten aufbauen

Wenn Lehrkräfte sich mit Sätzen wie: „Ich kann doch nicht zeichnen!" vor dem Zeichnen von Tafelbildern oder Skizzen drücken wollen, dann sind sie in die „Inkompetenzkompetenz-Falle" geraten: Ihre Kernkompetenz besteht darin, Inkompetenz zu behaupten. Beim Thema „Visualisieren" gilt es, solchen Selbstzuschreibungen entgegenzuwirken. Am besten ist es, sich einen Grundstock an klaren und einfachen Visualisierungsformen und -formaten anzueignen, diesen dann kontinuierlich zu pflegen, Routinen aufzubauen und ihn dann im Laufe der Zeit weiter zu verbessern und zu erweitern. Das kann man lernen – und man muss es immer wieder üben.

Immer wieder üben – in der Klasse

Hilbert Meyer macht in seinem Buch über Unterrichtsmethoden (2021, S. 388) eine „nostalgische Anmerkung": „Ich bin als junger Lehrer am Nachmittag in meinen Klassenraum gegangen und habe das Schreiben und das Zeichnen geübt und häufig Skizzen oder Grafiken gleich auf der Tafel stehenlassen. Die Zeichnungen waren dilettantisch, aber liebevoll ..."

Diese Übungen sind sowohl für Anfänger als auch für Fortgeschrittene gleichermaßen hilfreich:

- Zu Anfang möglichst nur auf einfache geometrische Formen (Kreis, Dreieck, Rechteck, Linie) und Verbindungen beschränken, die möglichst übersichtlich dargestellt werden sollen – z. B. den Stammbaum einer Familie, eine Wortarten-Tabelle oder eine Gebrauchsanweisung für einen Alltagsgegenstand. Hier kommt es darauf an, die Beziehungen zwischen den einzelnen Elementen möglichst klar und eindeutig zu kennzeichnen. Gerade an digitalen Whiteboards ist diese Übung nicht trivial, wenn dann die Formen auch noch verschoben, beschriftet und schließlich als Datei abgespeichert werden sollen. Erst wenn dies beherrscht wird, sollte man das digitale Whiteboard häufiger im Unterricht einsetzen.
- Grundlegender: Zuerst grafische Formen schnell und deutlich zeichnen – Pfeile, Kästchen, geometrische Formen. Dann Skizzen oder Symbole, die man oft braucht: Personen, Umrisse, Häuser.
- Einen Text projizieren bzw. auf dem digitalen Whiteboard präsentieren: Mindestens zehn Markierungen und fünf Pfeile bei Zusammenhängen, Rekurrenzen, Verbindungen einfügen.
- 20 Moderationskarten zu einem beliebigen Thema an der (digitalen) Tafel ordnen – drei Durchgänge mit unterschiedlichen Ordnungskategorien.
- Die eigene Körperhaltung beim Visualisieren beobachten (Kamera).

Bei jeder Übung bewusst erst zwei, dann fünf Meter und dann so weit wie möglich von der Darstellung zurücktreten und überprüfen, wie sie aus der räumlichen Distanz wahrgenommen wird. Wichtig ist hier vor allem der erste Eindruck, der sich beim Betrachten der Darstellung einstellt: Erweckt sie Aufmerksamkeit? Ist eine Struktur zu erkennen? Ist sichtbar, was wichtig ist?

Diese Übungen sind besonders nützlich, um das Präsentieren zu üben (was auch den Schülerinnen und Schülern ermöglicht werden sollte): Präsentiert wird von dem Punkt aus, der am weitesten von der (digitalen) Tafel entfernt ist. Aus dieser Perspektive lässt sich am besten erkennen, ob Schriften noch lesbar sind, ob Farben verfälscht werden, ob Kontraste überhaupt deutlich werden.

Diese Versuche sind in der Regel wesentlich aussagekräftiger als Präsentationen auf einem kleinen Bildschirm. Eine Schriftgröße von 20 Punkt kann dort sehr groß erscheinen, während sie bei einer Präsentation auf einem 38-Zoll-Bildschirm aus sechs Metern Entfernung schon recht klein wirkt. Probedurchläufe helfen auch, unnötige oder verwirrende Farbwahl zu vermeiden: Die Verwendung von Gelb oder von Schwarz auf Rot ist fast immer ein Problem.

Das Visualisieren strukturieren

Schwierigkeiten beim Visualisieren sind selten darauf zurückzuführen, dass die Lehrkräfte nicht zeichnen können. Die meisten Schwierigkeiten entstehen, wenn es nicht gelingt, das Visualisieren zu strukturieren, sodass Betrachterinnen und Betrachter dann den Eindruck von Nicht-Ordnung erhalten. (Erfahrungsgemäß ist der naturwissenschaftliche Unterricht davon stärker betroffen als der Deutschunterricht.)

Wesentlich für die Strukturierung beim Visualisieren im Deutschunterricht ist die Beachtung der gesamten Präsentationsfläche, also nicht nur des einzelnen Mediums, sondern auch seiner Umgebung, wie z. B. der Präsentationswand (vgl. Abb. 2.3).

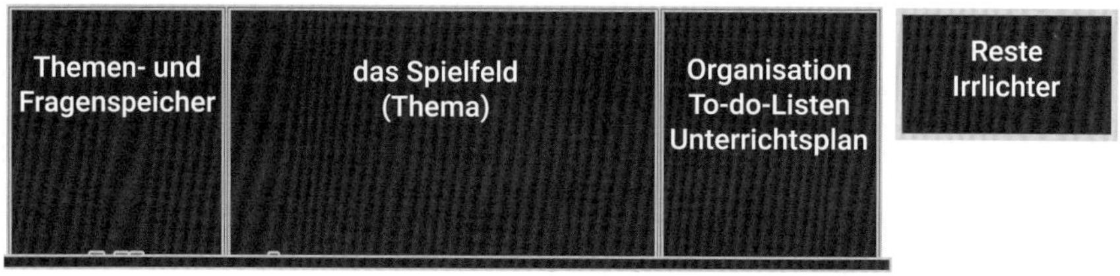

Abb. 2.3: Präsentationsfläche für das Visualisieren strukturieren

Es erleichtert die schnelle Orientierung und die kognitive Verarbeitung der Schülerinnen und Schüler, wenn sie wiederkehrende Grundstrukturen von Tafelbildern oder Präsentationen im Unterricht wiedererkennen: Dann fällt es ihnen leichter, sich auf den zentralen Aspekt zu konzentrieren („Spielfeld"), Aufträge und Erklärungen schneller einzuordnen und Organisatorisches im Blick zu behalten. Gleichzeitig ist es wichtig, die „Reste und Irrlichter" der vorangegangenen Stunden aus dem Blickfeld zu nehmen. Damit ist auch eine Struktur vorgegeben, auf welche Text-Bild-Verbindungen die Klasse besonders achten und diese ggf. dokumentieren muss.

Erfahrungsgemäß ist es bei digitalen Whiteboards ungleich schwieriger, solche Strukturierungs- und Ordnungsprinzipien einzuhalten, da die vorgegebene Einteilung in Zentrum und Flügel wegfällt. Die Idee, dann drei „Screens" für die Präsentation (Aufgaben, Fokus, Organisation) einzurichten und zwischen diesen zu wechseln, führt meist zu Verwirrung und Überforderung, nicht zuletzt, weil nicht immer sofort klar ist, welcher Screen wichtig ist. Will man die klassische Dreiteilung der Tafel auch digital unbedingt beibehalten (und vieles spricht dafür), so kann man entweder die Anzeigefläche von vornherein entsprechend aufteilen oder mit einer oder zwei zusätzlichen Tafeln oder Plakaten rechts und links der digitalen Tafel arbeiten.

Mit digitalen Whiteboards können detaillierte Abbildungen schnell und ohne großen Aufwand präsentiert werden. Allerdings ist eine dynamische Darstellung (mehrere Ebenen oder Prozessschritte) je nach Software und Produkt technisch nicht trivial. Zudem ist es bei digitalen Whiteboards – aufgrund der begrenzten Fläche – vergleichsweise schwieriger, großflächige visuelle Darstellungen (Mindmaps, Modelle, Planungen) gut lesbar zu gestalten. Die Medien sollten möglichst entsprechend ihrer spezifischen Anforderungen und Möglichkeiten eingesetzt werden.

Zur Strukturierung und Ordnung und damit zur besseren Verständlichkeit des Visualisierens trägt – zumindest bei interaktiver Beteiligung der Schülerinnen und Schüler – auch eine Liniatur oder ein Raster auf der Präsentationsfläche bei. Wer Schülerinnen und Schüler regelmäßig mit der Tafel oder dem Whiteboard arbeiten lassen möchte, sollte ihnen die Möglichkeit geben, dies ungestört und experimentell zu erproben. Das setzt voraus, dass die entsprechenden Arbeitsmittel (Fernbedienung, Kreide, Stifte, Presenter) zur Verfügung stehen.

Abschließend sei darauf hingewiesen, dass bestimmte visuelle Darstellungsformen den Schülerinnen und Schülern weit weniger Struktur und Ordnung vermitteln, als oft angenommen wird. Dazu gehören Mindmaps, Concept Maps und Cluster. Sie entfalten ihre strukturierende Leistung und Funktion umso besser, je mehr sie selbst erstellt werden (in Einzel-, Partner- oder Gruppenarbeit), genügend Zeit und Vorinformationen zur Verfügung stehen und je mehr zumindest eine gewisse Vertrautheit mit dem Thema vorhanden ist. Bei fremden Mindmaps und Concept Maps ist dies deutlich anspruchsvoller: Viele Begriffe und Texte müssen gelesen, geordnet, zueinander in Beziehung gesetzt und dann als Gesamtbild verstanden werden. Wie kognitiv herausfordernd das ist, sollte man selbst an komplexen Visualisierungen selbst ausprobieren (Beispiele bei Brüning/Saum 2019, S. 128 f.).

Beim Strukturieren des Visualisierens geht es also um zweierlei – wie etwas strukturiert visualisiert werden kann (beispielsweise mithilfe eines Diagramms) und wie Schülerinnen und Schüler mit visuellen Darstellungen strukturiert umgehen können:

Visualisieren durch Strukturierung erleichtern

Visualisierungen haben gegenüber komplexen Texten nur dann einen Vorteil im Sinne eines besseren oder schnelleren Verständnisses, wenn sie klare Strukturen und nachvollziehbare Text-Wort-Verbindungen aufweisen. Dies kann beispielsweise durch ein schnell (wieder-)erkennbares Aufbauprinzip (zentriert oder von oben nach unten oder von rechts nach links), durch gezielte Hinweise, Gliederungen, Markierungen, die Verwendung bekannter Symbole erreicht werden. Weitere Hilfsmittel zur Strukturierung von visuellen Darstellungen sind lesbare Schrift (keine Schmuck- oder Zierschriften), die Verwendung von Weißräumen, die möglichst nahe Platzierung von Text-Bild-Verbindungen sowie die Beschränkung auf die notwendige Informationsmenge.

Visuelle Darstellungen strukturieren und entlasten

Wie visuelle Darstellungen im Unterricht verstanden werden, hängt immer auch ab vom Gesamtkontext: Hier benötigen Schülerinnen und Schüler klare Vorgaben und Perspektiven, wie sie mit den Darstellungen umgehen sollen und was dabei von ihrer Arbeit erwartet wird. Dazu gehört zunächst eine klare Aufgabenstellung, dann aber auch die Gestaltung der visuellen Darstellung: Alle für das Verständnis notwendigen Informationen müssen darin enthalten sein, z. B. Entstehungsjahr, Quelle. Bei Diagrammen müssen alle Informationen, Beschriftungen sowie die Legende der Symbole und Farben enthalten sein. Visuelle Darstellungen können für den Unterricht auch vorstrukturiert und entlastet werden: So können Abläufe durch Nummerierungen geordnet werden. Elemente, auf die die Wahrnehmung gelenkt werden soll, können farblich hervorgehoben werden, zusammengehörige Elemente oder Teile können mit Grauflächen unterlegt werden.

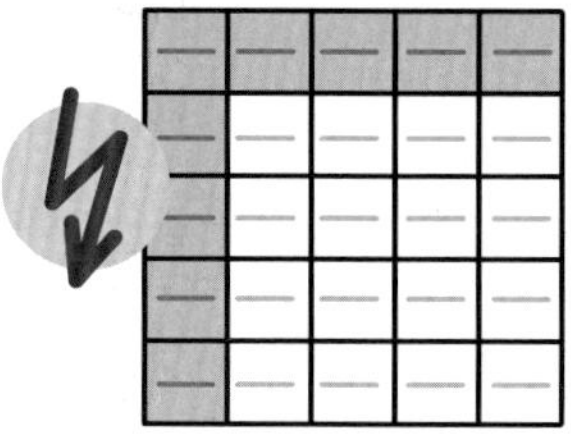

Werden zu Analyse- oder Demonstrationszwecken fehlerhafte oder manipulierte Darstellungen verwendet, sollte dies in der Regel bereits in der Darstellung angezeigt werden (wie hier in der Abbildung), damit dies später wieder schnell als falsche Darstellung erkannt werden kann.

Wenig hilfreich ist die Verwendung von Schattierungen (vor allem bei Schriften), sich kreuzenden Pfeilen und Linien (wenn unbedingt notwendig, farblich unterscheiden) und schwer wahrnehmbaren Differenzierungen (wie z. B. unterschiedliche Strichstärken bei Pfeilen). Eine gute Faustregel ist: Was nicht unbedingt differenziert werden muss, muss nicht differenziert werden, was nicht hervorgehoben werden muss, bleibt einfach – und was nicht nötig ist, kann weg.

Die eigene „Sprache" des Visualisierens entwickeln

Je einfacher es geworden ist, visuelle Darstellungen zu erhalten bzw. zu produzieren (z. B. mithilfe von Computerprogrammen, Kopierern, Scannern, Internetangeboten), desto schwieriger ist es, sich in den Angeboten zurechtzufinden und dabei auch eine eigene „Sprache des Visualisierens" zu entwickeln, die zu einem passt und die man beherrscht – und zwar sowohl mit einem aktiven Sprach- bzw. Bildschatz, den man beherrscht, als auch mit einem passiven, den man nur versteht. Die Unterscheidung zwischen aktivem und passivem Sprach- und Bildvokabular beim Visualisieren ist kein akademisches Glasperlenspiel, sondern hat für Deutschlehrerinnen und -lehrer praktische Konsequenzen – wie das folgende Fallbeispiel zeigt:

Herr F. will keine (a)sozialen Medien können

Im Deutschunterricht der 7. Klasse geht es um das, was Herr F. immer die „(a)sozialen Medien" nennt, um ihre Verbreitung, die Mechanismen der Nutzersteuerung, datenschutz- und urheberrechtliche Aspekte (von Brand/Eikenbusch u. a. 2023, S. 323 f. und 340 f.) und die sozialen Folgen für die Nutzer.

„Können Sie überhaupt Facebook?", wird Herr F. von einer Schülerin gefragt. Herr F. schüttelt den Kopf.

„Dann können Sie gar nicht mitreden!", erwidert die Schülerin.

Herr F. nickt und zeigt die Logik dieser Argumentation auf: Wer keine Romane geschrieben hat, darf auch nicht Deutsch unterrichten. Und wer nicht gestorben ist, kann auch nicht über den Tod sprechen.

„Ich finde Lehrer auf Insta total daneben", sagt Jenny, „das ist Anbiederung. Das ist, als würden sie nachmittags auf der Skaterbahn auftauchen ..."

Deutschlehrerinnen und -lehrer müssen nicht alle Medien- und Bildsprachen beherrschen, sie müssen auch nicht alle Apps oder Spiele kennen, die man im Deutschunterricht einsetzen kann, und sie müssen auch nicht die Graffiti-Szene kennen. Was Lehrkräfte aber brauchen, sind Grundkenntnisse über diese Dinge – und darüber, wie man sie zum Gegenstand des Unterrichts machen kann. Passives Sprach- und Bildwissen reicht also nicht aus.

Was sollte dann zum aktiven Sprach- und Bildwissen von Deutschlehrkräften gehören?

Auf der Makroebene des Deutschunterrichts gehört unbedingt dazu,

- Visualisieren generell so einzusetzen, dass es Lern- und Arbeitsprozesse im Unterricht entlastet und nicht zu kognitiver Überforderung führt – dies bezieht sich sowohl auf geeignete Inhalte und Formen des Visualisierens als auch auf deren strukturierte und verständliche Vermittlung;

- den Unterrichtsraum aus dem Gesichtspunkt des Visualisierens zu gestalten und darin die Grundformen des Visualisierens zu zeigen und zu vermitteln. Dazu gehört neben der unmittelbaren Gestaltung des Raumes insbesondere die Vermittlung einer Fachsprache des Visualisierens (Bezeichnungen zur Beschreibung und Analyse von Text-Bild-Verbindungen und visuellen Darstellungen) und von Verfahren und Strategien des Visualisierens in Arbeitsprozessen (Präsentationen, Referate);
- Unterrichtsreihen und Projekte zu entwickeln, in denen Visualisieren als Methode und auch als Inhalt (bei diskontinuierlichen Texten, Modellen, Webseiten, Graphic Novels) explizit thematisiert wird und in denen Medien und Verfahren des Visualisierens kritisch reflektiert werden;
- sich mit anderen Fächern über Inhalte und Verfahren des Visualisierens abzustimmen (Einsatz von Verfahren, Techniken, Inhalte, Medieneinsatz).

Auf der Mikroebene gehören zum aktiven Sprach- und Bildwortvokabular von Deutschlehrerinnen und -lehrern:

- verschiedene Text-Bild-Verbindungen und Bilder kennen, erklären und in ihrer Wirkung beschreiben zu können (z. B. in statischen oder dynamischen Darstellungen wie Diagrammen, Filmen, Präsentationen oder unter Berücksichtigung von Gestaltgesetzen);
- die Grundlagen von mindestens sieben der in der Lebenswelt der Schülerinnen und Schüler verbreiteten bzw. in Lehrplänen geforderten Diagrammen der Infografik zu kennen und mindestens fünf davon im Unterricht vermitteln zu können (z. B. Mindmap, Concept Map, Wortwolke, Balkendiagramm, Säulendiagramm, Tortendiagramm, Kurvendiagramm, Tabellen, Strichlisten, Karten, Baumdiagramme, Ablaufdiagramme);
- fachspezifische Formate und Formen des Visualisierens anwenden und erklären zu können; im Unterrichtsalltag sind dies z. B. Zeitstrahl, Grammatikmodelle, Strukturskizzen fiktionaler und nichtfiktionaler Texte, Begriffsbäume, Tabellen, Schriftbilder, Körperumrisse;
- die Qualität visueller Darstellungen analysieren und bewerten zu können (Angemessenheit für die Aussage; Bezug zum Vorwissen der Rezipienten; Relevanz für die Aussage, Verständlichkeit und Anschaulichkeit (vgl. Eitel/Oestermeier 2014, S. 24).

Diese Fülle an Anforderungen scheint kaum erfüllbar zu sein – und doch ist vieles davon für die meisten Deutschlehrerinnen und -lehrer schon längst Praxis, wenn auch nicht immer systematisch und explizit. Kapitel 3 *(Praxisideen für den Unterricht)* gibt Anregungen, wie ein solcher aktiver Sprach- und Bildwortschatz im Unterricht auf- und ausgebaut werden kann.

2.5 Für Basismaterial und Minimalausstattung sorgen

Beim Einsatz von Bildern und visuellen Darstellungen im Deutschunterricht vollzieht sich seit einiger Zeit fast unbemerkt ein Paradigmenwechsel: War es bisher die Hauptaufgabe der Lehrkräfte, aus dem Angebot von Bibliotheken, Bilddatenbanken, Unterrichtsmaterialien oder dem Internet das Passende herauszusuchen, so geht es heute darum, mithilfe von Zeichenprogrammen, Apps und künstlicher Intelligenz die passende Darstellung selbst zu erstellen. In den entsprechenden Programmen bzw. Plattformen (Mindverse, OpenAI, Canvas usw.) können Begriffe und Hinweise eingegeben werden, nach denen visuelle Darstellungen konstruiert werden, z. B. „Piktogramme für Grundschulklasse“, „Rabe am Fenster zum Innenhof“ oder „Wandtafel, Klassenraum, gut ausgestaltet, hell“ (vgl. Abb. 2.4).

Abb. 2.4: Statt eines Vorrats Bilder schnell mit künstlicher Intelligenz erzeugen? (generiert mit ChatGPT, chat.openai.com, Mai 2023)

Abgesehen davon, dass KI-generierte Bilder u. a. wegen Urheberrechtsfragen und der Verschiebung der Grenze zwischen Wahrheit und Fälschung umstritten sind, ist ihre Herstellung und Verwendung nicht unbedingt praktikabel und zeitsparend. Die Produktion erfordert häufig eine Nachbearbeitung, die Nutzung der Plattformen für KI-Bilder ist in der Regel mit Kosten verbunden. Sicherlich werden KI-generierte visuelle Darstellungen schon bald Gegenstand des Deutschunterrichts sein und hoffentlich auch intensive Diskussionen auslösen. Sie können aber die Entwicklung eines eigenen Sprach- und Bildvokabulars für das Visualisieren nicht ersetzen: Denn geeignete visuelle Darstellungen zu finden, ist nur ein Teil der Arbeit. Der andere Teil besteht darin, eine Strategie dafür zu entwickeln, welche Bilder wann und zu welchem Zweck eingesetzt werden sollen – es geht also darum, einen eigenen geordneten Bildervorrat aufzubauen, aus dem man sich einfach und gezielt bedienen kann.

Suchen und Finden vorbereiten

Bevor man mit dem Anlegen und Organisieren des Bildervorrats beginnt, sollte man sich eine Ordnerstruktur (digital oder analog) und eine Routine für die Benennung von Dateien zulegen.

Wie man dann den Bildervorrat organisiert, ist auch eine Frage persönlicher Erfahrungen und Vorlieben – was sich hier bewährt hat, muss nicht geändert werden. Wer neue Organisationsstrukturen für den „Lehrer-Dreikampf" (knicken, lochen, abheften) sucht, kann sich an den Strukturen von Dateisystemen bei Computern orientieren. Denkbar ist (wie in Abb. 2.5) eine Einteilung in zwei Bereiche: zunächst die Dokumente und Materialen zum Unterricht in den Klassen (1), dann der Bereich des „Basismaterials" (2), in dem die Materialien abgelegt werden, die regelmäßig im Unterricht zu einem bestimmten Thema oder in einer bestimmten Jahrgangsstufe vorkommen. Schließlich gibt es noch den Bereich „Material und Ideen" (3), in dem alles geordnet gesammelt wird, was vielleicht einmal im Unterricht verwenden werden kann.

Um Texte und Darstellungen für den Unterricht schnell zu finden, ist eine strukturierte Benennung der Dateien notwendig. Im Klassenordner eignet sich am besten die chronologische Ablage, bei der das Erstellungsdatum an erster Stelle steht (z. B. „230201_Beschreibung_Igel"). Bei chronologischer Ablage kann man den Gang des Unterrichts schnell nachvollziehen. Beim Basismaterial stehen normalerweise Jahrgangsstufe und Thema im Vordergrund, hier kann die Benennung entsprechend erfolgen, z. B. „05_Vorgangsbeschreibung_Radreparatur_Anleitung_230201" (wobei die ersten beiden Ziffern die Jahrgangsstufe bezeichnen, dann folgen das Thema und die Arbeitsform).

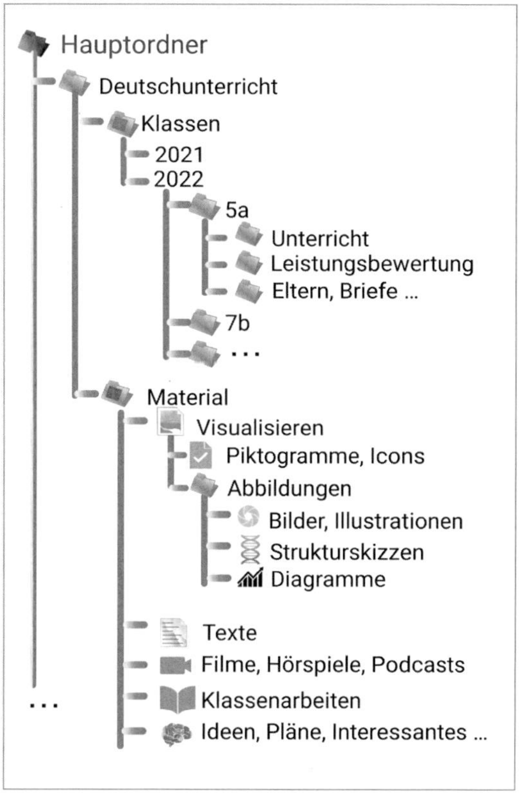

Abb. 2.5: Ordnungsstruktur (Basismaterial)

Auch wenn ein solches Ordnungsprinzip überkomplex und pedantisch erscheinen mag, erleichtert es die gezielte Suche nach Materialien für einen bestimmten Zweck und kann inspirierend sein, wenn man im Basisordner themen- und jahrgangsbezogen stöbern kann.

Die grafische Darstellung eines Ordnungssystems – hier mithilfe eines modifizierten Baumdiagramms – schafft Übersicht über den Arbeitsbereich (für welche Bereiche müssen Ordner angelegt werden?) und zeigt gleichzeitig Hierarchien und Verbindungen von und zwischen Arbeitsbereichen auf (welcher Ordner gehört zu welchem Bereich?). Die Form der hierarchischen Darstellung zwingt zu Entscheidungen über die Bedeutung und Wichtigkeit der Elemente. Dies ist nur möglich, wenn man die eigene Arbeit kennt und versteht. Dies kann auch für Schülerinnen und Schüler hilfreich sein ...

!

Übung (auch für den Unterricht): die Ordnerstruktur des eigenen Computers visualisieren

Wenn man sich von Schülerinnen und Schülern Screenshots der Benutzeroberfläche oder des Inhaltsverzeichnisses ihres Computers zeigen lässt, stellt man fest, dass nur wenige von ihnen dabei ein Ordnungssystem aufgebaut haben. Häufig werden Dateien nur auf dem Desktop gespeichert, ohne sie in Unterordern abzulegen, die Dateinamen haben keinen Bezug zum Inhalt. Hier etwas wiederzufinden, gleicht einer Sisyphusarbeit. Die Ordnerstruktur des eigenen Computers zu erfassen ist daher eine sehr lebensnahe Aufgabe für Schülerinnen und Schüler. Dabei geht es nicht nur darum, den Ist-Zustand abzubilden, sondern auch darum, für eine Ordnung zu sorgen, d. h. Ordner „unterzuordnen" bzw. unter Hauptordner einzuordnen. Diese Arbeit kann – zumindest von Laien – nicht mit Softwareprogrammen erledigt werden, sie müssen von den Lernenden selbst geleistet werden.

Die Aufgabe kann durch Strukturierung mit analogen Medien vorentlastet werden: Die Arbeitsbereiche/Ordner werden jeweils auf kleine Karteikarten geschrieben und dann auf einer Arbeitsfläche geordnet und schließlich als Struktur übertragen.

Mit der Erstellung einer Ordnerstruktur für Dateien werden auch schon Schritte für die visuelle Darstellung von Begriffs- oder Prozesshierarchien eingeübt, auf die beispielsweise bei der Entwicklung von Argumentationsstrategien zurückgegriffen werden kann:

- Erfassung der zu ordnenden Elemente: Was sind die Elemente?
- Charakterisierung der Elemente: Was zeichnet das Element aus, wie wichtig ist es?
- Ordnung der Elemente im Vergleich zueinander: Was gehört zusammen, was ist gleich, was ist unterschiedlich?
- Hierarchisierung: In welchem Verhältnis stehen die Elemente zueinander (Über-/Unterordnung, Nebenordnung, Deckung, Überlappung)?

Die visuelle Darstellung der Ordnerstruktur kann von Lehrenden und Lernenden auch – spielerisch oder ernsthaft – als „digitale Visitenkarte" oder „digitale Landkarte" ihres Arbeits- oder Interessensgebietes genutzt werden, um sich damit vorzustellen, kennenzulernen, zu verständigen …

Basismaterial: Piktogramme, Symbole, Icons, Emoticons …

Bereits 1879 verwendete der schwedische Schriftsteller August Strindberg in seinem Roman *Das rote Zimmer* (dt. 1919) das ☞-Zeichen, das heute in Schriften wie Wingdings zu finden ist: Er zitiert es in der Beschreibung des Klingelschildes der Firma *„Komm zu Jesus"*: „Achtung ☞ Ordentliche Verkäufer, die einen Bürgen stellen können, erhalten Beschäftigung." (7. Kap.)

Welche Funktion hat dieses Zeichen in der Verbindung zum Text Strindbergs? Ist es einfach nur ein besonderes „Zeichen“, oder ein Icon, ein Symbol oder doch eher ein Piktogramm? Die Übersicht in Tab. 2.2 hilft, dies zu klären.

Begriff	Erklärung	ist dann
Zeichen	Etwas Einzigartiges, das nach Konvention von einem Zweiten als etwas aufgefasst werden kann, das für etwas anderes steht, das von sich wegweist.	*Richtungshinweis* bildlich für: „zeigen“
Icon (griechisch: *ikonos* = „Bild“)	Zeichen, die dem Darzustellenden ähnlich sind und dazu eine klare Aussage vermitteln. Sie können • Objekte oder Sachverhalte visuell darstellen, z. B. das Ein-/Aus-Icon auf einem Bedienungsfeld; • komplexe Vorgänge beschreiben, wie z. B. beim Schild „Notausgang“; • Icons sind nach (grafischem) System aufgebaut und haben oft gemeinsame Grundstrukturen (z. B. Befehlsymbole von Programmen).	Hinweis für Objekt Hand: Drücken auf Klingelknopf, *Hinweis auf Aktion:* Bitte klingeln!
Emoticon	Form von Icons in SMS-Dialogen, die schnell und einfach Gefühle ausdrücken sollen	
Symbol	einzigartiges Zeichen ohne direkten Bezug zum Dargestellten, dessen Beziehung zum Gegenstand durch eine Regel festgelegt ist, z. B. die Tastenbezeichnungen ▷ ◁ bei Musikgeräten oder die Europaflagge. Viele Firmenlogos oder Markenlogos sind Symbole.	*Zeichen für Regel:* Erst klingeln, dann eintreten!
Metapher	Die Aussage erfolgt durch Übertragung einer Analogie oder der Assoziation, z. B., wenn bei Computer-Buttons das Zeichen „Vorhängeschloss“ verwendet wird für Datensicherung.	*metaphorische* Äußerung: Hier ist Hilfe zu erwarten.
Piktogramm	grafisches Symbol oder Symbolkombination, die in einfacher bildhafter Form einen Sachverhalt beschreiben und dabei auf Geschehenes („Rohrbruch“, „Unfall“) oder Mögliches („Achtung, Gefahr“) hinweisen und international und interkulturell verstanden werden können	*Verstärkung* und Betonung des vorhergehenden Wortes „Achtung“.

Tab. 2.2: Funktionen von Zeichen im Kontext (nach: Stapelkamp 2013, S. 152 f.)

Die Bedeutung von Zeichen wie dem zeigenden Finger (☞) hängt vom Kontext, von Regeln und Konventionen ab. Wenn solche Zeichen beim Visualisieren verwendet werden, ist immer der Kontext zu beachten, wie im Falle des Lehrers (vgl. Kapitel 1), der unbedacht einen Smiley an den Korrekturrand der Klassenarbeit setzte und damit Missverständnisse erntete. Zum Kontext gehören immer die Zeichen, die gleichzeitig verwendet werden: Wenn das ☞-Zeichen in einer Menüleiste eines Computerprogramms steht, wird es ganz anders verstanden, als am Ende einer Anmerkung in einem Theaterprogrammheft.

Bei der Erstellung eines Bildervorrats an Piktogrammen und Icons für den Deutschunterricht muss dieser Funktions- bzw. Kontextzusammenhang immer mitbedacht werden: Das schönste Piktogramm oder Symbol nützt nichts, wenn es durch den Kontext ungewollt verfremdet oder umgedeutet wird.

Zu beachten ist auch, dass Symbole und Piktogramme unterschiedliche Lern- und Verstehensanforderungen stellen:

- *Ikonische Piktogramme* (z. B.: ☎), die Gegenstände direkt und schematisch abbilden, stellen eher geringe Verstehensanforderungen.
- *Symbolische Piktogramme* (z. B.: ♲), deren Bedeutung durch Konventionen festgelegt werden muss, müssen erst erlernt werden.
- *Hybride Piktogramme* (z. B.: beim Zeichen für die Copyright-Regelung von Creative Commons) sind eine Mischform aus ikonischen und symbolischen Piktogrammen, häufig auch mit Text-Bild-Verbindungen, die den Kontext des Symbols beschreiben und damit leichter verständlich sind.
- *Logogramme* (z. B.: &) dienen als Navigationshilfen und Verweise zur Orientierung in Büchern und Dokumenten. Auch das ☞-Zeichen wird manchmal für Querverweise als Logogramm verwendet.

Im Deutschunterricht werden Symbole, Icons und Piktogramme beim Visualisieren vorrangig in vier Bereichen eingesetzt: als Navigationshilfen in Lehrwerken, als Kommunikationshinweis oder Regel im Unterricht, als Element in Grafiken (z. B. Diagrammen) und als Unterrichtsgegenstand (z. B. bei konkreter Poesie oder Emoticon-Geschichten; Dieckhoff/Eikenbusch 2020).

Piktogramme bzw. Logogramme als Navigationshilfen in Deutschbüchern werden auch als Marginalien außerhalb des Satzspiegels positioniert und zeigen an, welcher Arbeitsschritt und welche Differenzierung (z. B. Kennzeichnung des Schwierigkeitsgrades mit ○ ◔ ◑ ◕) mit dem Text oder einer Aufgabe erfolgen sollen. Sie können auch auf Angebote außerhalb des Lehrwerks (E-Books, Arbeitsmaterialien, Lernvideos) verweisen. Beides zusammen ergibt eine „Idealpartitur" für den Unterricht: So haben sich die Redaktion und die Autorinnen und Autoren den Einsatz des Deutschbuchs im Unterricht „gedacht". Einige Piktogramme bezeichnen auch Arbeits- und Sozialformen des Lernens, Zusatzangebote, Links oder Querverweise.

Zum Umgang mit Piktogrammen in Schulbüchern

Faustregel 1: Es ergibt in der Regel wenig Sinn, einer in Deutschbüchern mit Piktogrammen (bzw. Logogrammen und Symbolen) ausgewiesenen „Idealpartitur" im Detail zu folgen, da häufig redundante oder für die jeweilige Klasse unpassende Aufgaben oder Arbeitsformen vorgeschlagen werden. Es ergibt aber auch keinen Sinn, diesen Lehrbuch-Vorschlägen überhaupt nicht zu folgen.

Faustregel 2: Wenn keine gewichtigen Gründe dagegensprechen, sollten die Lehrkräfte die in Deutschbüchern verwendeten Piktogramme, Symbole und Icons auch im Unterricht verwenden und deutlich machen, welche von ihnen besonders wichtig sind. Symbole für Differenzierungsaufgaben sollten erklärt werden, wenn sie Aufgaben gewichten (z. B. Ein-Kronen-, Zwei-Kronen- oder Drei-Kronen-Aufgaben) Hier muss vorher besprochen werden, wer diese Aufgaben wann wie bearbeiten darf oder soll.

Faustregel 3: Schulbücher für verschiedene Fächer verwenden unterschiedliche Piktogramme und Symbole. Damit können sich Schülerinnen und Schüler gut zurechtfinden. Eine Vereinheitlichung der Zeichen über die Fächergrenzen hinweg ist wenig erfolgversprechend.

Faustregel 4: Die in den Deutschbüchern verwendeten Piktogramme und Symbole sollten nach Möglichkeit auch bei eigenen Arbeitsblättern und Materialien verwendet werden.

Piktogramme können, wenn sie richtig eingesetzt werden, die Kommunikation und die Arbeit im Unterricht strukturieren und erleichtern: Ihr Potenzial für das Visualisieren können sie entfalten, wenn sie einfach *und* eindeutig sind. Da Piktogramme visuell vereinfachen müssen (sonst wären sie keine), werden sie leicht fehlgedeutet, wenn der Gesamtzusammenhang, in dem sie verwendet werden (sollen), nicht eindeutig geklärt ist.

Wie sehr die Erkennbarkeit von Piktogrammen vom sozialen, zeitlichen und örtlichen Kontext aus abhängt, zeigte sich während der Corona-Pandemie: Schulen mussten oft täglich neue Regelungen entwickeln und diese umgehend kommunizieren. Das ging am besten mithilfe von schriftlichen Informationen und mit Piktogrammen oder Symbolen, die oft schnell selbst hergestellt werden mussten. Manchmal rätselten Schülerinnen und Schüler und auch Lehrkräfte über die Bedeutung der Piktogramme, z. B. als eine Schule mit einem selbst gebastelten Schild (siehe Abb. 2.6) darüber informieren wollte, dass während des Unterrichts höchstens zwei Schülerinnen oder Schüler gleichzeitig zur Toilette gehen dürfen – und das auch nur dann, wenn der Mindestabstand eingehalten wird. Verstanden wurde das Piktogramm aber ganz anders ...

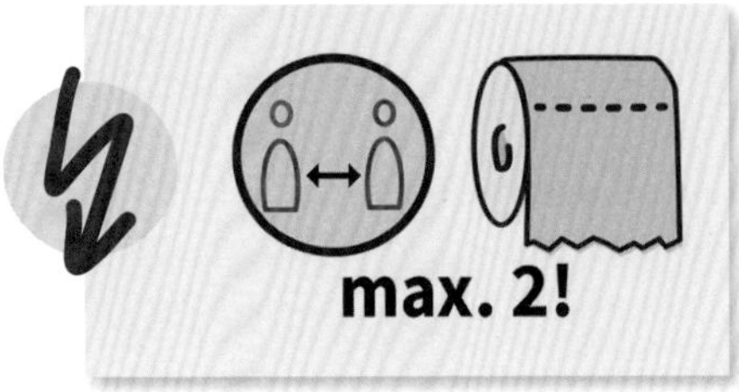

Abb. 2.6: Piktogramme sind nur im Gesamtzusammenhang zu verstehen – wie z. B. bei der Corona-Pandemie

Beim Visualisieren mit Piktogrammen und Symbolen muss der Gesamtzusammenhang also deutlich gemacht werden. Sollen sie im Unterricht eingesetzt werden, müssen sie definiert, mit der Klasse eingeübt und auf einem Merkblatt festgehalten werden. Sie können ihr Potenzial nur entfalten, wenn sie regelmäßig eingesetzt werden und die Klasse sie verinnerlichen kann.

Die Übersicht in Abb. 2.7 zeigt beispielhaft einige Piktogramme für Arbeitsblätter, Klassenarbeiten und Präsentationen im Deutschunterricht.

Abb. 2.7: Piktogramme für den Deutschunterricht (Auswahl)

Damit die Schülerinnen und Schüler die Piktogramme schnell in den Gesamtzusammenhang einordnen können und nicht verwirrt werden, sollten im Deutschunterricht nicht mehr als etwa zehn zusätzliche Piktogramme eingeführt werden, die dann für alle Anwendungsbereiche gelten – so muss z. B. das Piktogramm der Sanduhr als Hinweis auf die Zeitvorgabe bei einer Gruppenarbeit oder bei einer Klassenarbeit dasselbe bedeuten. Werden Piktogramme farbig gestaltet, so signalisieren die Farben jeweils eine andere Botschaft: Die Sanduhr mit rotem Rand wird als etwas anderes verstanden als eine Sanduhr mit grünem oder regenbogenfarbenem Rand. Die Verwendung verschiedener Farben bei einem Piktogramm sollte man deshalb möglichst vermeiden.

Mit Piktogrammen, Symbolen und Icons kann man jedoch nicht den gesamten Unterricht „regeln" – und zwar nicht nur aus pädagogischen Gründen, sondern auch wegen der Eigenschaften dieser Zeichen selbst: Es ist sehr schwierig – anders als mit Texten –, allgemeine Negationen (wie z. B. „Nicht auf dem Flur rennen!") oder Disjunktionen mit „oder" (wie z. B. „Nur für Schüler oder Lehrer") auszudrücken.

Was Piktogramme (nicht) können

Eine Übung für fast jede Klasse: Die piktorialen Aufbauanleitungen eines (schwedischen) Möbelhauses in einen Anleitungstext übersetzen ... und vom Anleitungstext dann wieder zurück in eine Piktogrammfolge ...

Will man den Einsatz von Piktogrammen u. a. im Unterricht thematisieren, ist die grafische Umsetzung von „oder" eine interessante, aber auch unlösbare Herausforderung. Ebenso herausfordernd ist die bildliche Umsetzung von Ausdrücken wie „weil", „dagegen" oder „obwohl".

Die in der Klasse vereinbarten Piktogramme sollten dann mit verschiedenen Medien genutzt werden können: als Bitmap- oder Vektorgrafiken für die Arbeit mit dem Computer, als analoge Karten (laminiert), die mit Magneten an der Tafel befestigt werden können und als Grafiken, auf die direkt zugegriffen werden kann, wenn mit dem digitalen Whiteboard gearbeitet wird.

Das digitale Angebot an Piktogrammen, Icons und Symbolen ist mittlerweile unüberschaubar. Viele davon sind jedoch auch als angeblich „lizenzfreie" Produkte für bestimmte Nutzungsformen kostenpflichtig. Um rechtliche Auseinandersetzungen zu vermeiden (eine Sammlung von Gerichtsurteilen findet sich unter: https://ifross.github.io/ifrOSS/CC-Cases), sollten Piktogramme und Symbole gewählt werden, die für die nichtkommerzielle Nutzung kostenfrei und ohne Namensnennung verwendet werden dürfen. Derzeit bieten z. B. Creative Commons (https://openverse.org/?referrer=creativecommons.org) oder Google

Abb. 2.8: Piktogramme in Office-Programmen (hier: LibreOffice)

(https://www.fonts.google.com/icons) solche Vorlagen im PNG- oder SVG-Format an. Grafiken im SVG-Format können ohne Qualitätsverlust skaliert und ausgedruckt werden.

Symbole, Piktogramme und Icons finden sich auch in einigen Schriftarten (wie Wingdings, Symbol, Webdings) und in gängigen Office-Programmen (vgl. Abb. 2.8), allerdings sind sie oft cloudbasiert und müssen freigeschaltet werden *(Einstellungen – Datenschutz – verbundene Erfahrungen)*. Über Sinn und Notwendigkeit solcher Freischaltungen und der damit verbundenen Freigabe von Nutzeranalysen lässt sich streiten. Wer sie vermeiden will, muss auf andere Produkte ausweichen und sie – zum Teil umständlich – in die Office-Dateien einbinden.

Unabhängig davon, woher man die Piktogramme, Icons und Symbole bezieht, sollte man sich dabei für einen grafischen Grundtyp entscheiden, um einen einheitlichen visuellen Eindruck zu schaffen.

Basismaterial: Bilder und Abbildungen ... kuratieren

Schon die Deutschbücher stellen mehr Abbildungen zur Verfügung, als im Unterricht überhaupt sinnvoll eingesetzt werden können. Hinzu kommen noch die vielen anderen Bilderangebote aus Materialien, Videos, Präsentationen und Plakaten.

Sich als Lehrerin oder Lehrer einen Grundbestand an Bildern aufzubauen, bedeutet daher nicht mehr so wie früher, lange nach Material suchen zu müssen. Vielmehr geht es heute darum, aus dem riesigen Bilderangebot für den gezielten Einsatz im Unterricht auszuwählen und diese Auswahl auch zu kuratieren. Damit sollte man nicht erst beginnen, wenn man Bilder für den Unterricht braucht, sondern schon vorher. Bilder, auf die man als Deutschlehrerin oder -lehrer leicht zugreifen kann, sollte man schon vor Schuljahresbeginn im Hinblick auf ihre mögliche Einsetzbarkeit hin prüfen:

- Das Deutschbuch durchgehen und dabei höchstens zehn Abbildungen markieren, die im kommenden Jahr vertieft bearbeitet bzw. aufgegriffen werden sollen.
- Die drei wichtigsten Abbildungen im Bereich „Umgang mit Sprache“ (Wortarten, Wortbildung, Satzglieder, sprachliche Mittel, Rechtschreibung) bestimmen, um regelmäßig darauf zurückgreifen zu können (z. B. Grammatikmodell, Konjugationstabellen). Referenzabbildungen befinden sich häufig am Ende der Schulbücher unter „Wiederholungen“.

Dann sollte geprüft werden, ob noch weitere Bilder inhaltlich oder methodisch für den Unterricht benötigt werden. Wie und wo kann man solche Bilder schnell finden – und noch wichtiger: Wie kann man organisieren, dass man sie schnell wiederfindet?

Natürlich kann man in Bilddatenbanken im Internet recherchieren oder Bilder mithilfe künstlicher Intelligenz erstellen lassen, aber das kostet Zeit – und immer wieder auch Geld, wenn die Nutzung der Bilder lizensiert werden muss. Aufwand und Kosten lassen sich mit einem (analogen oder digitalen) „Vier-Boxen-System" in Grenzen halten, mit dem sofort alle gefundenen einsetzbaren Bilder mit Blick auf ihre Verwendungsmöglichkeit eingeordnet werden.

Das Vier-Boxen-System

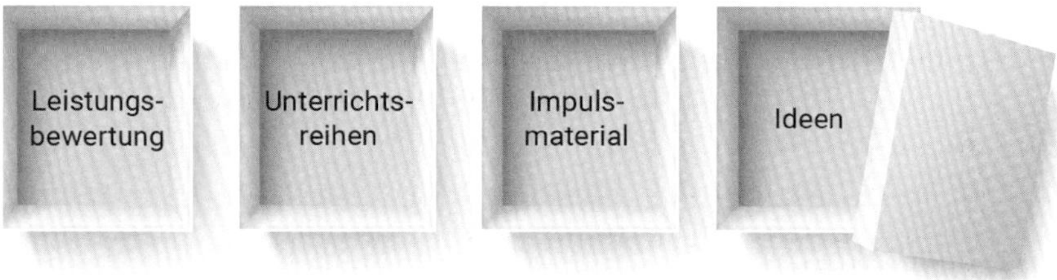

Das „Vier-Boxen-System" für den Bildervorrat

1. Vor der Suche eine Rechercheliste erstellen (aufschreiben!): Was will ich suchen? Wofür wird eine Abbildung benötigt? Gesucht werden nur Materialien mit (potenzieller) Text-Bild-Verbindung.
2. Die Recherche- und Suchzeit konzentrieren und begrenzen: Statt für Einzelanlässe nach Bildern zu suchen, regelmäßig und zeitlich begrenzt zu mehreren Themen suchen.
3. Suche in Bilddatenbanken, Zeitungen, Broschüren, Büchern nach bestimmten Suchbegriffen anlegen, das Gefundene auswählen und in eine der vier Boxen *Leistungsbewertung, Unterrichtsreihen, Impulse* oder *Ideen* einsortieren. „Leistungsbewertung" steht hier an erster Stelle, weil Lehrkräfte erfahrungsgemäß viel Zeit für die Suche nach Materialien für Klassenarbeiten oder Klausuren verwenden. Oft haben sie bereits gute Materialien im Rahmen von Unterrichtsreihen eingesetzt, die ihnen dann für Leistungsbewertungen fehlen. Durch die Ablage geeigneter Bilder in der ersten Box soll dies vermieden werden.

Die Ablage in den ersten beiden ersten Ordnern erfolgt am besten klassenweise. In der dritten Box werden Bilder gesammelt, die Impulse (z. B. beim Stundeneinstieg) zur Auseinandersetzung mit einem Thema geben können. In der letzten Box werden weitere interessante Fundstücke gesammelt, deren Verwendung noch unklar ist.

Zusätzlicher Bedarf an Bildern besteht bei Themen, die an aktuelle Entwicklungen anknüpfen:

!

Bildmaterial zu speziellen Themen

- Analoges Bildmaterial (vor allem Fotos) zu aktuellen Themen wie Klima, Dritte Welt oder Medienmanipulation findet sich in Zeitungen oder Zeitschriften; ergiebig sind Broschüren und Plakate von Parteien, Initiativen – hier gilt es, rechtzeitig zu sammeln; nach Wahlkämpfen sind solche Bilder und Dokumente oft nicht mehr verfügbar.
- Vielseitig einsetzbar für solche Themen ist ein „digitales Miniarchiv", das man sich als Lehrperson gleich ab dem Beginn der beruflichen Tätigkeit aufbauen kann: An zwei oder drei Stichtagen im Jahr und bei herausragenden gesellschaftlichen oder historischen Ereignissen sammelt man ein Exemplar der Lokalzeitung(-en), eine Zeitschrift und Screenshots bzw. Dokumentationen von Internetausgaben von Zeitungen. An solchen Tagen kann man auch die Schule fotografieren, einen zentralen Platz in der Stadt usw. Mit diesen Bild- und Textquellen kann man Zeitleisten erstellen, Ereignisabläufe rekonstruieren, Ereignisse sichtbar machen. Schulen legen leider nur selten Miniarchive an, oft noch nicht einmal zur Schulgeschichte – was in der Schule am 9.11.1989 geschah, ist dann oft nicht mehr genau nachvollziehbar.
- Auch Bilder und Abbildungen über technische Entwicklungen sind selten. Hier sollte man Material in der zweiten Box sammeln, beispielsweise jährlich eine Modezeitschrift, eine Jugendzeitschrift (gut verwendbar bei Personencharakterisierungen). Sehr hilfreich sind Anleitungen für technische Geräte (Anleitung zur Installation eines Routers!), Gebrauchsanweisungen, Kataloge, Prospekte – nicht nur, um auf dem jeweils neuesten Stand zu sein, sondern auch, um historische Vergleiche ziehen zu können (wie z. B. bei Ausstattung bei Fahrrädern).

Für Unterrichtsreihen, in denen Visualisieren explizit thematisiert wird (vor allem bei der Analyse von Diagrammen), können Deutschbücher meist nur Material mit veralteten Daten oder Abbildungen bieten. Aktuelle Daten und Diagramme sind zwar über Plattformen wie „Statista“ (https://de.statista.com) zu beziehen, diese sind aber oft kostenpflichtig und nicht für den Unterricht aufbereitet. Die Aufbereitung für den Unterricht ist aufwendig: Quelle, Stichprobe, Erhebungszeiträume und Definitionen neuer Statistiken müssen oft erst einmal geklärt werden – insbesondere, wenn Daten verglichen und für Argumentationen genutzt werden sollen.

Abb. 2.9: Bildimpulse für die Unterrichtsreihe: Wer bin ich (nicht)? Kita-Schild; Drogerie-Reklame; Wand am Jugendtreff; Fridays for Future

Abbildungen aus Deutschbüchern ersetzen

Statt die Diagramme und Daten der Abbildungen in den Deutschbüchern immer wieder zu aktualisieren, ist es sinnvoller, „andere" Daten zur Verfügung zu stellen – am beste solche mit lokalem und regionalem Bezug: Dazu gehören Statistiken (Bevölkerungsentwicklung, Altersentwicklung, Erwerbslosenquote usw.), aber vor allem Fotos aus dem Umfeld der Schule, Stadtpläne, Karten, Fahrpläne, Feste. Bilder- und Materialvorräte mit schulischem und lokalem Bezug lassen sich aufbauen, wenn man die Augen offen hält und sich um die Ablage in den Boxen kümmert. Vieles landet dann zunächst in der vierten Box „Ideen" und kann dann vielleicht später gebraucht werden.

Was man an Bildern und anderen visuellen Darstellungen sammelt, bleibt aber nur so nützlich, wie man es pflegt: Das Wichtigste ist dabei meist auch das Schwierigste: ein- bis zweimal im Jahr die Boxen durchsehen und mindestens ein Viertel des Materials aus den ersten beiden Boxen aussortieren (eventuell noch als Idee aufbewahren). Bildervorräte müssen übersichtlich bleiben und neue Einblicke ermöglichen. Und das Aussortieren fällt leichter, wenn man dabei Kollegen einbezieht.

Besonders aufmerksam gehen die Lehrkräfte meist mit dem Material in der dritten Box „Impulse“ um. Hier sind Bilder und Fotos für „stumme“ Unterrichtseinstiege, Diskussionsanreize, Rollenspiele gesammelt. Sie können ohne zusätzliche Informationen die Klasse zum Thema führen, anregen oder auch irritieren – wenn sie mit Bedacht und überlegt eingesetzt werden (vgl. Kapitel 3.1). Besonders gut eignen sich Fotos, die menschliche Grundsituationen zeigen (Wut, Trauer, Freude), oder ikonische Bilder aus der Geschichte. Die Kraft und die Wirkung dieser Bilder liegt darin, dass sie den Schülerinnen und Schülern nicht bekannt sind (zumindest nicht aus dem Deutschbuch) und sie ihnen unmittelbar begegnen. Solche Bilder lassen sich oft in Materialien für Vor- und Grundschulen finden (wie der ausgezeichneten Fotosammlung *Weinen/Wüten/Lachen*, Tausch/Lorenzer 1978). Oft gelingen einem Impulsbilder auch selbst, wenn man im Alltag nur die Augen aufhält und rechtzeitig auf den Auslöser drückt ... (vgl. Abb. 2.9).

Minimalausstattung: Strukturskizzen

Noch in den 1970er-Jahren war in der Deutschdidaktik durchaus umstritten, ob man im Deutschunterricht Analysen und Interpretationen auch grafisch sichtbar machen sollte – weil damit der Gehalt literarischer Werke gar nicht erfasst werden könne und Interpretieren zu einer seelenlosen Arbeitsmethode werde. Und als die ersten Richtlinien und Lehrpläne für das Fach Deutsch ein methodisches Vorgehen (beispielsweise mithilfe von visuellen Darstellungen) bei Analysen und Interpretation empfahlen, bedeutete dies auch einen Kulturbruch: Nicht mehr das Verstehen und die Suche nach dem „Gehalt“ sollten den Unterricht prägen, sondern das, was mit einem Text gemacht wurde, sollte sichtbar, nachvollziehbar und verständlich werden.

Dieser kurze Rückblick auf die Deutschdidaktik macht deutlich, dass es bei Strukturskizzen um mehr geht als bloß um die „bildliche Umsetzung“ eines Textes oder die Zusammenfassung von Unterrichtsergebnissen: Im Zentrum steht die „Methode des Strukturierens“ (Hussong/Schütt u.a. 1971, S. 10f.), bei der die Strukturen des Textes und die darauf aufbauenden Interpretationen für die Schülerinnen und Schüler sichtbar gemacht werden. Strukturskizzen sind also keine Spickzettel der Lehrkräfte, sondern sie sind für Lernende und Lehrende eine Methode des *Visualisierens* ihrer Arbeit am Text. Dies hat mehrere didaktische Vorteile:

- Es können mehrere Aspekte, Erkenntnisse und Eindrücke der Textarbeit gleichzeitig geordnet und dargestellt werden.
- Die visuelle Umsetzung vereinfacht abstrakte Informationen und ermöglicht eine reflexive Distanz zwischen Text und Deutungsansätzen.

- Durch visuelle Darstellungsformen und -formate können in Strukturskizzen fachliche Aspekte und Termini hervorgehoben werden.

Strukturskizzen schaffen Orientierung, helfen Schülerinnen und Schülern, selbstständig und selbsttätig mit Texten zu arbeiten, Analyseergebnisse festzuhalten und sich Ergebnisse leichter zu merken (Hussong/Schütt u. a. 1971, S. 15). Im Unterschied zu Concept Maps oder Mindmaps zielen Strukturskizzen im Deutschunterricht nicht (oder zumindest nicht primär) darauf ab, die Assoziationen oder Denkprozesse von Lernenden zu „spiegeln“, sondern ein Bild der Textstrukturen zu entwickeln. Strukturskizzen von fiktionalen (narrativen) Texten konzentrieren sich meist auf die Elemente der

- Handlung (Elemente der Handlung, Rekurrenzen, Oppositionen),
- Erzählperspektive und Handlungsebenen,
- Konfiguration (Figuren, Oppositionen, Teil-Ganzes-Relationen, Hierarchien),
- Konfliktstruktur.

Bei nichtfiktionalen Texten enthalten Skizzen u. a.:

- grundlegende Informationen zum Problem, Inhalt, Fragestellung des Textes,
- Struktur des Gedankengangs (Sachstruktur),
- Struktur der sprachlichen Gestaltung in Bezug auf die Sachstruktur,
- Position/Aussage des Textes.

Bei fiktionalen Texten orientieren Strukturskizzen sich häufig am Erzählverlauf oder der Chronologie der Handlung (vgl. Abb. 2.10). Bei Dramen greifen sie oft die Konfiguration der handelnden Personen auf (vgl. Abb. 2.11) und beziehen sich auf die im Text dargestellte Konfiguration der handelnden Personen.

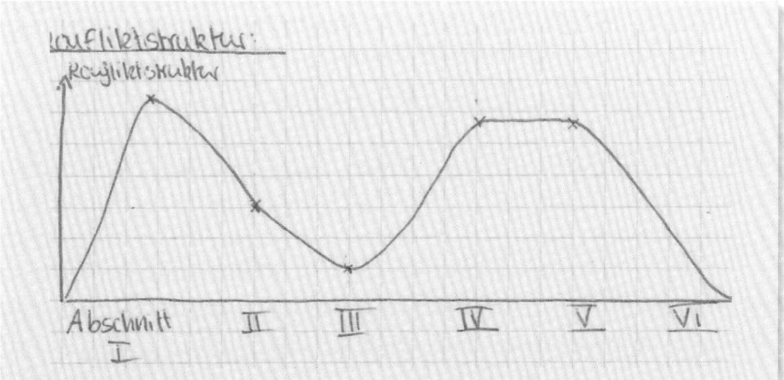

Abb. 2.10: Strukturskizze, orientiert am chronologischen Textverlauf (Seminararbeit)

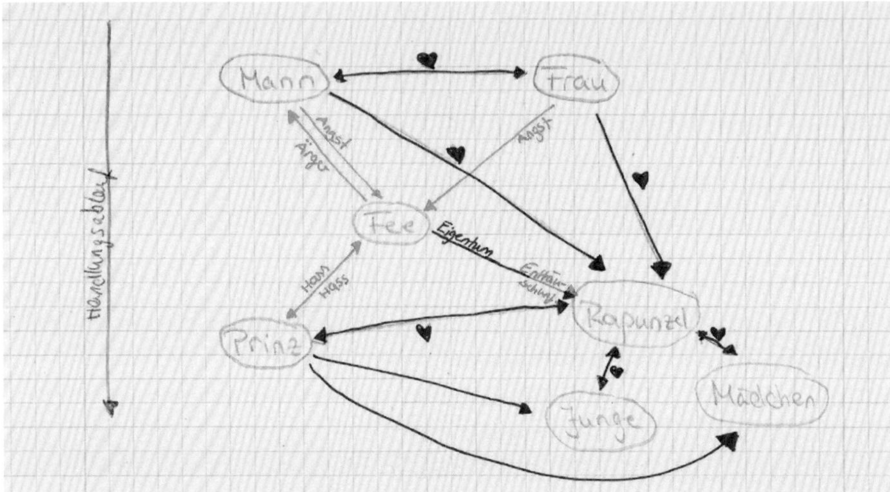

Abb. 2.11: Strukturskizze, orientiert an der „Konfiguration" der handelnden Personen (Seminararbeit)

Eine wichtige Vorarbeit für die Erstellung einer Strukturskizze (weitere Informationen vgl. Kapitel 3.1.4) besteht darin, die Strukturelemente (Handlung, Konfiguration, Werte, Wiederholungen oder Leitmotive, Zeitstruktur, Argumente, Belege) möglichst umfassend zu erfassen, z. B. mithilfe von Markierungen und Unterstreichungen, oft aber auch schon direkt in Übersichten oder Tabellen (vgl. Abb. 2.12).

Dann ist zu entscheiden (oder auszuprobieren), welche Strukturelemente die Struktur des Textes am besten erfassen und wie sie am besten visuell dargestellt werden können. Dazu einige Beispiele:

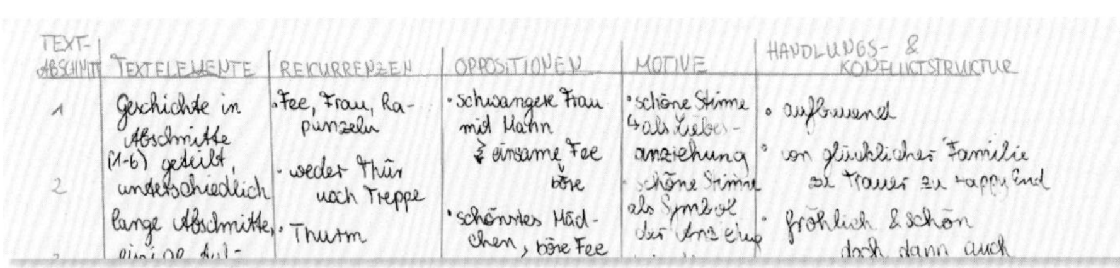

Abb. 2.12: Erfassung unterschiedlicher Strukturelemente in einer Tabelle (Ausschnitt, Seminararbeit)

Bei fiktionalen Texten eignet sich zunächst meist die grafische Darstellung des Handlungsverlaufs und weiterer Strukturelemente (wie Spannung, Konfliktentwicklung). Die Strukturskizzen dazu werden hier in der Regel horizontal (quer über die Tafel) angelegt, wobei die x-Achse die Handlungsabschnitte und die y-Achse die Stärke oder Häufigkeit von Strukturelementen wie „Konflikt" und Lesespannung kennzeichnet (vgl. Abb. 2.13):

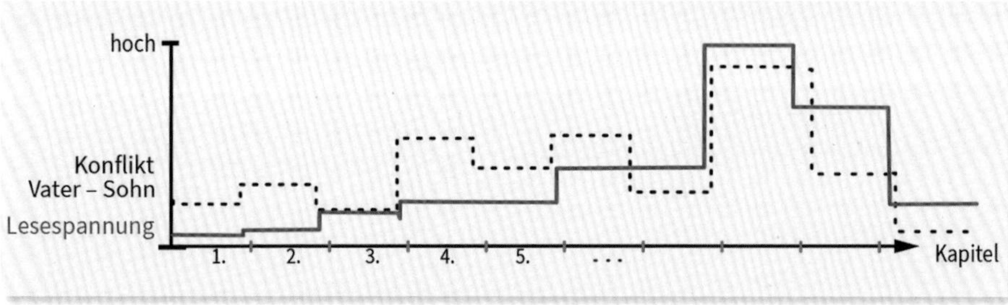

Abb. 2.13: Strukturskizze – Typ „Liniendiagramm" mit Handlungsverlauf und Strukturelementen

Um diese Skizzen schnell und langfristig (z. B. für Prüfungsvorbereitung) nutzen zu können, sind jeweils inhaltliche Stichpunkte zu den Handlungsabschnitten notwendig, die eine schnelle Orientierung ermöglichen.

Die meisten Liniendiagramme („Fieberkurven") haben einen ansteigenden Verlauf und einen Scheitelpunkt auf, sie spiegeln eine Idealform des drei- oder fünfaktigen Dramas bzw. des Aufbauschemas einer Kurzgeschichte oder Novelle wider, auch wenn Handlung und Konfiguration durchaus Sprünge, Abstürze oder gegenläufige Tendenzen aufweisen. Wenn Texte einen Weg in den Abgrund, eine Tragödie, erzählen, kann eine Strukturskizze dies auch visualisieren – wie beispielsweise bei Sophokles' *Antigone:*

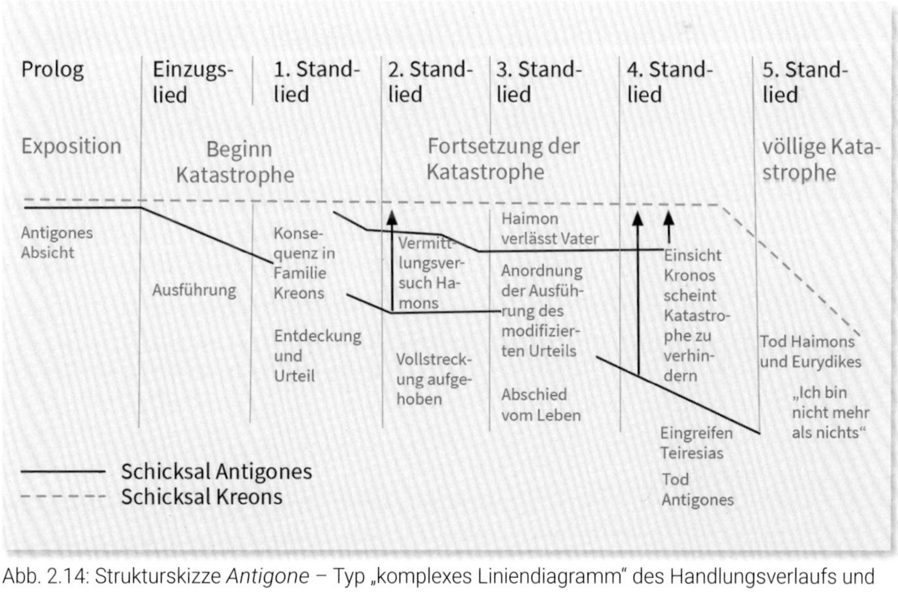

Abb. 2.14: Strukturskizze *Antigone* – Typ „komplexes Liniendiagramm" des Handlungsverlaufs und Schicksals der Figuren (nach Hussong/Schütt u. a. 1971)

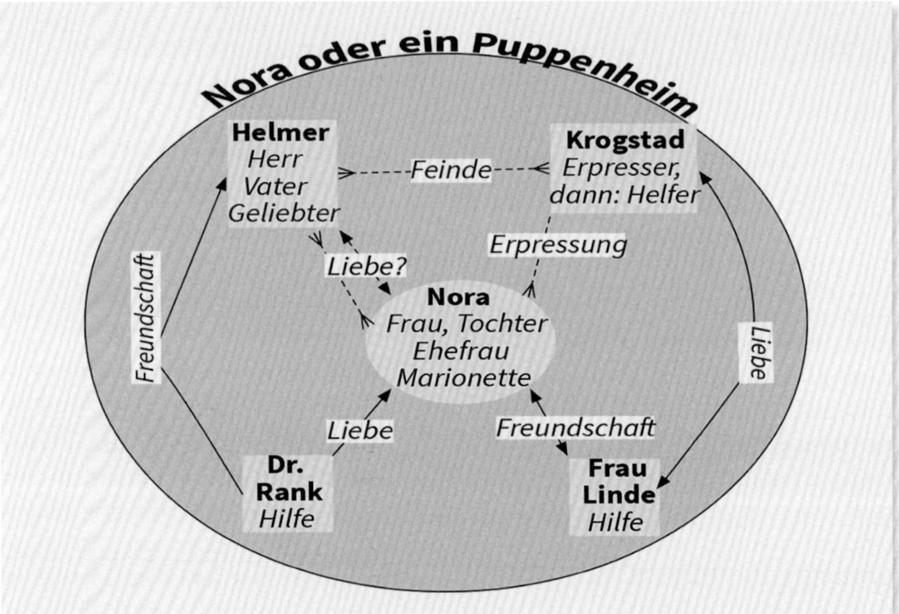

Abb. 2.15: Strukturskizze *Nora* – Typ „Soziogramm" zu Henrik Ibsens Drama *Nora* (vgl. auch Abb. 3.10)

Figurenkonstellationen in fiktionalen Texten lassen sich mit dem „Soziogramm" (vgl. Abb. 2.15) erfassen – die interpersonalen Beziehungen der Figuren werden nach zwei Ordnungsprinzipien gezeichnet: Zuerst werden die Symbole für die Figuren nach ihrer Nähe zueinander angeordnet, zentrale Personen in der Mitte, Randpersonen außen – wobei es keine Rolle spielt, was die Nähe ausmacht (Ablehnung, Zuneigung). Anschließend werden negative und positive Beziehungen zwischen den Figuren mit Pfeilen gekennzeichnet (gestrichelt: negativ, durchgezogen: positiv). Doppelpfeile bedeuten wechselseitige negative oder positive Beziehungen, Einzelpfeile einseitige Beziehungen. Werden für einzelne Textabschnitte jeweils „Soziogramme" erstellt, kann die Entwicklung der Figuren im Verlauf der Handlung aufgezeigt werden. Die Beziehungen der Figuren lassen sich über eine „Soziomatrix" erkennen (vgl. Kapitel 3.1).

Der zentrale Konflikt der Handlung bzw. des Textes wird durch die visuelle Gegenüberstellung der Werte-Oppositionen der Hauptfiguren erkennbar (vgl. Abb. 2.16); hier müssen allerdings noch Textbelege oder Verweise ergänzt werden.

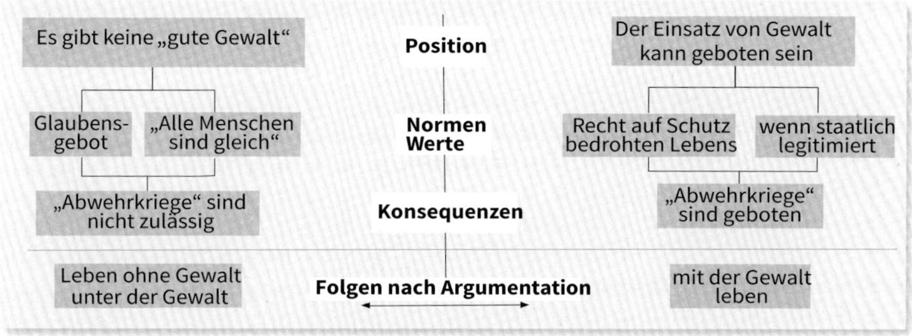

Abb. 2.16: Strukturskizze – Typ „Gegenüberstellung Werte – Opposition“

Tabellarische und visuelle Gegenüberstellungen von Positionen oder Argumenten gehören ebenfalls zum festen Repertoire der Strukturskizzen für nichtfiktionale Texte. Hier werden sie bereits beim Schreiben eines Textes (z.B. einer Argumentation) eingesetzt: Nach dem Sammeln von Argumenten und Belegen wird mithilfe der Strukturskizze der Aufbau des Textes geplant. Dieser Typ der Strukturskizze ist jedoch eher als Orientierung für eine bestimmte Form hilfreich und weniger zur Überprüfung der einzelnen Argumente und Belege, wo die Kriterienraster funktionaler sind.

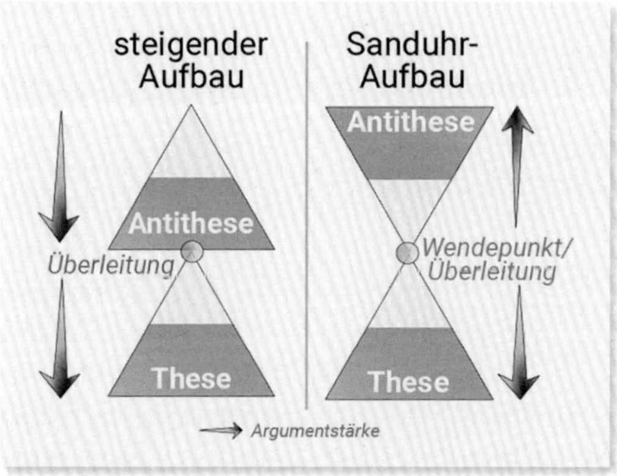

Abb. 2.17: Strukturskizze – Typ: „Gegenüberstellung“

Bei fiktionalen Texten werden die Möglichkeiten des Visualisierens und damit auch die Wahl des Typs der Strukturskizze in der Regel wesentlich durch den vorliegenden Text bestimmt: Bei chronologisch klar strukturierten Texten bietet sich die Analyse des Handlungsverlaufs an, bei der Auseinandersetzung mit Lyrik liegt die visuelle Darstellung des Aufbaus und der sprachlichen Mittel näher. Bei nichtfiktionalen Texten dagegen ist das Spektrum der wählbaren Typen für Strukturskizzen sehr viel breiter und reicht von der einfachen Darstellung des Satzbaus bis hin zur Strukturierung von Argumentationen (vgl. Abb. 2.17), Werbung, Reden, appellativen Texten usw. Hier bieten Deutschbücher und Arbeitshefte viele Vorlagen an Modellen und Darstellungen. Es ist grundsätzlich nichts dagegen einzuwenden, diese fremden Modelle im eigenen Unterricht zu verwenden, nur: *Vorgegebene Strukturskizzen* (u. a. aus Deutschbüchern)

- sollten möglichst nicht einfach statisch präsentiert werden („so geht's"), sondern mit der Klasse erarbeitet und an anderen Texten erprobt und überprüft werden. Strukturskizzen wirken zentral über den Erarbeitungsprozess, weniger durch die Präsentation.
- sollten auf ihre Annahmen und Modellvorstellungen hin überprüft werden. Zu klären ist immer, ob sie überhaupt zur Lerngruppe und zum Unterrichtsinhalt passen.

Das in der Unterrichtspraxis wohl häufigste Beispiel für die *unreflektierte Übernahme fremder Strukturskizzen* ist wohl die „Geschichtenmaus":

Die klassische Geschichtenmaus

Die Maus kennt Jan seit der 3. Klasse bei Frau Steinberg – sie hat sie damals aber schöner gezeichnet als seine Deutschlehrerin jetzt in der 5. Klasse. Jan weiß schon lange, wie Geschichten in Schulbüchern laufen: Sie beginnen mit kurzen Angaben über Ort, Zeit und Personen, dann baut sich die Spannung langsam bis zu dem Punkt auf, wo etwas Unerwartetes passiert oder jemand in eine Klemme gerät. Und am Ende ist immer alles gut. Jan könnte sich jetzt melden und sagen, dass er die Maus-Geschichte schon kennt – und dass er sie blöd findet. Viele Geschichten laufen gar nicht so ab, da ist nichts mit Spannung oder gutem Ende. Aber Jan sagt nichts, sondern meldet sich und tut so, als würde er zum ersten Mal in seinem Leben den Spannungsbogen einer Geschichte entdecken.

Selbstverständlich wissen Lehrkräfte in der 5. Klasse, dass viele Geschichten nicht nach dem Mäuseschema funktionieren – und sie spüren, dass das Mausbild nur eine nette Metapher ist, die helfen soll, sich etwas zu merken. Wäre das Mausbild als Strukturskizze gedacht, müsste man beispielsweise noch die Abschnitte der Geschichte angeben, den Spannungsbau im Text nachweisen und vor allem diskutieren, ob das Strukturprinzip die vermutete Spannung (des Lesers?) ist.

Die Geschichtenmaus könnte den Schülerinnen und Schülern gleichgültig sein, wenn sie nicht Grundlage der Klassenarbeit wäre: „Schreibe eine spannende Geschichte, in der ... vorkommt!" Die Bewertung der Arbeit hängt davon ab, ob sich die Geschichte am Mausbild orientiert.

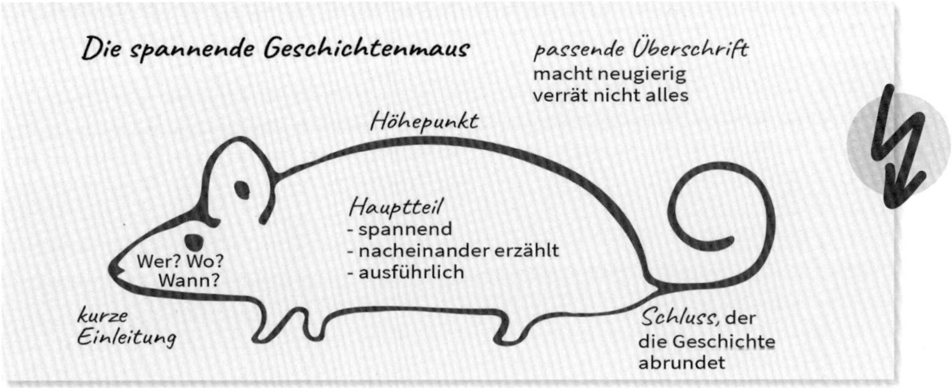

Abb. 2.18: Die klassische Geschichtenmaus aus dem Unterricht in der 3., 4., 5. und manchmal auch 6. Klasse

Die Geschichtenmaus gegen den Strich bürsten

Spannender und auch sinnvoller wäre es sicherlich, die in vielen Deutschbüchern zu findende „Geschichtenmaus" als Analyseschema für Geschichten zu verwenden, die diesem Schema nicht entsprechen, sondern ganz anders verlaufen. Die Schülerinnen und Schüler könnten dann aufzeigen, wo die Geschichte abweicht und erläutern, welche Auswirkungen dies auf die Handlung oder den Spannungsbogen hat.

Minimalausstattung: Diagramme

Wenn im Deutschunterricht von „Visualisieren" die Rede ist, geht es in erster Linie um den Einsatz von Diagrammen im Unterricht. Diese Fokussierung auf Diagramme verstellt einerseits den Blick auf die vielfältigen Möglichkeiten, Formate und Formen des Visualisierens, die in den vorangegangenen Abschnitten bereits beschrieben wurden. Zum anderen spiegelt diese Fokussierung aber auch ein Abbild der Lebenswirklichkeit der Schule und der Schülerinnen und Schüler wider: Diagramme sind im Alltag allgegenwärtig, zudem vermeintlich einfach zu erstellen – wobei (Stand März 2023) weder Sprach- noch Bildmodelle mithilfe künstlicher Intelligenz (z. B. ChatGPT und Dalle-2) in der Lage sind, ein einfaches Diagramm über die Bevölkerungsentwicklung in der Bundesrepublik Deutschland von 1970 bis 2020 zu konstruieren. Während Bildprogramme nur unverständliche Symbolbilder ausgeben, gibt das Sprachprogramm immerhin eine einigermaßen verständliche Anleitung, wie man ein Diagramm zu diesem Thema erstellen könnte:

Verteilungen

Balken-/Säulendiagramm

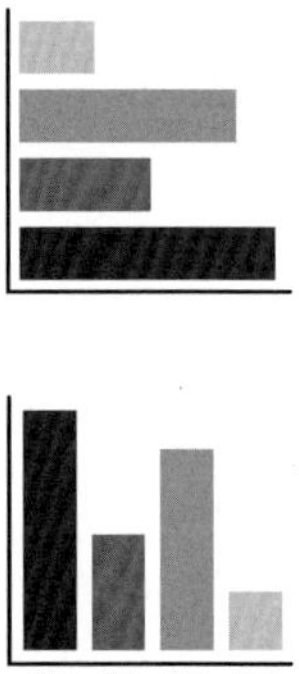

Streu-/Punktdiagramm mit 2 Variablen

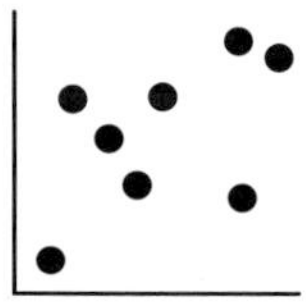

Liniendiagramm

Rangfolgen Rangordnungen

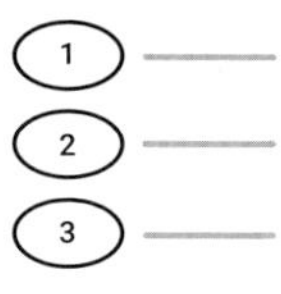

Choropletenkarte

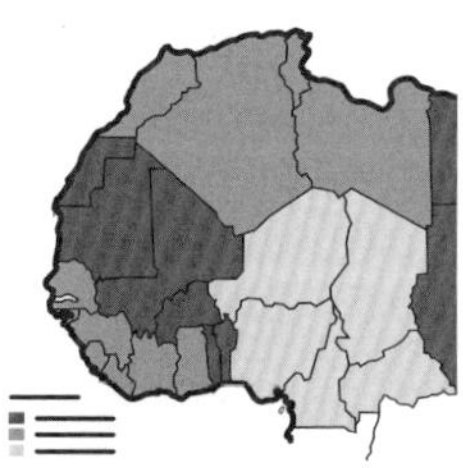

Vergleiche

mehrere Items

Kombinationsdiagramm

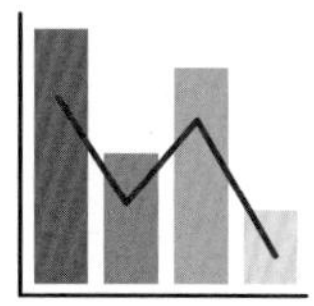

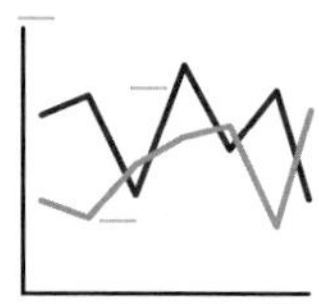

Tabelle

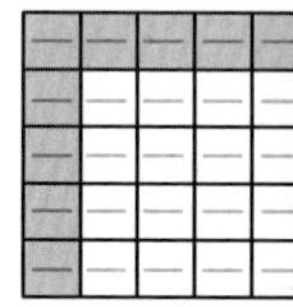

Zielscheibe

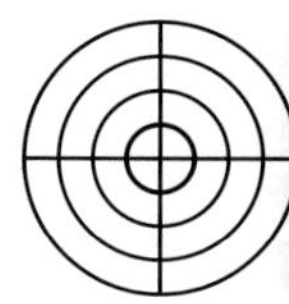

Spinnennetz

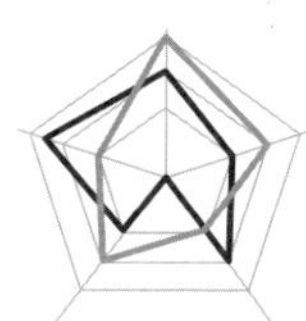

Venn-Diagramm

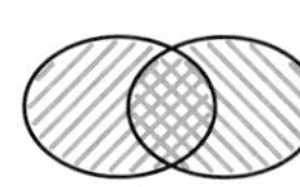

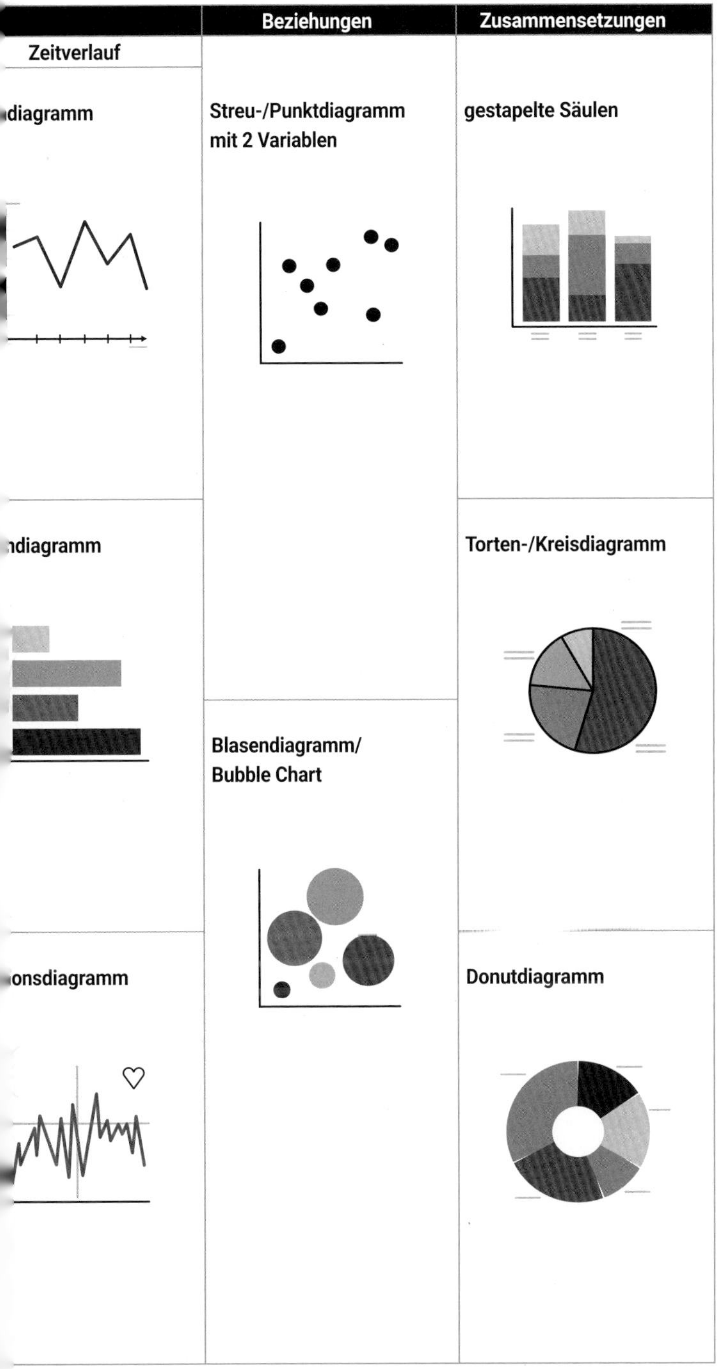

Abb. 2.19: Worum soll es bei einem Diagramm gehen? Was geben die Daten und Informationen her?

!

Diagramme mit künstlicher Intelligenz? – Die Leistung eines Sprachmodells

„Als Sprachmodell bin ich nicht in der Lage, ein Diagramm zu zeichnen, aber ich kann Ihnen eine Anleitung zur Verfügung stellen, wie Sie ein Diagramm zur Bevölkerungsentwicklung in Deutschland erstellen können:

- Bestimmen Sie den Zeitraum, für den Sie das Diagramm erstellen möchten. Es kann sich beispielsweise um die letzten 50 Jahre handeln.
- Sammeln Sie Daten zur Bevölkerungsentwicklung in Deutschland während dieses Zeitraums. Sie können diese Daten beispielsweise von Statistischen Ämtern oder Online-Datenbanken beziehen.
- Wählen Sie ein geeignetes Diagramm aus. Für die Bevölkerungsentwicklung eignen sich zum Beispiel Liniendiagramme oder Säulendiagramme.
- Ordnen Sie die Daten entsprechend den Achsen des Diagramms an. Auf der horizontalen Achse wird normalerweise die Zeit dargestellt, während auf der vertikalen Achse die Anzahl der Einwohner oder die prozentuale Veränderung angezeigt wird.
- Zeichnen Sie das Diagramm und beschriften Sie die Achsen, um es leichter verständlich zu machen.
- Fügen Sie Legenden oder zusätzliche Informationen hinzu, um das Diagramm zu vervollständigen.

Ich hoffe, diese Anleitung hilft Ihnen bei der Erstellung eines Diagramms zur Bevölkerungsentwicklung in Deutschland."

(erstellt mit ChatGPT, Mar-2023-Version von openai.com am 15.03.2023)

Offensichtlich ist es gar nicht so leicht, Diagramme zu lesen, ihre Strukturen zu analysieren. Und noch schwieriger ist es, Daten selbst in Diagrammdarstellungen umzusetzen, weil viele Vorentscheidungen zu treffen und Voraussetzungen zu erfüllen sind.

Allein schon die Entscheidung, welche Form der visuellen Darstellung eines Diagramms gewählt werden soll, stellt eine Herausforderung dar. Geht es bei der Bevölkerungsentwicklung um eine Frage von Verteilungen, oder geht es nicht auch um den Vergleich über die Zeit (Zuwächse, Rückgänge) – und vielleicht sagen die Daten ja noch mehr aus über die Zusammensetzung der Bevölkerung. Die Frage, was mit welchem Ziel in einem Diagramm dargestellt werden soll (Verteilungen, Vergleiche, Beziehungen, Zusammensetzungen, vgl. Abb. 2.19), setzt umfangreiche Klärungsprozesse über das Ziel und die Geeignetheit der vorhandenen Daten und Informationen voraus. Wird dieser Klärungsprozess im Unterricht nicht thematisiert, bleibt die Auseinandersetzung mit Diagrammen rudimentär: Wer nur nach der visuellen Umsetzung von Informationen fragt oder nur Informationen aus einem Diagramm ablesen will, der blendet Funktion und Bedeutung der Text-Bild-Verbindungen und der visuellen Gestaltung aus und „liest“ das Diagramm bestenfalls nur halb. Und wer solche Klärungsprozesse nicht gelernt hat, dem fallen Manipulationen durch visuelle Darstellungen von Daten und Informationen weniger auf und dem fehlen entscheidende Voraussetzungen, um selbst visuelle Darstellungen bewusst und gezielt zu erzeugen.

Es wäre zu erwarten, dass solche Aspekte des Umgangs mit Diagrammen und visuellen Darstellungen überhaupt in den Lehrplänen des Faches Deutsch (und anderer Fächer) einen deutlichen Niederschlag gefunden hätten. Ein Blick in die Lehrpläne enttäuscht diese Erwartung.
Tatsächlich wird in den Lehrplänen (vgl. Abb. 2.20) durchgängig der instrumentelle Umgang mit Visualisierungen betont: Die Erstellung eigener Diagramme und Präsentationen soll im Vordergrund des Unterrichts stehen, von Analyse und kritischer Bewertung ist in diesem Zusammenhang selten die Rede. Auffällig ist auch, dass in den Lehrplänen vorrangig solche Diagramm-Typen genannt werden, die mit Office-Programmen und deren Vorlagen digital erstellt werden können. Bis zur 10. Klasse stehen statische Darstellungen wie Tabellen und Statistiken im Vordergrund, in der Sekundarstufe II sollen diese in dynamische Darstellungen integriert werden.

Wenig ist in Lehrplänen darüber zu erfahren, wie Diagramme und Präsentationen inhaltlich und methodisch vorbereitet und wie analoge Darstellungsformen in digitale transformiert werden können. Dass die digitale Erstellung von Diagrammen eine Herausforderung darstellt und Office-Programme hier nicht ausreichen bzw. nicht sinnvoll sind, belegen die vielen Extrakurse in den Schulen zu Präsentationen, PowerPoint etc.

„Planen und Gestalten eigener Visualisierungen“ kommt in Lehrplänen fast aller Fächer vor allem im Hinblick auf zwei Kompetenzen vor:	
eigene Diagramme für Dokumentation und Darstellung erstellen	**Präsentation** (Referate, Videos ...) inhaltlich und visuell gestalten
⇩	⇩
meist **„statische“** Darstellung: **Tabellen, Statistiken, Mindmap, Flussdiagramm, Schaubild**	ehrer **„dynamische“** Darstellung: Referate, Modelle, Videos, Clips mit **Folie, PC, Smartboard, Präsentationsprogramm**
⇧	⇧
• vor digitaler Gestaltung erst Grundlagen analog erarbeiten • digitale Erarbeitung von Visualisierungen eigens vermitteln	• *nicht nur* digitale Erarbeitung • Kompetenz muss eigens vermittelt werden • Beitrag des Faches Deutsch klären
Das muss im Deutschunterricht bis zum 10. Jahrgang vermittelt werden.	Das muss Schule bis zur Jahrgangsstufe 12 vermitteln.

Abb. 2.20: Kompetenzanforderungen in Deutsch-Lehrplänen über „Visualisierungen“ (Stand: März 2023)

Wie die Grundlagen für all diese Arbeiten zu schaffen sind, wie Tabellen oder Informationen für Diagramme aufzubereiten sind und welche Implikationen die für sie gewählte visuelle Umsetzung enthält, das wird selbst in den Lehrplänen der MINT-Fächer allenfalls in allgemeiner Form angesprochen, im Fach Deutsch bleibt es offen, wie bei: „alles zeichenhaft Vermittelte in Texten analysieren" (Kernlehrplan Deutsch Gesamtschule NRW 2023). Die Lehrpläne für das Fach Deutsch sagen also nur wenig darüber aus, was genau Lehrkräfte mit Diagrammen machen sollen. Erschwerend kommt hinzu, dass der Begriff „Diagramm" unpräzise verwendet wird – oft werden darunter alle Abbildungen verstanden, die Informationen oder Daten darstellen. Besser wäre es, zwischen Graphen, Charts und Diagrammen zu unterscheiden:

- *Graphen* sind Darstellungen, in denen quantitative Werte in einem Koordinatensystem aufgetragen werden. Die Achsen sind nicht räumlich zu interpretieren. Bei Graphen muss jedem Wert auf der x-Achse ein Wert auf der y-Achse zugeordnet sein.
- *Charts* stellen Beziehungen zwischen Objekten dar (z. B. Organigramme oder Ablaufdiagramme). Räumliche Beziehungen werden bei ihnen in der Regel nicht interpretiert (Ausnahme: „Soziogramm"), wohl aber alle Linien und Pfeile – sie bezeichnen Ursache-Wirkungs-Verhältnisse, das Verhältnis von Teilen zu einem Ganzen oder Vorher-Nachher-Beziehungen.
- *Diagramme* im engeren Sinne sind schematisierte Darstellungen, in denen auch Gegenstände dargestellt werden, die auf abstrakte Konzepte (Kraft, Unfallzahlen) verweisen. Im weiteren Sinne bezeichnet dieser Begriff „alle logischen Bilder".

In diesem Buch werden „Graph", „Chart" und „Diagramm" verwendet, wenn der Unterschied zwischen den Darstellungsformen hervorgehoben werden soll. Ansonsten wird „Diagramm" im Sinne des umfassenden Begriffs verwendet (vgl. Eitel/Oestermeier 2014, S. 7; Schmitz 2022).

Analysiert man dies für das Fach Deutsch, so werden in der Regel fünf bis sechs Charts, Diagramme und Graphen genannt, die bis zum Ende der 10. Klasse behandelt werden sollen: Cluster-Charts und Kartenabfragen, Tabellen und Vergleichstabellen sowie Graphen in Säulen-, Kreis- und Linienform – wobei nicht im Einzelnen angegeben wird, ob jeweils die aktive oder die rezeptive Beherrschung dieser visuellen Darstellungsformen für Daten das Ziel ist (vgl. Abb. 2.21).

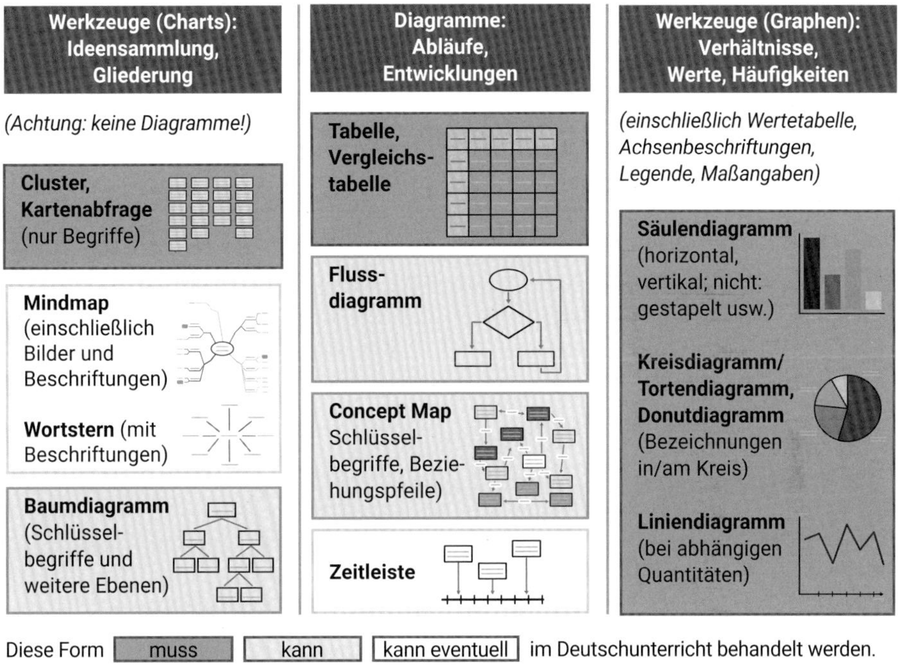

Abb. 2.21: „Diagramme", die im Deutschunterricht vermittelt werden sollen (Lehrpläne, Stand März 2023)

Neben diesem Minimum (in dunkelgrauen Kästen) werden noch andere Formen visueller Darstellungen genannt, vor allem Baum- und Flussdiagramme sowie Concept Maps. Mindmaps und Zeitleisten werden in der Regel nicht als Diagramme verstanden, sondern als Visualisierungsmethoden zur Ordnung von Stoff- und Ideensammlungen oder als Ordnungssystem für zeitliche Zusammenhänge und Abfolgen (z. B. bei Zeitleisten für die Handlung eines fiktionalen Textes).

Auch wenn die Vorgaben für die Vermittlung von Diagrammen im Deutschunterricht noch bescheiden klingen, so haben sie es doch in sich: Jede der in den Lehrplänen genannten Formen hat ihre eigene Sprache und ihre eigenen Gesetzmäßigkeiten. Zur Mindestausstattung des „Werkzeugkastens" der Deutschlehrerinnen und -lehrer gehört es daher, zumindest die Sprache und die Gesetzmäßigkeiten der Diagramme aus dem Minimum-Katalog zu kennen und sie anwenden zu können.

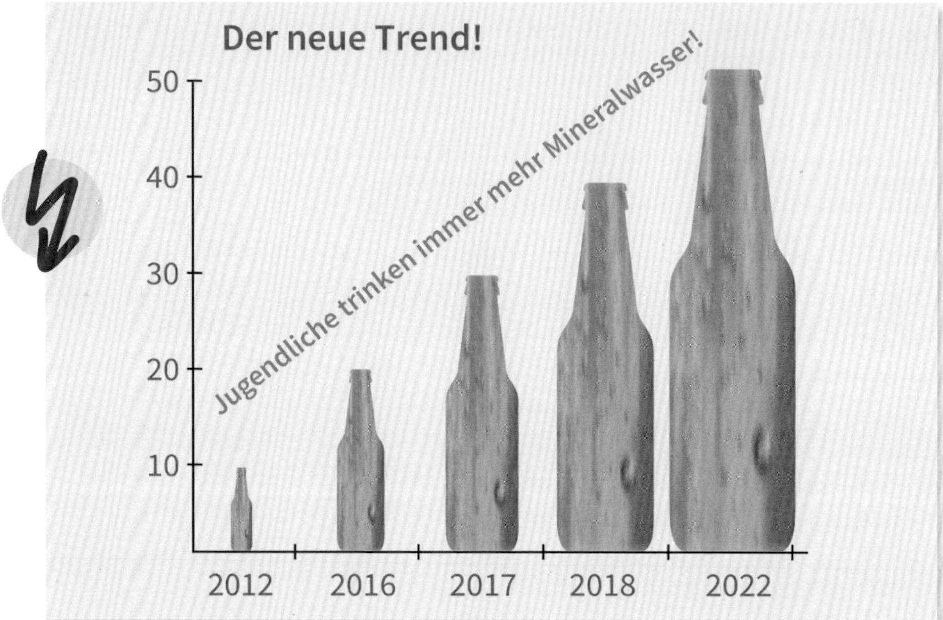

Abb. 2.22: Übung: Welche Daten werden wie mit welcher Absicht im Diagramm präsentiert?

Dazu gehört auch, *verzerrende oder manipulierende visuelle Darstellungen* im Unterricht kompetent zu analysieren und dabei nach dem ersten Gesamteindruck handwerklich genau benennen zu können, wie bei der manipulierenden Visualisierung vorgegangen wurde. Im Beispiel von Abb. 2.22 sind dies nicht nur die fehlende Beschriftung der x- und y-Achse, die gebrochene Zeitachse oder die fehlende Angabe der Stichprobe und der Informations- bzw. Datenquelle. Problematisch ist auch die bildliche Umsetzung des Anstiegs des Mineralwasserkonsums durch die proportionale Skalierung des Flaschensymbols: So wird aus einem Anstieg um das Fünffache optisch ein Anstieg um das über Zwanzigfache. Was in dieser Grafik vielleicht noch als ungeschickte Darstellung durchgehen mag, kann bei Grafiken, die soziale oder politische Verhältnisse darstellen, sehr gefährlich werden und zu verzerrten Wahrnehmungen führen (wenn z. B. Menschen-Piktogramme verwendet werden). Umso wichtiger ist, als Deutschlehrerin oder -lehrer über ein didaktisches und methodisches Instrumentarium zu verfügen, um mit solchen Darstellungen im Unterricht umzugehen und zu zeigen, was Visualisieren alles kann, was es darf und was es nicht darf. Dazu soll der folgende Praxisteil eine Reihe von Anregungen und Hilfestellungen geben.

3 Praxisideen für den Unterricht

Es reicht nicht, gute Ideen zum Visualisieren zu haben – man muss auch wissen, wie man sie im Unterricht umsetzt. Dieses Kapitel gibt Anregungen, wie Lehrkräfte und auch Schülerinnen und Schüler Visualisieren im Deutschunterricht praktizieren können.

Im ersten Teil für Lehrkräfte geht es vor allem darum, wie sie Visualisieren in den methodischen Grundformen des Deutschunterrichts einsetzen und damit Lernprozesse erleichtern und auch anders gestalten können:

- Einsteigen, Planen, Veranschaulichen, Orientieren;
- Moderieren, Ideen sammeln und ordnen;
- Veranschaulichen von Sachverhalten und Wissen;
- Erfassen, Systematisieren und Vergleichen;
- Strukturieren und Analysieren;
- Bewerten und Beurteilen.

Auch wenn im ersten Teilkapitel die Perspektive der Lehrkräfte im Hinblick auf Visualisieren im Deutschunterricht im Vordergrund steht, so ist dies immer mit Blick darauf, wie die Schülerinnen und die Schüler Visualisieren als Methode erlernen und als Unterrichtsgegenstand bearbeiten können.

Das zweite Teilkapitel betont dann die Perspektive der Schülerinnen und Schüler und gibt zehn Impulse, wie sie lernen können, kreativ und kompetent zu visualisieren.

Beide Teilkapitel für Lehrkräfte sowie für Schülerinnen und Schüler gehen also letztlich von der gleichen Frage aus: Wie können wir im Deutschunterricht kompetent und reflektiert visualisieren, um Lernprozesse erfolgreich zu gestalten und unsere Ziele zu erreichen?

3.1 Visualisieren für Lehrkräfte

Viele gut gemeinte Patentrezepte für Visualisieren im Unterricht scheitern. Das liegt weniger an den Köchen (den Lehrpersonen), sondern eher an den Rezepten: Denn die sind oft so allgemein gehalten (vor allem, wenn sie aus dem Management oder der Wirtschaft kommen), dass man nach ihnen höchstens eine Fünf-Minuten-Terrine kochen kann. Oder sie sind so kleinschrittig und missionarisch auf bestimmte Techniken ausgerichtet, dass sie die komplexe Alltagspraxis auch nicht einmal ansatzweise erfassen. Hilfreicher für Lehrkräfte sind da schon „Lifehacks“ wie:

- Dokumentieren Sie, was und wie Sie im Unterricht visualisieren: Fotografieren Sie Tafelbilder, speichern Sie Präsentationen am digitalen Whiteboard und legen Sie eine Sammlung der Flipcharts und Kartenabfragen an. Diese Dokumentation (wie auch die Übungen: Kapitel 2.1) verschafft Einblick ins eigene Visualisieren: Wie stelle ich Sachverhalte und Prozesse dar? Wie mache ich etwas durch visuelle Darstellungen (nicht) interessant und verständlich?
- Treten Sie mindestens ein Mal pro Unterrichtsstunde so weit wie möglich von der Tafel zurück und schauen Sie sich für eine Minute (60 Sekunden – eine oft eine sehr lange Zeit!) aufmerksam im Klassenzimmer um: Welches „Bild“ gibt der Raum ab? Was ist (nicht) zu sehen? Wie arbeiten die Schülerinnen und Schüler an ihren Aufgaben und mit ihren Materialien? Wenn man auf diese Weise jede Stunde von der Tafel zurücktritt bzw. den angestammten Lehrerplatz verlässt, um die Klasse zu beobachten, dann bringt das einen Perspektivwechsel und Ideen für den Unterricht.

Müsste es angesichts der Bedeutung des Visualisierens für angehende Lehrkräfte nicht ein Curriculum oder eine „Basisqualifikation Visualisieren“ geben? Das wäre schön – auch sinnvoll, ist aber leider wohl unrealistisch. So müssen angehende und aktive Lehrkräfte sich selbst die „Sprache des Visualisierens“ und gutes Visualisieren (vgl. Kapitel 1, Kasten *Erste Hilfe beim Visualisieren*) beibringen. Dazu brauchen sie folgende grundlegenden Fähigkeiten und Fertigkeiten:

- *in Echtzeit parallel im Unterricht agieren können:* Wer im Unterricht Arbeitsprozesse und -ergebnisse visuell darstellen will, sollte in der Lage sein, während des laufenden Unterrichts Strukturen zu erkennen und sie visuell zu präsentieren. Parallel im Unterricht agieren zu können, ist nicht nur eine Frage der Erfahrung und des Überblicks, sondern hängt immer auch davon ab, ob es gelingt, sich für ganz kurze Zeit etwas zurückzuziehen, eine beobachtende und reflektierende Rolle einzunehmen. Die Stillarbeit der Schülerinnen und Schüler bietet dafür oft ein Zeitfenster.

- *einen roten Faden in ihrem Unterricht verfolgen und die Kernbegriffe im Unterricht kennen:* Erst wenn ein roter Faden erkennbar ist, können visuelle Darstellungen gut in den Zusammenhang eingeordnet und auch als Abbild des Unterrichtszusammenhangs erkannt werden. Um einen roten Faden sichtbar zu machen, ist es hilfreich, gleich zu Beginn einer Unterrichtsstunde deren Ziel schriftlich an der Tafel oder am Whiteboard zu formulieren und während der Stunde immer wieder darauf zurückzukommen und wieder daran anzuknüpfen.
- *sich beim Visualisieren auf wichtige Aspekte beschränken* (gliedern, Teilaspekte herausgreifen) und auf Einfachheit und Klarheit der Darstellung achten: Zu viele Informationen und komplexe Zusammenhänge überfrachten visuelle Darstellungen und erschweren Lernprozesse.
- *mit der Klasse beim Visualisieren kooperieren:* Wie sich Schülerinnen und Schüler Bilder von Themen und Unterrichtsgegenständen machen, können Lehrkräfte wohl am wenigsten im fragend-entwickelnden Unterricht und im Unterrichtsgespräch sehen, weil sie dort selbst aktiv involviert sind. Einen besseren Einblick erhält man, wenn man die Schülerinnen und Schüler selbst Prozesse und Themen visuell gestalten lässt und sie dabei beobachtet, wie sie diese Darstellungen (einzeln oder in Gruppen) erarbeiten und sich dabei auf eine Bildsprache verständigen.
- *über einen Bildervorrat und ein Repertoire an Visualisierungsformen und -formaten verfügen* und *grundlegende handwerkliche Regeln beachten* (siehe Kapitel 2): Zu den Handwerksregeln, die für erfolgreiches Visualisieren wichtig sind, gehören u. a. die Vorausplanung (vorherige Festlegung der Grundstruktur und Schlüsselbegriffe), die Beachtung der Sichtbarkeit, der gezielte Einsatz von Farben, Formen und Formaten und die Verwendung einer gut lesbaren Schrift bzw. digitalen Darstellung.
- *wissen, worauf sie sich beim Visualisieren einlassen* und ihre eigenen Grenzen und Möglichkeiten einschätzen: Man muss nicht immer und alles im Unterricht visualisieren, es gibt auch Themen und Formate, die nicht jedem liegen und zu denen manche keinen Zugang haben. Und es gibt Gebiete, in denen man sich nicht zu Hause fühlt, und Techniken, die man noch üben muss. Damit Bedarfe nicht einfach ausgeblendet werden („Ich kann nicht zeichnen, ich kann kein digitales Whiteboard"), sollten sie gesammelt und auch in der Fachgruppe angesprochen werden.
- *Freude daran haben, visuelle Darstellungen auch ästhetisch und einprägsam zu gestalten:* Das heißt nicht, dass sie grafisch perfekt sein müssen – wohl aber so ansprechend wie möglich. Wer zeigt, dass Visualisieren erlernbar ist und Freude macht, motiviert zum Nachmachen.

3.1.1 Einsteigen, Planen, Sichtbar-Machen, Orientieren

Es ist oft heikel, für den Unterricht eine Orchester- oder Dirigenten-Metapher zu verwenden – aber in Bezug auf Visualisieren passt sie zumindest für eine Situation: Noch bevor der Dirigent oder die Dirigentin den Raum betritt, sind wichtige Entscheidungen bereits getroffen. Es ist klar, wer im Orchester wo sitzt und welche Position er hat, die Materialien (Noten) sind hoffentlich vorbereitet, das Licht stimmt. Und noch bevor der Dirigent oder die Dirigentin das Pult betritt, hat er oder sie mit dem Entrée bereits ein Zeichen gesetzt und gezeigt, welche Aufmerksamkeit und Energie das Orchester heute erwarten kann und was er/sie vom Orchester erwartet. Nichts geschieht zufällig – zumindest nicht aus der Sicht des Orchesters.

Lehrkräfte, die eine Klasse betreten, befinden sich in einer vergleichbaren Situation: Sie werden, wie aufmerksam auch immer, von der Klasse gesehen und geben ihr visuelle Impulse durch die Art und Weise, wie sie auftreten, durch ihre Kleidung, durch das Material, das sie mitbringen. Sich vor eine Klasse zu stellen, ist immer auch ein visuelles Statement: Welchen Platz nehme ich ein, wie stehe ich zur Klasse, wie sieht die Klasse mich und wie sehe ich sie …? Der Blickkontakt und die erste Position einer Lehrkraft in der Klasse signalisieren, worauf es jetzt ankommt. Lehrkräfte, die versuchen, sich beinahe unbemerkt in die Klasse zu schleichen, geben ebenso ein Signal wie solche, die den großen Auftritt inszenieren.

Dass Visualisieren in dieser Auftrittsituation ebenso wie die Gestaltung des Klassenraums (vgl. Kapitel 2) eine wichtige Rolle für das Gelingen der Stunde spielen, ist Lehrkräften oft noch nicht ausreichend bewusst: Dabei geht es zum einen darum, wie sie sich als Lehrperson präsentieren (ausgeschlafen, energisch, freundlich), aber vor allem geht es auch darum, wie Lerngegenstände, Themen und die Erwartungen an die Lernprozesse der Klasse präsentiert werden, wie in den folgenden Unterrichtsroutinen zum Unterrichtseinstieg:

- Herr M. tritt immer eilig ans Pult, platziert seine Aktentasche mit einem leisen Knall darauf und sucht dann in der Tasche nach Mappen, Material, seinem Notizbuch. Als er alles beisammen hat, wendet er sich der Klasse zu …
- Herr N. spricht mit den Schülerinnen und Schülern, die schon auf ihn warten, stellt seinen Rucksack auf den Lehrerstuhl, begrüßt die Klasse, kontrolliert, dass die Aufgabenliste rechts neben dem Whiteboard aktuell ist (Tafeldienst, Raumdienst), korrigiert gegebenenfalls und schreibt dann in großen Druckbuchstaben das Thema der Unterrichtsstunde ans Whiteboard …
- Frau O. kommt mitten in der Pause ins Klassenzimmer, ordnet auf dem Pult ihr Material, den Klangstab, die Arbeitshefte. Mit dem Klingeln schlägt sie auf den Klangstab, wartet, bis die Klasse sich sammelt und begrüßt sie und gibt das Thema der Stunde bekannt…

- Frau P. begrüßt die Klasse freundlich, holt das Schulbuch aus der Tasche, schlägt es auf, schaut erwartungsvoll in die Klasse...

Neben ihrem persönlichen Auftreten beim Unterrichtseinstieg setzen Lehrkräfte mit zwei visuellen Impulsen den Rahmen für die Stunde:
- durch die Angabe des Unterrichtsgegenstands und
- durch die Präsentation des Materials.

Ein häufig zu beobachtender Fehler, der immer noch in der Ausbildung für Lehrkräfte vermittelt wird, tritt bereits bei der „Angabe des Unterrichtsgegenstands“ auf, z. B.: „Der Rabe und die Maus“, „Soll an unserer Schule eine Schuluniform eingeführt werden?“, oder „Die präpositionale Umstandsbestimmung“. Die bloße *Angabe* des Themas oder der Gegenstand des Unterrichts macht allenfalls deutlich, worum es gehen soll. Sie klärt aber nicht das Ziel: Warum sollen wir uns mit diesem Thema beschäftigen?

Wie wenig hilfreich solche Angaben sind, merkt man spätestens, wenn man nach einem halben Jahr die Hefte der Schülerinnen und Schüler durchblättert und sich fragt, in welchem Zusammenhang der Gegenstand überhaupt behandelt wurde.

Ziel – und nicht bloß Inhalt – der Stunde visuell verankern

Bereits beim Unterrichtseinstieg sollte daher schon das Ziel der Stunde im Stundenthema angegeben werden, also z. B.: „Merkmale der Fabel – Wiederholung am Beispiel von *Der Rabe und die Maus*“ oder „Sammlung von Argumenten und Belegen für ...“.

Stundenüberschriften oder Stundenthemen an der Tafel haben also eine strukturierende Funktion für den folgenden Lernprozess: Sie helfen Schülerinnen und Schülern, das, was sie gerade tun, in ihrer bisherigen Struktur zu verankern. Und sie zwingen Lehrkräfte, darüber nachzudenken, welches Ziel mit dem Thema eigentlich verfolgt werden soll. (Erfahrungsgemäß haben strikt am Lehrbuch orientierte Lehrkräfte damit große Schwierigkeiten.)

Die strukturierende Funktion der Tafelanschrift beim Unterrichtseinstieg kann noch verstärkt werden, wenn sie sich auf den Lernprozess der Schülerinnen und Schüler bezieht: „Lernziel heute: ... verstehen, gliedern, analysieren.“ Wichtig ist hier die Verwendung von Verben für das, was die Klasse in der Stunde erreichen soll.

Routinen für das Visualisieren beim Unterrichtseinstieg anwenden

Routinen für das Visualisieren können beim Unterrichtseinstieg schon Verlässlichkeit und Struktur signalisieren, wenn sie in der Klasse verankert sind (z. B. das Anschreiben des Themas).

Dabei kann es sich einerseits um persönliche Routinen der Lehrkraft handeln, wie sie sich selbst und das Thema der Stunde visuell präsentiert. Andererseits geht es aber auch darum, die Visualisierungsroutinen der Klasse aufzugreifen, z. B. die Verwendung von To-do-Listen neben der Tafel, die Aufteilung der Präsentationsflächen. Eine Klasse muss schon beim Unterrichtseinstieg wissen, wo Wichtiges präsentiert bzw. dokumentiert wird (vgl. Kapitel 2, *Das Klassenzimmer aus der Perspektive des Visualisierens sehen*).

Das Material als Lern-Landkarte gestalten

Die Gestaltung der Unterrichtsmaterialien spiegelt wider, was mit der Stunde erreicht werden soll – und wie die Klasse und das Thema wertgeschätzt werden. Wird das Deutschbuch als Grundlage für eine Unterrichtsstunde verwendet, kann man als Lehrperson nicht einfach über dessen Gestaltung „hinwegsehen", sondern muss sich dazu verhalten, indem man sie z. B. aufgreift, thematisiert oder bewusst ausklammert.

Gerade bei selbst erstellten Arbeitsblättern zählt für die Schülerinnen und Schüler der erste visuelle Eindruck. Denn diese Blätter sind für sie so etwas wie eine „Eintrittskarte" in die Unterrichtsstunde, müssen Orientierung geben und Anknüpfung an das bisher Gelernte ermöglichen.

Neben einer optisch klar gegliederten Kopfzeile (vgl. Abb. 2.2), die das Ziel und den Auftrag des Arbeitsblattes deutlich macht, soll die Gestaltung der Arbeitsblätter und Materialien den möglichen Arbeits- oder Lernweg der Schülerinnen und Schüler visualisieren (vgl. Sweller 2005) – und zwar nicht durch kleinschrittige Anweisungen oder die Verwendung netter Bildchen.

Gestaltgesetze von Arbeitsblättern: räumliche Nähe, Segmentierung

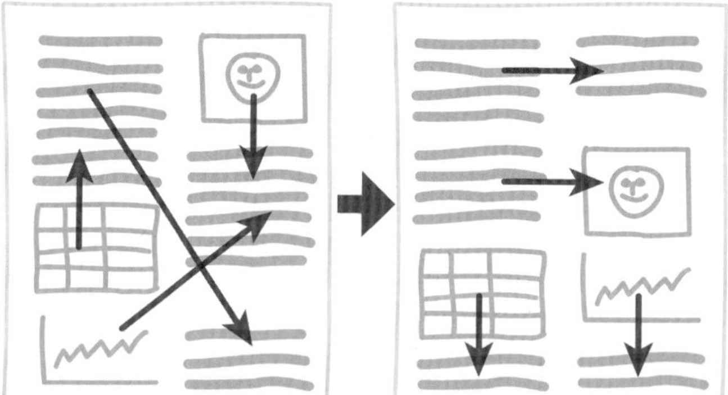

Gestaltgesetze bei Arbeitsblättern beachten – Gesetz der räumlichen Nähe und Segmentierung

> Arbeitsblätter sollen Ziel und Auftrag deutlich machen:
> - klare Gliederung in der Kopfzeile und in Arbeitsschritten und Aufgaben;
> - stringente Gliederung mit Nummerierung, Hervorhebungen, Segmentierung in Abschnitte (was ist in welcher Reihenfolge zu tun?) ▷ Reduktion der externen kognitiven Belastung und Unterstützung des Lernprozesses; Segmentierung in lerngerechte Abschnitte;
> - Hinweise auf Vernetzung und Bezug zu anderen Lerninhalten ▷ Reduktion der intrinsischen Belastung;
> - gezielter Einsatz von Weiß- und Freiräumen zwischen den Aufgaben, um Anmerkungen und Markierungen zu ermöglichen ▷ Verringerung der externen kognitiven Belastung.

Besondere Aufmerksamkeit ist der Verwendung von Illustrationen bei Arbeitsmaterialien zu widmen. Damit Schülerinnen und Schüler überhaupt von ihnen profitieren können und ihre Aufmerksamkeit nicht durch sie geteilt oder gestört wird, sind wichtige Erkenntnisse der Gestaltgesetze (siehe Kapitel 1: *Wahrnehmung macht die Bilder*) zu beachten, insbesondere das Nähe-Prinzip (räumliches Kontiguitätsprinzip, vgl. Abb. 1.2 in Kapitel 1), nach dem zusammengehörige Textinhalte und Abbildungen immer in räumlicher Nähe dargestellt werden sollen.

Wenn bildliche Darstellungen verwendet werden, sollten sie vorrangig Aussagen und Prozesse veranschaulichen und deren Komplexität reduzieren. Dies kann unterstützt werden durch:
- Beschriftungen direkt an den jeweiligen Elementen;
- Reduktion der Bildelemente und -inhalte auf das Wesentliche;
- Aufgaben, die auf die Auseinandersetzung mit der Veranschaulichung zielen und die Transformation des visuell Dargestellten z. B. in verbale Darstellungen fördern.

Insbesondere Darstellungen von Modellen (der Kommunikation, der Grammatik, von Epochen) bedürfen der Einbettung in den Kontext und der Erläuterungen, die dort verwendeten Markierungen für Beziehungen zwischen Elementen (Pfeile, Boxen) müssen erklärt werden.

Materialschlachten und Pseudo-Material vermeiden

Lehrkräfte setzen visuelle Darstellungen immer wieder ein, um zu demonstrieren, dass sie sich vorbereitet haben. So werden aus visuellen Darstellungen Arbeitsnachweise, die für den folgenden Unterricht kaum Bedeutung haben und bei denen man sich später fragt, was eigentlich im Mittelpunkt der Unterrichtsstunde stand. Damit wird erreicht, was eigentlich vermieden werden sollte: der Eindruck von Plan- und Sinnlosigkeit.

Wenn man zu Beginn einer Unterrichtsstunde eine visuelle Darstellung einbringt, dann muss man sie auch in den Unterricht einbauen. Einer der denkbar schlechtesten Einstiege in eine Deutschstunde ist es, vor Klausuren oder Klassenarbeiten einen Packen Pseudo-Material in der Klasse zu verteilen mit allem, was man im Unterricht vielleicht nicht oder nicht ausreichend behandelt hat.

Zeigen, dass man einen Plan hat

Ob der Einstieg in eine Unterrichtsstunde gelingt und positiv zum weiteren Verlauf beiträgt, hängt entscheidend davon ab, ob die Klasse den Eindruck gewinnt, dass dem Unterricht eine Struktur zugrunde liegt und dass die Lehrperson „einen Plan hat". Dieser Plan wird am wenigsten durch verbale Ankündigungen oder Erklärungen vermittelt. Er wird viel nachhaltiger durch visuelle Darstellungen und Signale in der Eingangsphase bestimmt. Dazu gehören die bereits beschriebenen Elemente der:

- Orientierung durch ein visuell verankertes Stundenziel und -thema und
- lernförderliche Gestaltung und Verwendung von Unterrichtsmaterialien.

Darüber hinaus gibt es aber auch visuelle Signale, die den Eindruck verstärken, dass im Unterricht überlegt und strukturiert vorgegangen wird:

- *visuelle Orientierungsanker,* z. B. Hinweise auf den Aufbewahrungsort von Materialien, klare und praktische Beschriftung von Ordnern und Büchern;
- *visuelle Organisationsanker,* z. B. ein Plakat mit Hausaufgabenübersicht oder eine To-do-Liste für Klassenfunktionen;
- *Zeitleisten* über die Projekte und Veranstaltungen, die für das laufende Schulhalbjahr geplant sind (auch ein sehr effektives Mittel der Kommunikation mit anderen Lehrkräften, die hier in der Klasse sehen können, wo die Klasse im Fach Deutsch steht, was geplant ist).

Es geht also nicht nur um den Plan für die einzelne Unterrichtsstunde, sondern um den Plan für die Lernprozesse in der Klasse. Es ist günstig – und notwendig –, ihn mit den Lehrkräften der anderen Fächer abzustimmen.

Umstritten: Meldekärtchen, Stillarbeits-Flips u. Ä.

Die Verwendung von Zeichen oder Piktogrammen im Unterricht kann die Kommunikation erleichtern: Kinder und Jugendliche können Symbol-Kärtchen auf den Tisch legen, um zu zeigen, wie weit sie mit ihrer Arbeit sind. Oder sie arbeiten mit „Stillarbeits-Flips", die im Stillen anzeigen können, ob alles in Ordnung ist (grün), ob sie Rat (gelb) oder Hilfe brauchen (rot). Für Diskussionen in der Klasse gibt es schließlich kleine Prismen-Aufsteller – man stellt sie hin, wenn man etwas sagen will. Und schließlich gibt es noch die Verhaltensampel an der Stirnseite neben der Tafel, mit der Lehrpersonen klassenöffentlich machen können, wie sie das Verhalten der Klasse oder einzelner Schülerinnen oder Schüler bewerten.

Wie bei allen visualisierenden Moderationsmaterialien kommt es auch bei solchen Meldekärtchen, Ampeln und Flips darauf an, was man mit ihnen macht: Sie können die Arbeit und das Gespräch erleichtern, sie können aber auch rigide reglementieren oder disziplinieren, wie etwa die Arbeit mit einem „Sprechstein", der in der Klasse herumgereicht wird: Nur wer den Stein in der Hand hält, darf sprechen. Das kann das Bewusstsein für den Wert des Zuhörens und der Rücksichtnahme schärfen. Es kann aber auch schnell zum Selbstzweck werden, wenn es nur noch darum geht, wer wann welche Karte aufgestellt hat und wer wem den Sprechstein geben muss.

Abb. 3.1: Der letzte „stille Schrei": Stillarbeit-Flips

Vorsicht: Visuelle Impulse als Unterrichtseinstieg

Legendär ist der „Bananen-Einstieg" in eine Unterrichtsstunde: Eine Lehrkraft positioniert sich gut sichtbar vor der Klasse, kramt eine Banane aus der Tasche hervor und hält sie hoch. „Was ist das?" – „Eine Banane." – „Wo wachsen Bananen?" – „Auf Stauden." – „Wo wachsen diese Stauden?" – „In Plantagen." – „Wo gibt es die Bananenplantagen?" – „In Afrika?" – „Nein." – „In Ecuador?" – „Genau! Und um Ecuador geht es heute im Unterricht." Die Lehrkraft packt die Banane ein und fragt dann: „Wer weiß etwas über dieses Land?" – „Da gibt es viele Bananen...", antwortet ein Schüler.

Ein Bildimpuls als Unterrichtseinstieg ist keine triviale Angelegenheit – nicht nur, weil oft lange nach geeigneten visuellen Darstellungen gesucht werden muss, sondern auch, weil es schwierig ist, den Impuls gezielt als Information, Motivation, Vorentlastung oder Aufgabenstellung zu platzieren. Bei Sachthemen oder nichtfiktionalen Texten ist dies einfacher, da hier eher direkte Text-Bild-Verbindungen hergestellt werden können.

Bei fiktionalen Texten sind Bildimpulse in der Regel offener und auf freie Assoziationen hin angelegt, um die Fantasie anzuregen. Häufig werden sie als „stumme Impulse" oder mit kurzen Impulsfragen eingesetzt (vgl. Tab. 3.1).

Impuls	Impulsfrage/-ziel (Beispiel, Impulsfrage)
Bild Autorin/Autor	„Kennt jemand die Person ..., schon mal etwas von ihr gelesen?"
Foto des Manuskripts	Angebliche Inschrift Goethes „Wandrers Nachtlied" an Bretterwand der Jagdhütte; http://www.goethezeitportal.de/wissen/topographische-ansichten/orte-und-zeiten-in-goethes-leben-kickelhahn.html „Wer hat dieses Graffiti wann wo angebracht?"
Foto des Schreibplans	Schreibplan von Joanne K. Rowling zu Harry Potter, https://www.openculture.com/2014/07/j-k-rowling-plotted-harry-potter-with-a-hand-drawn-spreadsheet.html „Die meisten haben das Buch, um das es hier geht, schon gelesen ..."
zeitgenössisches Bild oder Illustration	Bilder des Expressionismus bei Reihe über expressionistische Lyrik, Fotos 1945 – 1948 bei Reihe über „Trümmerliteratur" „Wenn jemand in dieser Zeit schreibt ..."
Umschlag oder Titelbild	von gebundener und/oder Taschenbuchausgabe „Was erwartet ihr von diesem Buch ..., worum wird es gehen?"
Illustration	eine oder mehrere aus dem Werk „Worum wird es gehen? Kennt ihr solche Situationen?"
Themenbild	Situation oder Gegenstand, die im Text eine wichtige Rolle spielen, z. B. bei Unterrichtsreihe „Anne Frank" ein Foto eines Tagebuchs, vgl. https://www.annefrank.ch/de/tagebuch/veroeffentlichung „Warum schreibt jemand Tagebuch ...?"

Tab. 3.1: Bildimpulse im Deutschunterricht

Bei diesen Varianten bestehen die Impulse in der Regel aus einem einzelnen Bild, dessen Bedeutung für den Text oder für das Unterrichtsthema herausgefunden werden muss – was manchmal, wie beim „Bananen-Einstieg“, nicht sofort gelingt. Besser als Bildimpulse funktionieren oft Bild-Kombinationen oder Bilderfolgen bei Unterrichtseinstiegen, wie z. B. Ausschnitte aus Graphic Novels (Flix/Goethe 2014; Alze/Breuer-Küppers u. a. 2015, S. 94 – 104; Stetter/Kafka 2015) oder Comics: Hier finden Schülerinnen und Schüler mehr visuelle und Textsignale, um Bezüge zum Thema herzustellen.

Visuelle Impulse als Unterrichtseinstiege können auch aus dem Text selbst generiert werden, z. B. als Wortwolke (App: answergarden; online: https://www.wordle.net/, https://www.wortwolken.com/), wie im Prosatext *Neapel sehen* von Kurt Marti (vgl. Abb. 3.2), wobei die Schriftgröße kein quantitatives Maß für die Worthäufigkeit oder -bedeutung ist, da sie von der Schriftart und der Wortlänge beeinflusst wird (Fichtel 2022, S. 240).

Abb. 3.2: Zwei Wortwolken als Bildimpuls für den Unterrichtseinstieg (zu Kurt Marti: *Neapel sehen*)

Texte „entblättern"

Kurze Texte können auch Schritt für Schritt am digitalen Whiteboard „enthüllt" werden, indem zunächst nur wenige (zufällige oder ausgewählte) Wörter präsentiert werden und dann immer mehr enthüllt werden, bis bei den Schülerinnen und Schülern ein „Bild" des Textes entsteht. (Technisch: als Schriftfarbe wird weiß auf weißem Grund gewählt, die hervorzuhebenden Wörter erhalten – nach und nach – eine andere Schriftfarbe. Dieses Verfahren eignet sich besonders gut für lyrische Texte.)

Typographische „Irritationen"

Schließlich können Bildimpulse auch durch Textplakate vermittelt werden, durch typographische „Irritationen", wie bei einer Aktion von Artur Dieckhoff mit seinem Plakat *Jeder ist ein Küntsler*.

Abb. 3.3: Impuls durch „Irritation" – Artur Dieckhoff (links) mit einer Schulklasse (Foto: privat)

3.1.2 Moderieren, Ideen sammeln, auswerten und ordnen

Der Begriff „Moderieren" bzw. „Moderation" wird im schulischen Kontext sehr unterschiedlich verwendet: Man kann darunter ein Rollenverständnis für Lehrkräfte – ähnlich dem von TV-Moderatoren – verstehen, das darauf abzielt, Gespräche strukturierend zu leiten, ohne eine eigene Position zu beziehen.

Im Kontext von Unterrichtsführung und Klassenmanagement wird unter „Moderieren" häufig eher eine schlichtende Haltung bei der Beilegung von Konflikten oder bei Streitgesprächen oder Debatten verstanden (z. B. Neuland/Peschel 2013, S. 73).

Eine andere Akzentuierung erhält der Begriff in der Verbindung mit „Methode": Demnach ist die *„Moderationsmethode"* gekennzeichnet durch

- eine bestimmte Grundhaltung des „Moderators" bzw. der „Moderatorin", die der Klasse oder Gruppe helfen soll, eigenverantwortlich zu arbeiten und eigene Lösungen für Fragen oder Probleme zu finden;
- ein Vorgehen nach einer bestimmten Methodik (Klärung der Zielsetzung, Erstellung eines Moderationsplans, Durchführung der Moderation nach einer bestimmten Schrittfolge mit dem Ziel eines gemeinsam getragenen Arbeitsergebnisses);
- Einsatz spezieller Materialien und Hilfsmittel (Sitzordnung, Moderationskarten, Flipchart, digitales Whiteboard, Beamer).

Von der klassischen Moderationsmethode lernen ...

Für das Visualisieren im Deutschunterricht ist die klassische Moderationsmethode besonders hilfreich, wenn

- eine Entscheidung zu treffen oder ein Problem zu lösen ist;
- dafür verschiedene Alternativen zur Verfügung stehen;
- Gesichtspunkte, Ideen und Meinungen zur Entscheidungsfindung geordnet werden sollen;
- eine Entscheidung strukturiert getroffen werden soll und
- Planungsschritte zur Umsetzung der Entscheidung überlegt werden sollen.

Die Moderationsmethode ist also keine Technik der Stoffsammlung und auch kein Dokumentationsverfahren für Unterrichtsgespräche, sondern sie ist eine Methode der systematischen Entscheidungsfindung in Gruppen. Sie wird eingesetzt, um eine Entscheidung und eine darauf aufbauende Planung zu einem Thema zu vereinbaren. Bei der Arbeit mit der Moderationsmethode sollte das Thema bzw. die Aufgabe möglichst real sein (z. B. Fahrtziel für Klassenfahrt, Gestaltung des Klassenraumes, Vereinbarung inhaltlicher Schwerpunkte). Sie können aber auch von fiktiven Entscheidungssituationen ausgehen und als Skript für ein Plan- oder Rollenspiel dienen, z. B.: „Wie wollen wir im Stadtteil 100.000 Euro nachhaltig investieren?", „Welches Buch soll unseren Literaturpreis bekommen?"

Die Moderationsmethode ist in sechs idealtypische Arbeitsschritte mit jeweils spezifischen Visualisierungsverfahren gegliedert:
- Einstieg, Regeln für Dokumentation und Vorgehen, Zeitplan, Klären der Fragestellung bzw. des Auftrags (Dokumentation/Aufzeichnung auf Flipchart o. Ä.);
- Sammeln von Themen, Ideen oder Aspekten zur Fragestellung/zum Auftrag, Finden von inhaltlichen Schwerpunkten (Kartenabfrage, Sortierung und Ordnen, Schwerpunkte auf Flipchart);
- Auswahlen von Themen, die bearbeitet werden sollen/müssen: Abstimmen und Priorisierung; Themen und Schwerpunkte werden „gepunktet" (Mehrfachpunktung – Sichtbarmachen der Entscheidung);
- Bearbeitung des Themas/Problems, Informationssammlung, Strukturierung, Analyse, Entscheidungsvorbereitung, Entscheidung (Problemanalyse-Schema, Ursache-Wirkungs-Diagramm);
- Maßnahmenplanung bzw. Formulierung von Ergebnissen (Tabelle/Maßnahmenkatalog: Verantwortlichkeiten und Terminierung);
- abschließende Zusammenfassung/Dokumentation des Arbeitsprozesses bzw. der Ergebnisse, Reflexion des Arbeitsprozesses (Evaluationszielscheibe, Stimmungsbarometer).

Für die Durchführung werden folgende Materialien und Hilfsmittel benötigt:
- Arbeitstische bzw. -flächen für großflächiges Arbeiten (Format A1 und größer);
- Wandflächen (Montageboards), um Karten mit Ideen und Gedanken aufzukleben oder mit Magneten zu befestigen;
- Wandflächen (Pinnwände), um Notizen und Zeichnungen anzubringen, zu verschieben und Ideen zu organisieren;
- Flipcharts, Wandzeitungen oder digitale Whiteboards, auf denen man das, was man ordnet, visualisiert, strukturiert und organisiert, auch dokumentieren und verbindlich machen kann;
- Icons, Moderationskarten, Piktogramme, Klebepunkte sowie Flipchart-Marker, um Stichworte, aber auch komplexe Zusammenhänge und Konzepte festzuhalten und zu visualisieren.

Der Einsatz der Moderationsmethode im Deutschunterricht kann zur strukturierten Meinungsbildung und Entscheidungsfindung sehr sinnvoll und gewinnbringend sein, wenn die Schritte des Visualisierens prozessorientiert erfolgen. Angesichts der notwendigen inhaltlichen, zeitlichen und organisatorischen Voraussetzungen muss jedoch realistischerweise davon ausgegangen werden, dass diese Methode im Deutschunterricht nur selten in vollem Umfang eingesetzt werden kann.

Elemente der Moderationsmethode nutzen: Kartenabfrage, Punktevergabe ...
Aber! Die Moderationsmethode bietet viele interessante und hilfreiche Einzelelemente, die gerade bei der Ideensammlung und der Ordnung von Ideen und Vorschlägen gut eingesetzt werden können. Dazu gehören insbesondere:

Kartenabfrage

Grundregel: Alle Teilnehmenden sind beteiligt, alle Beiträge sind gleich wichtig.

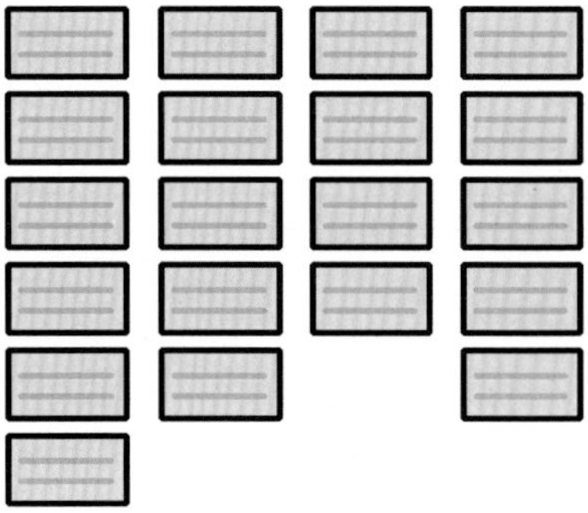

(1) Angabe der Frage bzw. der Problemstellung auf Pinnwand, Flipchart; alle Teilnehmenden erhalten Moderationskarten (mindestens A5-Größe), gleiche Farbe, ohne besondere Formen; auf jede Karte wird nur 1 Gedanke mit dickem Filzstift und in Druckschrift geschrieben, maximal 2 Zeilen; Einsammlung der Karten (Anonymität wahren), an Pinnwand pinnen oder kleben.

(2) Präsentation und Zuordnung der Karten: Vorlesen jeder Karte (durch Lehrkraft oder Klassenmitglied), Frage an die Gruppe, zu welcher anderen Karte sie zugeordnet werden kann oder ob eine neue Einheit/Rubrik gebildet werden muss.

(3) Überprüfung der Zuordnung der Karten, Angabe von Überschriften für die Kartengruppen.

Mehrfachbepunktung und Rangordnung

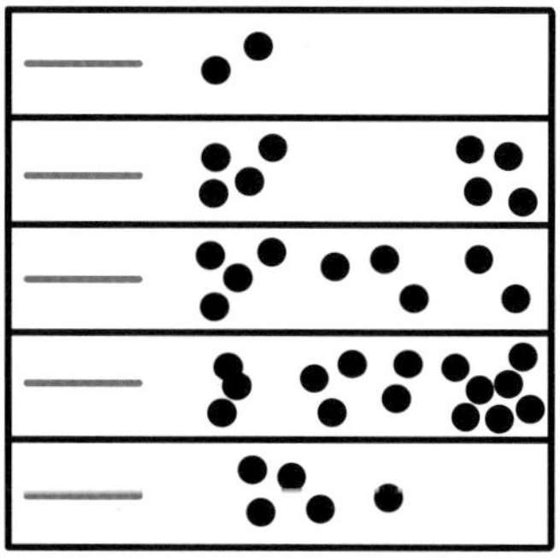

(1) Auflistung wichtiger Aspekte, Probleme, Fragen oder Themen auf Flipchart/Pinnwand.

(2) Jedes Klassenmitglied erhält eine festgelegte Anzahl von Klebepunkten (2 bis 4).

(3) Bepunktung der Aspekte, an denen weitergearbeitet werden soll (alle Punkte können auch auf ein Thema geklebt werden).

(4) Reihung der Aspekte nach Punktzahl.

Bei der im Unterricht häufig eingesetzten Mehrfachbepunktung und der Kartenabfrage sollte immer auch darauf geachtet werden, dass negative gruppendynamische Prozesse nicht die Beteiligung der Einzelnen behindern (Anonymität, Ruhe).

Problem-Analyse-Schema

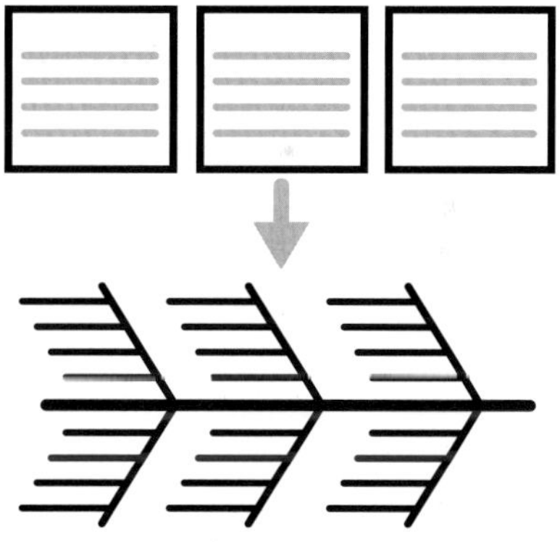

(auch Ursache-Wirkungs-Diagramm, Fischgräten-Diagramm) hilft, das Problem und mögliche Lösungen sichtbar zu machen.

(1) Vorstellung des Themas/Problems (schriftlich).

(2) Einzel- oder Gruppenarbeit: Beantwortung der Fragen auf einem Arbeitsblatt oder verschiedenfarbigen Moderationskarten: Wie äußert sich das Problem? – Was könnten Ursachen sein? – Was könnte getan werden? – Was könnte die Lösung des Problems behindern?

Oder: Zuerst in Kleingruppen ein Fischgräten-Diagramm erarbeiten, ggf. erst in der Klasse die „Ursachen" sammeln, dann in Kleingruppen die Aspekte benennen,

(3) Zusammenfassung der Gruppenergebnisse von Problem-Analyse-Schema bzw. Fischgräten-Diagramm im Klassengespräch/an der Tafel (Tabelle).

(4) Klassengespräch über Maßnahmen/Lösungen (siehe nächste Methode).

Maßnahmen-Tabelle

Spalten: Maßnahme – Merkmal für Zielerreichung – Wer – Bis wann? Reihen: Maßnahme A, B, C usw.

(1) Gemeinsame Erarbeitung der Tabelle.

(2) Entscheidung über Maßnahmen (Bepunktung, Abstimmung).

Die Maßnahmen-Tabelle ist sehr hilfreich, wenn bei Argumentationen oder Debatten die Machbarkeit von Lösungen diskutiert wird.

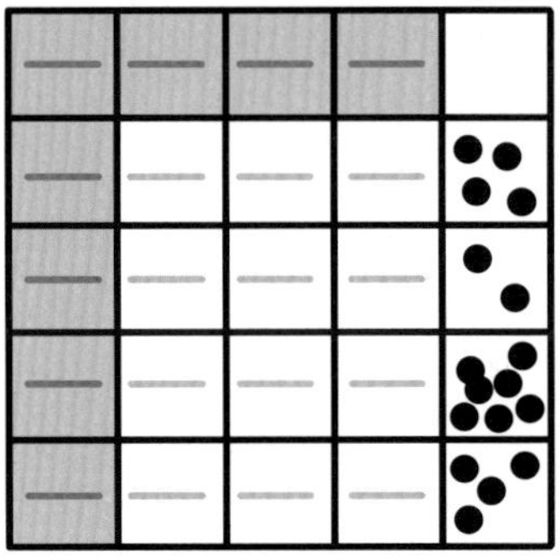

Informationen ordnen und gliedern

Die „Ideensammlung" galt lange Zeit als die „Königsdisziplin" in der „Spontanphase" des fragend-entwickelnden Unterrichts: Nach einem Einstiegsimpuls wurden „spontane" Beiträge aus der Klasse gesammelt und teilweise sogar an die Tafel geschrieben, sodass auf wundersame Weise ein Tafel-„Bild" entstand. Großes Geschick bewiesen die Lehrkräfte, denen es gelang, *alle* Beiträge der Schülerinnen und Schüler in ein übersichtlich erscheinendes Tafelbild zu integrieren – oder sie so hinzubiegen, dass sie hineinpassten.

Zu Recht wurde dieses (oft als „Mäeutik" oder „sokratisches Gespräch" legitimierte) Vorgehen immer wieder als unsinnig und wenig erfolgreich kritisiert und als manipulative Unterrichtsdressur diskreditiert, nicht zuletzt deshalb, weil bei Unterrichtsproben die größte Kunst darin bestand, die richtigen Schülerinnen oder Schüler an der richtigen Stelle das Richtige so zu fragen, dass es in den geplanten Unterrichtsverlauf passte.

Als in den 1980er-Jahren nach Alternativen zur unsinnigen klassischen „Sammlung der Schülerbeiträge" gesucht wurde, die immer mehr zu einer Karikatur des fragend-entwickelnden Unterrichtspraxis geworden war, kamen wichtige Impulse aus zwei Richtungen:

- aus der sozialen Arbeit und dem Management als Vorschläge für Kooperation, Entscheidungsfindung und Konfliktlösung (Moderationsmethode) – diese Methode wurde im vorigen Abschnitt vorgestellt – und
- aus der Lernpsychologie und Unterrichtsforschung als Erkenntnisse über die Bedeutung der Verknüpfung und Vernetzung von Begriffen und Lernschritten (klar gegliederte kognitive Struktur).

Dass die Impulse aus Lernpsychologie und der Unterrichtsforschung im Deutschunterricht eine weitaus größere Verbreitung gefunden haben als die aus der sozialen Arbeit, hat zum einen sicherlich mit dem hohen Anspruch der Moderationsmethode an Partizipation und Prozessorientierung zu tun, zum anderen aber auch damit, dass die Impulse aus der Lernpsychologie keine grundlegende Veränderung, sondern eher Anpassungen und Optimierungen des bisherigen Unterrichts erforderten und auch besser an die traditionelle Unterrichtspraxis anschlussfähig waren.

Eine besondere Faszination übte hier die Landkarten-Metapher (Mindmap) aus: Demnach denken die Lernenden in „Bildern“ von klassifizierten Objekten, die nach Merkmalen in Kategorien geordnet sind. Durch die Anordnung der Kategorien wie auf einer Landkarte entsteht ein Netz von Über-, Zu- und Nebenordnungen (Begriffsbildung). Durch bestimmte Maßnahmen (z. B. Erstellen von Concept Maps) könnte dieses Denken in Bildern dann unterstützt und herausgefordert werden, insbesondere indem die Lernenden ihre Vorstellungen kategorisieren und Begriffe grafisch in Netzwerkform organisieren. Durch solche Visualisierungen würden die Schülerinnen und Schüler kognitiv aktiviert, ihr Wissen und Denken als Netzwerk von Begriffen sprachlich darzustellen, sie würden durch die bildliche Darstellung dazu gebracht, ihre Vorstellungen auch bildlich zu organisieren und damit auch in eine Darstellungsform zu transformieren, ihre Gedanken-Landkarte also ständig zu erweitern und zu verfeinern. Diese Mehrfachcodierung (Dual Coding Theory, vgl. Kapitel 1: *Sehen und visuelle Wahrnehmung verlangen Anstrengung*) erleichtere das Behalten und Verarbeiten von Begriffen und Informationen.

Mindmaps, Wortsterne, Fischgräten, Venn-Diagramm – wenn Bilder das Denken (ver-) formen …

Als Werkzeuge für die Entwicklung solcher Landkarten wurden bestimmte Formen des Visualisierens vorgeschlagen:

Mindmap
Mindmaps strukturieren Ideen, Gedanken und Assoziationen zu einem zentralen Begriff oder Thema (vgl. Buzan 2013).
Material: Papier A4 und größer, Farbstifte, Querformat, möglichst farbige Gestaltung, Apps: MindManager, Freemind, Miro, Edraw.

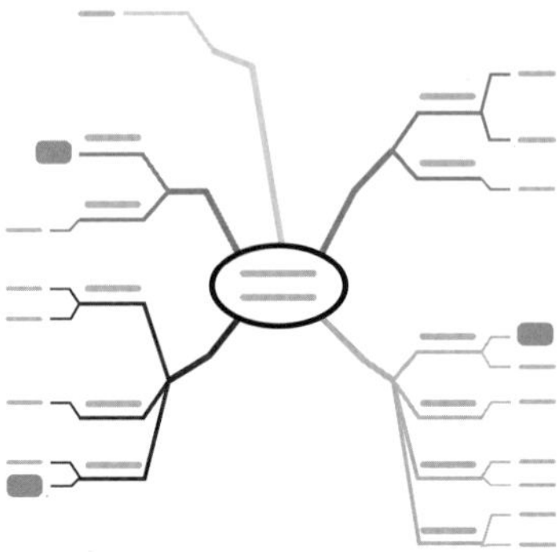

Vorgehen:
(1) Start der Mindmap: in die Mitte ein Thema schreiben und es mit einem Bild illustrieren;
(2) von der Mitte aus für jeden Bereich des Themas einen Hauptast zeichnen – den Namen auf den Ast des Themas schreiben. Äste und Zweige sollten bogenförmig sein, pro Ast oder Zweig sollte nur ein Wort als Beschriftung verwendet werden;
(3) von den Enden der Hauptäste weitere Zweige einzeichnen, Begriffe auf Zweige schreiben;
(4) zu möglichst vielen Begriffen passende Bilder, Pfeile Figuren oder Ausrufezeichen als Gedächtnisstütze (!) zeichnen.

Die von Buzan als besonders erfolgreich beschriebene Struktur und Anordnung von Mindmaps wird allerdings von den allermeisten visuellen Darstellungen, die als Mindmap präsentiert werden, überhaupt nicht eingehalten. Meist handelt es sich um monohierarchische Wortnetze.

Der britische Psychologe Buzan bezeichnet sich selbst als „Erfinder" der Mindmaps: „Ich habe die Mind-Maps in den Sechzigerjahren erfunden, und inzwischen bezeichnet man sie als ‚ultimatives Denkwerkzeug'" (2013, S. 15). Er begründet den Nutzen mit ihrem gehirngerechten Charakter, der dem strahlenförmigen Denken (*radiant thinking;* Buzan 2010, S. 32) entspreche: „In einer Mind Map sind die Informationen so strukturiert, dass sie genau die Funktionsweise des Gehirns widerspiegeln – strahlenförmig und nicht linear." (Anokhin 1973) Die Begeisterung für Mindmaps war und ist groß, nicht zuletzt wegen der Verbindung zur Neuropsychologie: „Mindmaps nutzen und trainieren beide Gehirnhälften." (Klippert/Müller u. a. 2012, S. 188)

Allerdings gibt es auch erhebliche Einwände gegen die Mindmap-Methode (z. B. Themann 2013):

- Neuropsychologische Erklärungsansätze, z. B. der Lateralisation des menschlichen Gehirns (Hemisphärenmodell, Denken in Gehirnhälften) seien stark vereinfacht.

- Die Vorgabe, pro Ast oder Zweig nur ein Wort zu verwenden (keine Wortkombinationen oder logografische Zeichen), schränkt den Assoziationsraum ein und fokussiert das Denken bei der Erstellung der Mindmap auf einen Nebenpfad.
- Die vorgegebene „Baumstruktur“ von Mindmaps zwingt zu monohierarchischen Ordnungen (anwendbar bei Textgliederungen oder Planungen), Zusammenhänge und Verbindungen werden schwer darstellbar, die Kommunikation auf der Grundlage von Mindmaps erschwert die Vermittlung differenzierter Inhalte.
- Die Sequenzialität von Ideen wird durch Mindmaps kaum darstellbar.
- Das Äste-Zweige-Schema vermittelt einen verzerrten Eindruck der Relevanz einzelner Elemente.

Die Zweifel daran, ob Mindmaps wirklich ein sinnvolles Instrument des Visualisierens im Deutschunterricht sind, werden noch verstärkt, wenn man nach der wissenschaftlichen bzw. empirischen Grundlage fragt:

> Die Lernwirksamkeit der Mindmap ist – obwohl sie sich in fast jedem Schulbuch findet – bislang nicht in Augenschein genommen worden. Gleiches gilt für die weniger bekannten Formen [...] Flussdiagramm, Venn-Diagramm et cetera.
>
> (Brüning/Saum 2019, S. 184)

Angesichts dieser Einwände gibt es gute Gründe, Mindmaps für das Visualisieren nur zurückhaltend einzusetzen. Sie sind offensichtlich kein gutes Werkzeug für die Entwicklung einer „visual literacy“. Und erst recht sind sie als Werkzeuge zum Sammeln und Ordnen von Ideen meist nur wenig geeignet: Wer mit Mindmaps Ideen sammeln muss, bleibt eindimensional, monokausal.

Mindmaps sind bestenfalls Werkzeuge, um beim Brainstorming die eigenen Ideen und Gedanken festzuhalten. Zum Problem werden sie schon, wenn man zwei von ihnen nebeneinander hängt und Zusammenhänge zwischen ihnen herstellen soll. Zu den traurigsten Erfahrungen beim Blick in Schulklassen gehört der Anblick von zwei Dutzend Mindmaps – ein Überblick und ein Lernen von anderen ist nicht (mehr) möglich.

Auch der Einsatz von Mindmaps bei Klassenarbeiten ist meist kontraproduktiv, insbesondere dann, wenn Mindmaps als Stoffsammlung oder Strukturierung von Argumenten dienen sollen. Hier sind Gegenüberstellungen, Tabellen etc. in der Regel die bessere Lösung.

Wortstern (Word Web)

Wortsterne helfen, Begriffe zu ordnen und Kategorien zu bilden, sie erleichtern die Bildung einer kognitiven Struktur – wobei sich auch diese Form der Visualisierung nur für Themen oder Gegenstände eignet, die sich monohierarchisch gut darstellen lassen.

Material: A3-Papier, Farbstifte, Markerstifte, Grafik- und Mindmap-Programme

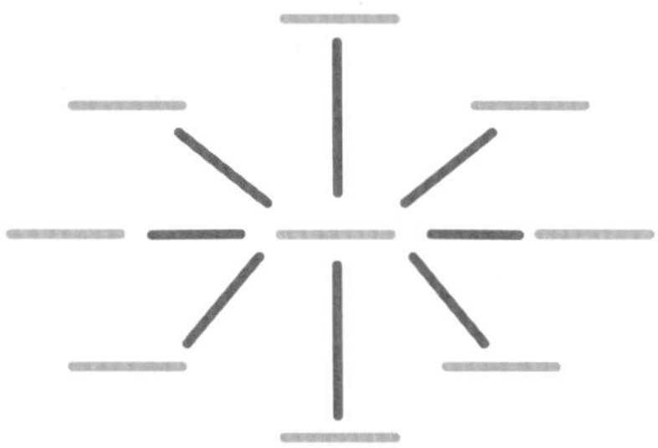

Vorgehen:

(1) Sammeln aller Schlüsselbegriffe zu einem Thema/Text.

(2) Zuordnung der Schlüsselbegriffe zu Bereichen bzw. Oberbegriffen.

(3) Anlegen des Wortsterns: Thema/Hauptbegriff groß in der Mitte, darum strahlenförmig im Uhrzeigersinn einzelne Kategorien oder Oberbegriffe (jeweils umkreisen und mit Mitte verbinden), von Kategorien Linien ziehen zu Aspekten, davon zu Details (Begriffe umkreisen).

Die kritischen Einwände gegen Mindmaps gelten im Prinzip auch für die visuelle Darstellungsform des Wortsterns. Wenig hilfreich sind Wortsterne mit zahlreichen Unterordnungen, wenn z. B. um den Zentralbegriff „Märchen" dann einzelne Märchen als Kategorien verwendet und dann weitere Aspekte dazu eingezeichnet werden. Vergleiche und Zusammenschau sind hier schwer möglich.

Vorsicht ist auch bei der Verwendung von Wortsternen für Darstellungen im Sprach- und Grammatikunterricht geboten. Hier sind sie, wenn überhaupt, nur zur Festigung und Wiederholung des Gelernten sinnvoll, wenn Schülerinnen und Schüler bereits Bekanntes einordnen können. Für Mitschüler sind solche Wortsterne, Mindmaps oft schwer nachvollziehbar, da sie sich (hoffentlich) eine eigene visuelle Struktur des Themas geschaffen haben. Wenn im Deutschunterricht Zeitformen, Konjugationen, Wortarten etc. miteinander verglichen werden sollen, werden wichtige Zusammenhänge oft nicht sichtbar oder es kommt zu Ähnlichkeitshemmungen: Alles sieht gleich wichtig aus, wo sind die Unterschiede?

Fischgräten-Diagramm

Fischgräten- oder auch Ishikawa-Diagramme dienen zur bildlichen Darstellung von Ursache-Wirkungs-Zusammenhängen.

Material: A3-Papier, Bunt- und Markerstifte; Verwendung von Vorlagen/Templates oder Grafikprogrammen

Vorgehen:

(1) Klärung: Wovon soll die Ursache ermittelt werden?

(2) Stichwortsammlung: Welche Ursachen und Aspekte könnten infrage kommen?

(3) Ordnen der möglichen Ursachen in Ursachenbereiche und Aspekte/Stichworte zum Bereich.

(4) Erstellen des Diagramms (ggf. nach Vorzeichnung, Skizze): In den „Kopf" wird eine Frage/ein Problem oder das Ziel eingetragen. Die vier bis sechs „Hauptgräten" werden mit zentralen Ursachen bezeichnet. Auf den „Nebengräten" werden dann Aspekte der Ursachen bzw. die zur Zielerreichung notwendigen Mittel eingetragen.

Dass bisher Gesagte gilt auch für das seit den 1940er-Jahren bekannte Fischgräten-Diagramm. Es stammt aus dem Qualitätsmanagement und soll helfen, Fehlerursachen (bei Material, Menschen, Methoden, Maschinen...) für eine bestimmte Wirkung zu finden bzw. anschaulich und bearbeitbar darzustellen.

Fischgräten-Diagramme vereinfachen – das kann hilfreich sein, aber auch der angestrebten Differenzierung entgegenwirken.

Venn-Diagramm

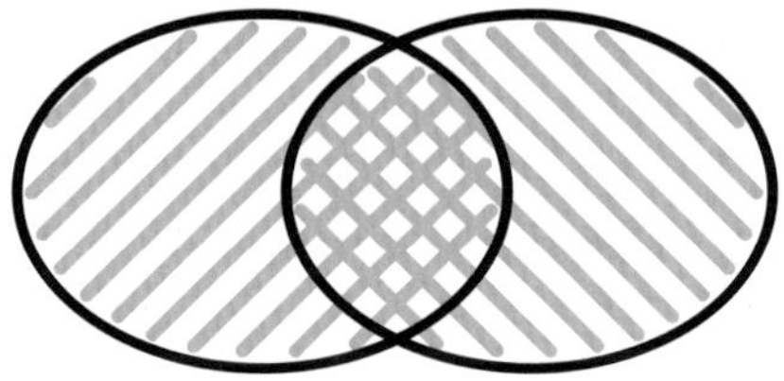

Ein Venn-Diagramm verbildlicht Gemeinsamkeiten zwischen zwei oder mehr Mengen.
Material: A3-Papier Farbstifte, Markerstifte; Nutzung von Vorlagen/Templates bzw. Grafikprogramme
Thema: Vergleich von zwei Dingen, Aspekten, Personen etc.
Sammlung von Schlüsselbegriffen zu Eigenschaften und bzw. oder Merkmalen.
Eintragen der Schlüsselbegriffe in eines der drei Felder des Diagramms.

Im Deutschunterricht sind Venn-Diagramm ein Sonderfall beim Sammeln, Ordnen und Verarbeiten von Ideen. Meist wird es in der Form von zwei sich überlappenden Kreisen verwendet: Die Gemeinsamkeiten stehen in der Mitte, die Unterschiede im rechten und linken Kreis. Beim Sammeln und Ordnen von Ideen im Deutschunterricht ist diese Form sinnvoll, wenn zwei gut abgrenzbare und etwa gleich große Einheiten A und B verglichen werden sollen. Eigenschaften, die nicht zugeordnet werden können, lassen sich in einem „Speicher" sammeln und können später einbezogen werden. Wenn zwischen zwei Mengen keine Gemeinsamkeiten bestehen, sollte dies im Überschneidungsbereich farblich besonders hervorgehoben werden oder eine andere Darstellungsform (Euler-Diagramm) aus zwei getrennten Kreisen gewählt werden.

Eine Variante des Venn-Diagramms ist die vierspaltige *Vergleichstabelle,* bei der Eigenschaften und Merkmale unter bestimmten Gesichtspunkten verglichen werden:

- 1. Spalte Vergleichsaspekte;
- 2. Spalte: Eigenschaften/Merkmale A;
- 3. Spalte: Gemeinsamkeiten A und B;
- 4. Spalte: Eigenschaften/Merkmale B.

Venn-Diagramme werden unübersichtlich, wenn mehr als zwei „Mengen" verglichen werden, auch wenn theoretisch viel mehr Mengen in einem Venn-Diagramm dargestellt werden könnten.

Cluster, Tabellen, Concept Maps, Heatmaps, Baumdiagramme und Ursachenketten – alles, was sich sammeln und ordnen lässt

Offensichtlich ist es gar nicht so einfach, beim Sammeln und Ordnen von Ideen zu visualisieren, wenn die eben beschriebenen Verfahren wie Mindmaps oder Wortsterne, die sogar in Lehrplänen empfohlen werden, dafür nicht geeignet sind. Das bedeutet aber nicht, dass die beschriebenen Verfahren generell unbrauchbar oder falsch sind – sie sind es nur für diesen Bereich. Dass sie als Werkzeuge zum Sammeln und Ordnen von Ideen vorgeschlagen werden, beruht auf einer Überbetonung des Bildlichen: Durch die Kombination von Text, Bildern und Symbolen sowie die Verwendung grafischer Elemente sollen der verbale und nonverbale „Kanal" angesprochen und die Inhalte doppelt verankert werden – allerdings oft um den Preis der Überfrachtung, Überforderung und Irreführung.

Gerade beim Sammeln und Ordnen von Ideen sollte die Maxime gelten: „Weniger Visualisieren erreicht oft mehr" (vgl. Kapitel 1: *Die Absicht macht den Unterschied*). Die kognitiven Anforderungen beim Sammeln und Ordnen von Ideen werden häufig unterschätzt, als ob es ausreichen würde, die „im Gehirn als Netzwerk" vorhandenen Ideen nur einfach bildlich umzusetzen. Denn beim Sammeln und Ordnen muss eigenes Vorwissen aktiviert und verknüpft werden, müssen Kategorien durch Vergleichen, Abgrenzen und Definieren gebildet und Informationen zusammengeführt und verarbeitet werden. Um sich als Lehrperson die Anforderungen dieser Denkoperationen zu vergegenwärtigen, genügt es, sich vorzustellen, alle Artikel einer Zeitschrift (z. B. *Spiegel*) nach einem einheitlichen und konsistenten System zu ordnen – oder (auch nicht einfacher) alle Geräte und Pflanzen auf dem Schulhof zu systematisieren.

Der Schlüssel zum Erfolg des Visualisierens beim Sammeln und Ordnen von Themen oder Informationen liegt darin, so wenig grafische Mittel wie möglich zu verwenden – am besten nur Linien, zwei oder drei geometrische Grundformen (Kreis, Rechteck) und eventuell noch Pfeile.

Die wichtigsten Verfahren des Visualisierens, die Keimzellen aller Ordnungen und Diagramme, sind Cluster und Tabellen; auf ihnen bauen in der Regel differenzierte Formen auf.

Eine Unbedingt-Übung für jede Lehrkraft

Nehmen Sie sich am Ende einer Unterrichtsstunde fünf Minuten Zeit und lassen Sie die Schülerinnen und Schüler ohne weitere Vorgaben jeweils einen Begriff oder ein Wort auf drei (bei Wiederholung auch fünf) Karten schreiben.

Legen Sie nach der Stunde alle Karten gut lesbar auf einer großen Fläche aus, am besten auf dem Boden. Versuchen Sie, den Karten maximal fünf Oberbegriffe zuzuordnen. Drehen Sie die Karten um, die Sie nicht zuordnen können oder bei denen Sie zögern. Fotografieren Sie Ihre „Kartenlandschaft" von oben, damit Sie alle Begriffe gut lesen können.

Wiederholen Sie diese Übung einige Tage später mit einem Kollegen oder einer Kollegin. Regel: Während des Legens nicht miteinander sprechen. Karten, die mehr als dreimal hin- und hergeschoben wurden, werden an den Rand gelegt. Am Ende das Ergebnis fotografieren und vergleichen: Was hat sich gegenüber der ersten Version verändert, weil man die Karten schon kennt, weil man sie schon einmal gelegt hat? Was bedeutete die Absprache mit der anderen Lehrperson für die eigene Arbeit?

Was Lehrkräfte bei dieser Übung tun, entspricht zum Teil dem, was die Schülerinnen und Schüler im Unterricht tun müssen. Anstelle des klassischen Sammelns von Schülerbeiträgen im fragend-entwickelnden Unterrichtsgespräch ist heute das „Clustern" die Königsdisziplin des Visualisierens bei Unterrichtseinstiegen und beim Sammeln und Ordnen von Ideen allgemein.

Clustern

Beim Clustern (englisch: *cluster*, „Büschel, Anhäufung, Gruppe") werden Moderationskarten nach Oberbegriffen oder gemeinsamen Merkmalen systematisiert und als Bild dokumentiert:[1]

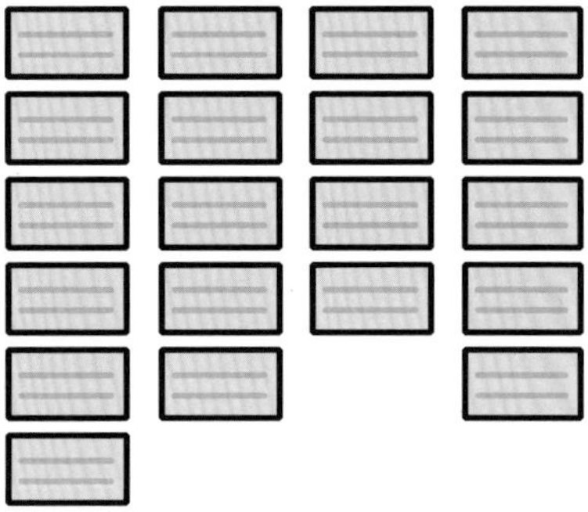

1 „Clustering" wird auch verstanden als Technik, bei der man alles, was einem zu einem Thema einfällt, auf ein Blatt Papier schreiben und ggf. weitere Wörter anhängen soll. – Diese Technik ist eine Variante von Mind Maps (s. o.) bzw. des Brainstormings.

Material:

- *analog*: Moderationskarten (A4 lang oder A5) – bei klassischen Kartonkarten: Klebestreifen, Pinnwandnadeln, Magneten), sonst elektrostatische Notizzettel, die auf allen einigermaßen glatten Oberflächen haften und z. T. sogar abwischbar sind; Filzstifte (mind. 6 mm, flache Spitze), Pinnwand, Strukturlegewand, freie Bodenfläche; Kamera zur Dokumentation
- *digital*: Notizzettel für die Schülerinnen und Schüler, auf die sie Begriffe schreiben können, Übertragung der Begriffe auf ein digitales Whiteboard (wichtig: Textrahmen, Kästen); Begriffe so abspeichern, dass sie durch Wischen mit dem Finger auf dem Whiteboard verschoben werden können. Hier gibt es verschiedene, z. T. leider komplizierte Lösungen; Tools aus dem (agilen) Projektmanagement, wie z. B. Scrum, sind hier, wenn überhaupt, eher für Visualisierungen zur Prozesssteuerung geeignet.

Vorgehen:

- Ausgangspunkt; Kartenabfrage oder auf Karten verschriftlichte Unterrichtsbeiträge (1).
- Angabe des Themas auf der Präsentationswand bzw. auf dem Boden (2).
- Klassenmitglieder lesen eigene Karte(-n) vor und heften sie links der Reihe nach an der Pinnwand an oder legen sie auf den Boden (3).
- Vorlesen der Karten (durch Lehrperson oder Klasse) – keine Kommentare oder Bewertungen (4).
- Vorschläge (durch Lehrperson oder Schüler): Karten, die Oberbegriffe sein könnten, in die Mitte oben anheften/legen (5).
- Zuordnung weiterer Karten zu Oberbegriffen (durch Lehrperson oder Klasse) (6).
- Klärung: Karten, die nicht (richtig) zugeordnet werden können (7).
- Zusammenfassung: Beschreibung der Clusterstruktur: Gliederungsbegriffe, wichtige Unterpunkte, ggf. Korrektur (8).

Bei umfangreichen Themen bzw. Sammlungen oder großen Klassen kann das Clustering in zwei Abschnitte (1–5 und dann 6–8) aufgeteilt werden. Im ersten Abschnitt können die Schülerinnen und Schüler die Aufgaben weitgehend selbstständig bearbeiten, im zweiten Abschnitt ist eine Vorstrukturierung durch die Lehrperson sinnvoll – entweder direkt vor der Klasse oder nach dem Unterricht als Vorbereitung für die nächste Stunde. Generell ist der Lernerfolg für die Klasse höher, wenn direkt vor den Augen der Schülerinnen und Schüler geclustert wird – hier können sie verfolgen, wie sich allmählich Strukturen herausbilden, und Oberbegriffe helfen, Ordnung zu schaffen.

Tabellen

Teilweise wird bezweifelt, ob Tabellen überhaupt als eine Form des Visualisierens angesehen werden können. Für eine solche Einordnung spricht, dass Tabellen in vielfältiger Weise visuell gestaltet werden können und beispielsweise einzelne Elemente hervorgehoben und geordnet werden können (siehe unten).

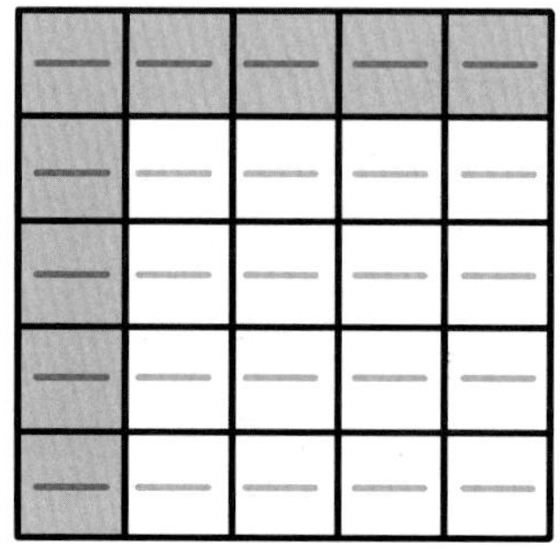

Das Problem mit Tabellen ist allerdings, dass sie heute scheinbar so einfach zu erstellen sind: ein paar horizontale und vertikale Striche, vielleicht noch die Dachzeile und die Vorspalte hervorheben – fertig ist sie. Office-Programme bieten jedenfalls viele Templates in diesem Format an.

Das Erstellen von Tabellen ist jedoch nicht so trivial, wie es auf den ersten Blick scheint. Bereits zu Beginn müssen Entscheidungen getroffen werden:

- *analoges Format:* Beim analogen Format müssen die Spaltenbreiten und -höhen im Voraus festgelegt werden, sie können während und nach der Erstellung kaum verändert werden. Dagegen müssen die Feldeigenschaften der Zellen nicht definiert werden, jede Zelle kann beliebig beschrieben werden. Die Dokumentation analoger Tabellen (Tafelbild) kann aufwendig sein. Eine (digitale) Weiterverarbeitung analoger Tabellen ist nicht ohne Umwege möglich.
- *digitales Format:* Bei der digitalen Erstellung können noch während des Erstellungsprozesses die Anzahl der Spalten und Zeilen und ebenso die Formate der Datenfelder geändert werden. Bei Tabellenkalkulationsprogrammen wie Excel muss der Datentyp (Zahl, Text) der Zellen in den Feldeigenschaften festgelegt werden, um Missverständnisse zu vermeiden. Solche Tabellen können bei entsprechender Anlage auch direkt in visuelle Darstellungen (Diagramme) transformiert werden.
- *formale Gestaltung der Tabelle:* Anzahl der Spalten- und Zeilen, Vorspalte, Dachzeile. Bei der Erstellung von Tabellen im Deutschunterricht haben Schülerinnen und Schüler oft Schwierigkeiten zu entscheiden, welche Kategorien in die Vorspalte und welche in die Dachzeile gehören. Welche Kategorien in die Vorspalte bzw. in die Dachzeile gehören, kann meist pragmatisch entschieden werden. In der Regel wird in der Vorspalte die Kategorie der Werte oder Informationen für die Zellen der gleichen Zeile

angegeben. So ist es möglich, die Entwicklung oder den Verlauf einer Kategorie über mehrere Stadien (Tabellenspalten) zu verfolgen. Beispielsweise (vgl. Abb. 3.4) kann die Handlungsentwicklung über die Akte hinweg oder die Entwicklung der Hauptpersonen betont erden.

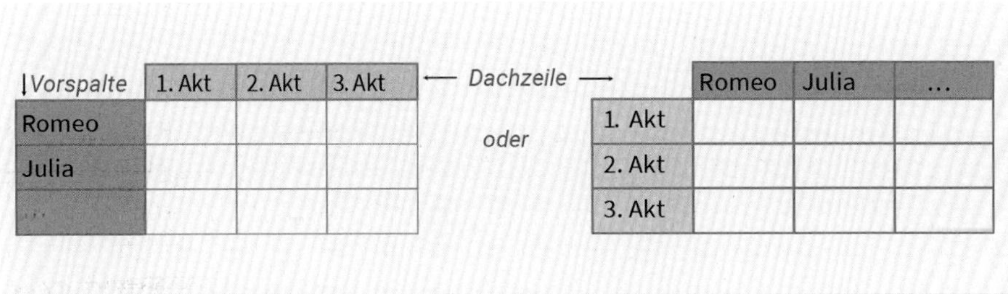

Abb. 3.4: Wahl der Kategorien in der Vorspalte und Dachzeile: links Betonung der Entwicklung der Personen, rechts Betonung der Entwicklung der Handlung

- *Verwendungszweck bzw. Zielgruppe der Tabelle:* Als Faustregel kann gelten: Je größer der Kreis ist, dem eine Tabelle präsentiert wird, umso weniger Informationen sollte sie enthalten. Tabellen an der Tafel sollten nicht mehr als eine Zahl oder bis zu drei Wörter pro Zelle enthalten.
- *visuelle Gestaltung:* Auch hier gilt die Faustregel: Je größer der Adressatenkreis, desto mehr Differenzierung und Barrierefreiheit ist erforderlich, z. B. durch farbliche Hervorhebungen, Absetzungen, Schriftgestaltung, Formatierung usw.

Bei der visuellen Darstellung von Tabellen dominiert meist die triste Monotonie computergenerierter Raster mit dicht gepackten Informationen. Das folgende Beispiel einer „Einkaufsliste" zeigt, wie dies schon durch eine farbliche Abstufung der Zellen aufgebrochen werden kann:

Einkaufsliste – eine Tabelle visuell „aufbrechen"

Die Einkaufsliste listet die Artikel für den nächsten Einkauf auf. Zusätzliche Informationen (Spalten 3 bis 6) erhöhen den Informationsgehalt zu einer komplexen Tabelle mit Rang- und Reihenfolge:

- Reihenfolge des Einkaufs zur Optimierung der Wegstrecke (= Tour)
- Rangfolge der Dringlichkeit des Handelns (= dringend)
- Karte der Herkunft der Waren (= Herkunft)
- bevorzugte Eigenschaft der Waren (= bio/öko)

Einkaufsliste		Tour	dringend	Herkunft	bio/öko
Honig	900 g	7	10	Reg	bio
Mehl	1000 g	6	4	D	bio
Teefilter	1 Pck.	1	3	PL	–
Ingwer	1 Knolle	3	7	CH	bio
Chili	1 Dose	5	8	IT	–
Kartoffeln	1000 g	4	6	Reg	bio
Taschentücher	12 Pck.	9	1	UK	–
Hafermilch	2 l	2	5	Reg	bio
Kakaonibs	100 g	8	9	Ghana	bio
Seife	1 Stck.	10	2	F	bio

Um die Lesbarkeit der Tabelle zu erhöhen und einen schnelleren Zugriff zu ermöglichen, wurden die Ränge und Reihenfolgen farblich abgestuft markiert – zum Beispiel von Hell nach Dunkel.
(Der Einkaufszettel mit den zusätzlichen – nicht gestuften – Informationen kann auch als Übungsmaterial für den Unterricht verwendet werden: Wie kann man die Tabelle verbessern/verändern, um den Einkauf möglichst einfach und effektiv planen zu können?)

Neben der farblichen Abstufung hat die Lesbarkeit großen Einfluss auf die Wirkung von Tabellen. Sie kann optimiert werden durch:

- rechtsbündige Ausrichtung in der Vorspalte – dadurch rücken die Bezeichnungen näher an die zweite Tabelle heran, die Zeilenhaltigkeit beim Lesen wird unterstützt;
- mittige und rechtsbündige Ausrichtung von Texten und insbesondere Zahlen in den weiteren Spalten;
- Ausrichtung von Zahlen rechtsbündig oder am Komma;
- Verzicht auf Piktogramme oder Symbole in Tabellenzeilen – sie sind meist schlecht erkennbar. Besser ist die Verwendung von farblichen Markierungen (statt☺ ☺ beispielsweise grüne Zellenmarkierung);
- Ersetzen von Linien durch Hintergrundfläche und damit Reduzierung der Anzahl grafischer Elemente: „Balken definieren Zeilen, Linien trennen Spalten.“ (Fichtel 2022, S. 238) Gängige Tabellenkalkulations- und Office-Programme sehen diese visuelle Gestaltung in der Regel nicht vor, sie muss meist durch farbliche Markierung der einzelnen Zellen erfolgen (siehe Abb. 3.5).

Artikel	Menge	Tour	dringend
Honig	900 g	7	10
Mehl	1000 g	6	4
Teefilter	1 Pck.	1	3
Ingwer	1 Knolle	3	7

Abb. 3.5: „Balken definieren Zeilen, Linien trennen Spalten ..."

Insgesamt sind Tabellen ein Paradebeispiel für die Wirkungsmöglichkeiten der Visualisierung bei diskontinuierlichen Texten, wobei das Wirkungsspektrum von klarer Strukturierung einerseits bis zur völligen Verwirrung andererseits reicht. Die Anlage und Gestaltung von Tabellen sollte deshalb als Gegenstand im Deutschunterricht thematisiert werden – und die im Unterricht verwendeten Tabellen zumindest Minimalstandards an guter Gestaltung genügen. Hier ist z. B. bei Konjugations- oder Argumentationstabellen häufig noch sehr viel Luft nach oben, allein schon, wenn es um die Einhaltung der Basisregel geht: Alle Angaben von im Klassenzimmer präsentierten Tabellen müssen noch aus fünf Metern Entfernung lesbar sein.

Über den Aspekt des Visualisierens hinaus können Tabellen aber auch inhaltlich für den Deutschunterricht interessant sein, so etwa die Versuche in der Klassik und Aufklärung, die Welt, ihre Geschichte und ihre Kunst in Tabellen abzubilden – so etwa Goethe, der die Tabellen seines Reiseführers durch eigene Spalten ergänzte, über tabellarische Übersichten die griechische Kunst erschloss und sich dabei an einer 185 × 51 cm langen Tabellen-Wandtafel orientierte (Schmidt-Burkhardt 2017, S. 16f.).

Zu den Standardmethoden für das Visualisieren beim Sammeln und Ordnen gehören auch die Concept Map, das Baumdiagramm, die Ursachenkette und die Zeitleiste. Sie werden bei Tafelbildern (bildfüllend oder als Teil) zur Darstellung von „Wirkungsgefügen" und Vernetzungen verwendet.

Baumdiagramm

In Baumdiagrammen sollen wichtige Begriffe oder Informationen übersichtlich als Über- und Unterordnungen bzw. Abhängigkeiten dargestellt werden. Angaben werden hier weitgehend reduziert, Verbindungen nur durch Pfeile oder Linien gekennzeichnet, Querverbindungen möglichst nicht eingezeichnet. Strukturskizzen sollen Grundstrukturen „auf einen Blick" verdeutlichen, ein Thema gliedern und schnell erlernbar machen.

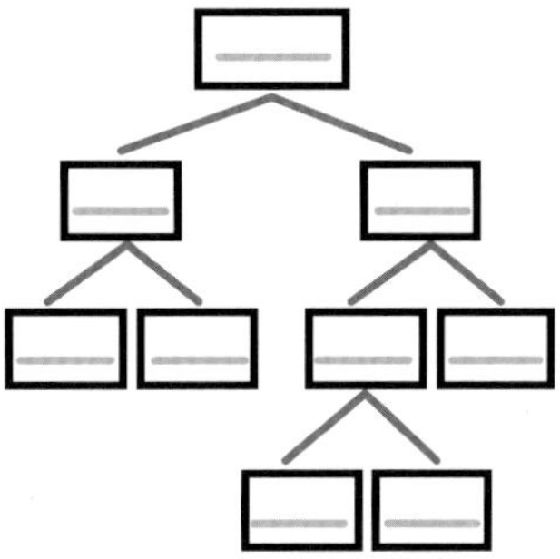

Vorgehen:

(1) Ausgehen vom zentralen Begriff oder Thema, dann Ableitung von zentralen Unterbegriffen, dann Aufteilung in Kategorien oder Punkte.

(2) Möglichst knappe Angabe der Begriffe und Punkte.

(3) Verbindung Ober- und Unterbegriff mit Linien bzw. Pfeilen.

(4) Bei Baumverbindungen möglichst keine Querverbindungen zwischen einzelnen „Ästen".

Abb. 3.6: Baumdiagramm (Beispiel): Sortieren der Textsorten im Deutschunterricht

Hilfreich sind Baumdiagramme für die schnelle Einordnung von Vorschlägen und Ideen. Je nach Unterrichtssituation können einzelne Elemente des Diagramms auch vorgegeben werden, um sie dann von Schülerinnen und Schülern ergänzen zu lassen. Schlecht geeignet sind Baumdiagramme, wenn Bezüge, Querverbindungen und Zusammenhänge aufgezeigt werden sollen. Hierfür eignen sich Concept Maps besser. Ursache-Wirkung-Beziehungen werden mit Baumdiagrammen oft vereinfacht (siehe Abb. 3.7).

Abb. 3.7: Baumdiagramme: auch gut geeignet für manipulative Zwecke (Cartoon: Thomas Plaßmann)

Concept Map

Ziel einer Concept Map ist es, zentrale Informationen oder Begriffe zu sammeln, ihre Beziehungen zueinander zu ordnen, zu kategorisieren und sie dann als Begriffslandkarte abzubilden. Sie soll helfen, zentrale Begriffe vernetzt und in Beziehungen zu sehen. Dabei werden Informationen (Knoten) nicht nur aufgelistet, sondern in ihren Zusammenhängen dargestellt durch Querverbindungen und Verknüpfungsverben. Die grundlegende Bedeutungseinheit einer Concept Map ist die „Proposition" (siehe Abb. 3.8), eine Einheit aus zwei Knoten (Begriffen) und ihren verbindenden Verben. Propositionen sollten einen sinnvollen Satz bilden.

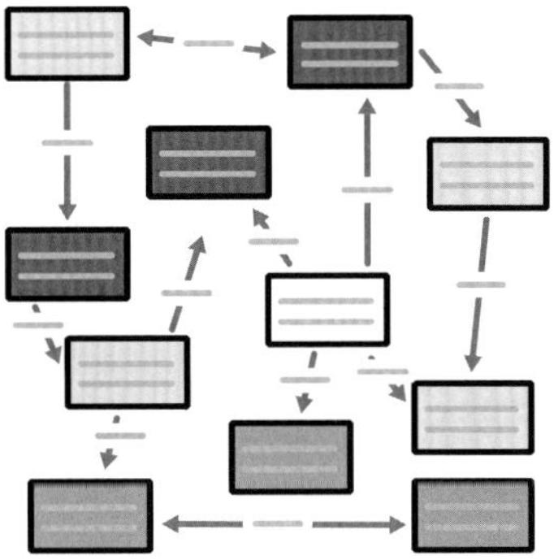

Vorgehen:

(1) Concept Maps sollten von einer Kernfrage ausgehen, die durch sie beantwortet wird (zum Beispiel: Wie/warum werden Wirkungen im epischen Theater erzielt?).

(2) Brainstorming über mögliche Antworten/Punkte.

(3) Ordnung der Brainstorming-Ergebnisse und verknüpfende Wörter/Verben bzw. Querverbindungen: Wie hängen die einzelnen Aspekte aus dem Brainstorming zusammen, was ist Ursache, Wirkung, Folge, Abhängigkeit?

(4) Aufzeichnen wichtiger Propositionen (Einheiten aus zwei Knoten), gegebenenfalls Verbindung zu weiteren Knoten. Dabei immer die Beschriftung der Verbindungen einfügen.

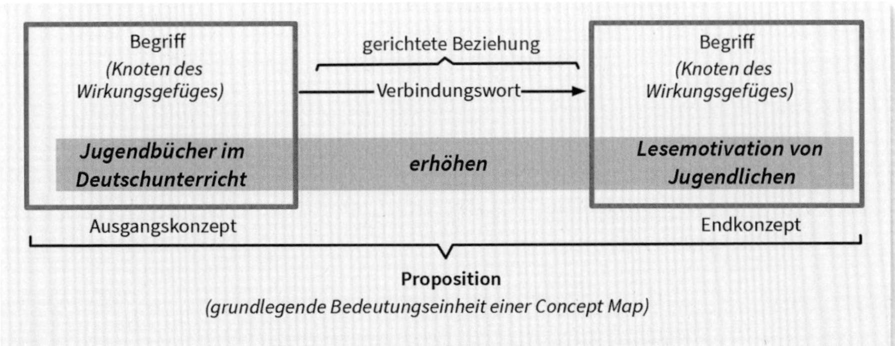

Abb. 3.8: Propositionen als Grundeinheit von Concept Maps (nach: Fögele/Mehren u. a. 2020), Beispiel für eine Proposition über „Wirkung von Jugendbüchern im Deutschunterricht)

Concept Maps eignen sich zur Ordnung von Vorwissen, zur Erschließung von Themen (vgl. Beispiel, Abb. 3.9), Sachtexten oder grammatischen Konzepten und als Ausgangspunkt für kreative Schreibaktivitäten. Sie können weiterhin eingesetzt werden am Ende von Unterrichtseinheiten (Reorganisation) oder zur Wiederholung von Themengebieten.

Im Unterschied zu Mindmaps und Clustern ist die Bezeichnung der Beziehung in den Propositionen durch Pfeile unabdingbar: Erst dadurch wird die Bedeutung sichtbar.

Günstige Elemente für die Gestaltung von Concept Maps sind unter anderem:

- Angabe des Titels oben in der Mitte signalisiert die Zielperspektive der Arbeit;
- Formulierung des Titels der Frage fokussiert auf das Erkenntnisinteresse;
- Vermeidung längerer Sätze in den Kästen;
- übersichtliche Gestaltung durch Einrahmungen, farbliche Abstufen (zusammengehöriger Bestandteile), deutliche Auszeichnung bei Aufzählungen;
- Darstellung von Aufzählungen als Abfolgen in mehreren Kästen;
- Hervorhebung von Verbindungen durch direkte Pfeile, geschwungene oder gewellte Linien, wobei Pfeile sich möglichst nicht überschneiden und nur kurz benannt sein sollten;
- Klärung der gerichteten Beziehung der Pfeile in den Propositionen ggf. durch Erläuterung.

gerichtete Beziehung	Beschriftung von Pfeilen und Linien
Folge	... führt dazu, dass ...
Eigenschaft, Definition	... ist gekennzeichnet durch ..., ... hat ...
Mittel, Zweck	indem, damit, dass ..., um ... zu
Vergleich	>, <, ≥, ≤, ≠, größer, kleiner, größer/kleiner gleich, ungleich
Bedingung	falls, sofern, wenn ..., dann
Ursache – Wirkung	setzt in Gang, weil, ruft hervor, führt zu, bewirkt, beeinflusst

Tab. 3.2: Pfeil-Beschriftungen in Concept Maps (angelehnt an: Brüning/Saum 2019, S. 49)

Ursprünglich waren Concept Maps auf naturwissenschaftliche Inhalte beschränkt (Novak/Cañas 2008, S. 1), wurden dort am häufigsten eingesetzt (Knogler/Wiesbeck 2018) und ihre Anwendung in anderen Bereichen wurde abgelehnt. Mittlerweile werden sie in vielen Bereichen eingesetzt, z. B. bei der Analyse von fiktionalen Texten, um die Beziehungen der Hauptthemen und Figuren zueinander darzustellen.

Die Vermittlung dieser Methode des Visualisierens im Deutschunterricht sollte in mehreren Schritten erfolgen: Zunächst sollte sie an begrenzten Bereichen bzw. Problemstellungen erprobt und dann sukzessive erweitert werden. Für Anfänger ist es wichtig, die einzelnen Elemente der Concept Map möglichst lange beweglich zu halten, sie hin- und herschieben zu können (analog: Karten mit Klebestreifen oder elektrostatischen Karten, digital mit verschiebbaren Kästen) und Pfeile unterschiedlich zu verankern. Verbindungspfeile, die analog noch provisorisch mit Wollfäden gelegt werden können, sind bei digitaler Darstellung komplizierter: Hier müssen Pfeilrichtung, -stärke und -position vorher überlegt und eingestellt werden.

Die Arbeit mit Concept Maps kann auch mit Vorlagen, unvollständigen Maps oder Korrekturlösungen erfolgen. Es ist sinnvoll, die Schülerinnen und Schüler zunächst in Einzelarbeit mit der Fragestellung und der Aufgabe vertraut zu machen. Die gemeinsame Erarbeitung einer Concept Map stellt hohe Anforderungen an Kooperation und Abstimmung. Hinzu kommt, dass nicht alle Schülerinnen und Schüler mit Concept Maps besser lernen als mit anderen, effektiveren Methoden. Gerade bei komplexen Concept Maps sind daher Hilfen und Anleitungen notwendig.

Wie bei allen visuellen Darstellungsformen muss auch der Umgang mit ihnen und ihre Erschließung im Deutschunterricht vermittelt und gelernt werden. Die Methode des gegenseitigen Vorstellens und Erklärens in Partnerarbeit bietet sich hier häufig an, da sie mit der Wahrnehmung des Gegenübers arbeitet und auf ein Verstehen abzielt.

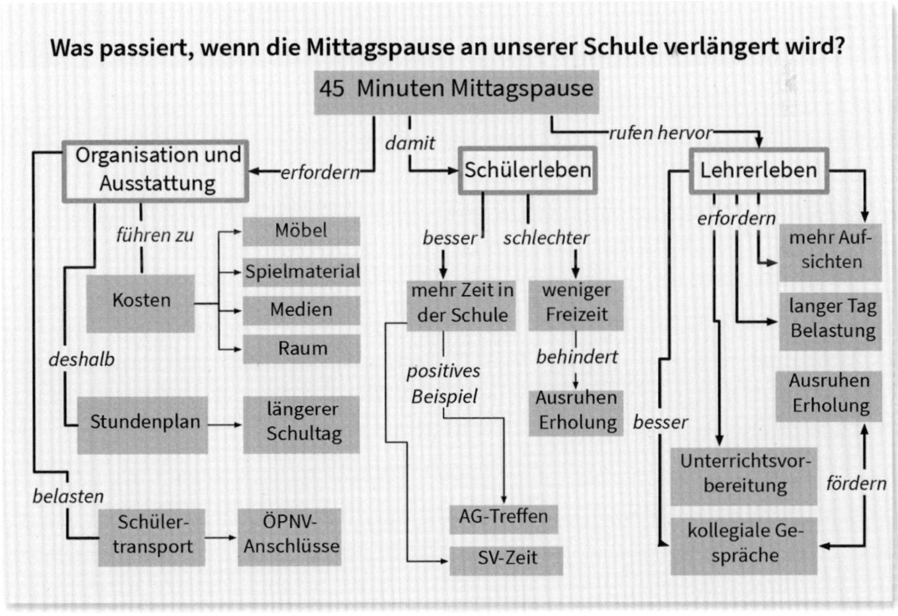

Abb. 3.9: Beispiel Concept Map (mit Grafik-Programm): Verlängerung der Mittagspause in der Schule

Schülerübung: Einführung in die Methode „Concept Map" im Deutschunterricht

- Vorgabe einer Wortliste oder von Moderationskarten mit Begriffen, die in einer Concept Map verarbeitet werden sollen.
- Begriffe genau wahrnehmen: Jeden einzelnen Begriff anschauen, Verständnis klären, unbekannte oder unbrauchbare Begriffe beiseitelegen, ausgewählte Begriffe aus der Wortliste auf Moderationskarten schreiben.
- Ordnen der Begriffe zu einem Netz – Begriffe, die zusammengehören, werden näher zusammengelegt, eventuell werden Gruppen („Cluster") von Begriffen gebildet.
- Immer nur zwei bis drei Karten auf ein (großes) Blatt Papier kleben (Proposition) und Pfeile oder Linien zwischen den Begriffen zeichnen, Pfeile mit kurzen Erklärungen beschriften.
- Reflexion, wenn alle Karten aufgeklebt, verbunden und beschriftet sind: Concept Map aus einiger Entfernung betrachten: Was fällt auf? Was steht sichtbar im Zentrum? Was könnte/sollte verdeutlicht werden?
- Präsentation und kommunikative Validierung: Gegenseitige Vorstellung von Concept Maps in Partnerarbeit. Dabei jeweils wie folgt vorgehen:
  - Klärung von Unklarheiten, Unbekanntem, Nachfragen (keine Erklärungen und Interpretationen).
  - Gegenseitige Beschreibung der Concept Map – Beschränkung auf das Gesehene.
  - Gegenseitige Analyse/Kommentierung: War das, was der Partner sah, das, was gezeigt werden sollte? Wo wurden Veranschaulichungen unterschiedlich gesehen und verstanden?
  - Gegebenenfalls Überarbeitung/Veränderung: Welche Veränderungen könnten dazu führen, dass die Concept Map noch besser gesehen/verstanden wird?

Eine der am wenigsten geeigneten Verfahren, mit Concept Maps im Unterricht umzugehen, besteht darin, sie von denjenigen, die sie erstellt haben, vor der Klasse erklären zu lassen. Ob die Gestaltung der Concept Map trägt und ob sie auf das andere veranschaulichend wirkt, kann so allenfalls indirekt erfahren werden.

Zwei weitere Methoden des Visualisierens für das Sammeln und Ordnen von Ideen, die ebenfalls als Vorbereitung für die Concept Map eingeführt werden können, sind die Ursachenkette und die Zeitleiste. Beide gliedern Abläufe:

Ursachenkette
Bei der Erklärung eines Vorgangs wie z. B. eines Unfalls werden Auslöser und die jeweiligen Folgen bis hin zum Ergebnis hin in Kästchen angeordnet und die Abfolge wird mit Pfeilen markiert.

Zeitleiste
Bei der Zeitleiste ist die zeitliche Abfolge von Entwicklungen und Ereignissen das Gliederungsprinzip: Hier müssen Zeitangaben erfragt, gesammelt, in eine zeitliche Abfolge gebracht und dann auf einem Zeitstrahl dargestellt werden.

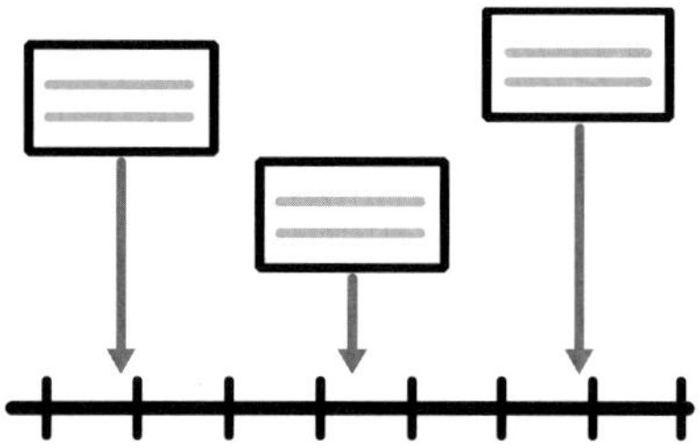

Da Zeitleisten die zeitliche Dimension genau wiedergeben sollen, müssen die Abstände gleichmäßig sein. Werden „unwichtige“ Zeitabschnitte durch Unterbrechung des Zeitstrahls ausgeblendet, verfälscht dies die Darstellung.

3.1.3 Veranschaulichen von Daten, Informationen, Sachverhalten und Analyseergebnissen

Traditionell beschränkte sich das Visualisieren im Deutschunterricht auf das Sammeln, Ordnen und Strukturieren von Informationen, Aussagen und Sachverhalten zu Texten als Grundlage für das Unterrichtsgespräch und die anschließende Analyse und Interpretation. Diese Sichtweise hat sich aus zwei Gründen erweitert: Zum einen erwies sich das Sammeln und Strukturieren oft noch als zu komplex und stellte eher neue Herausforderungen als eine Entlastung dar. Zum anderen haben u. a. digitale Medienangebote und Erkenntnisse aus der Lern- und Instruktionsforschung dazu geführt, dass die positiven Möglichkeiten der visuellen Veranschaulichung für das Lernen, Behalten und Verstehen besser verstanden und leichter umgesetzt werden können.

Wenn Auswertungen, Diagramme, Übersichten und Tabellen sehr komplex erscheinen und viele Informationen verarbeitet werden müssen, reichen die im letzten Abschnitt beschriebenen Methoden und Techniken *allein* nicht aus, um leicht erfassbare Ein- und Überblicke zu geben: Sie müssen dann umfassender veranschaulicht, visualisiert, werden. Zu diesem Zweck werden in diesem Abschnitt weitere Ansätze vorgestellt, um sie zu verstehen und vor allem auch, um sie selbst im Deutschunterricht anwenden zu können.

Damit Veranschaulichungen ihre positive Wirkung entfalten können, müssen sie nicht nur gut gestaltet sein – sie brauchen auch einen guten Auftritt, der leicht zu verstehen ist, ohne dass man wie in Wimmelbildern darin suchen muss. Ein guter Auftritt zeichnet sich aus durch:

- *ausreichend Platz und angemessene Platzierung,* die der Bedeutung angemessen ist. Eine Veranschaulichung, die während des Unterrichts immer wieder betrachtet werden soll, muss übersichtlich platziert werden und Raum für Anmerkungen und Markierungen bieten. Zur richtigen Platzierung gehören auch die Nähe und die Verbindung zum zugehörigen Text sowie in der Veranschaulichung die Nähe des Bildelement zum Bezugstext (vgl. Kontiguitätsprinzip der Gestaltgesetze, Kapitel 3.1: *Das Material als Lern-Landkarte gestalten*).
- *eine gute Inszenierung,* die durch Helligkeit und Farbgebung den Blick auf wichtige Elemente der Veranschaulichung lenkt und diese hervorhebt.
- *eine verständliche Gliederung,* die, auf Wesentliches konzentriert, die Komplexität von Sachverhalten reduziert, das Sehen und Behalten erleichtert.
- *eine sorgfältige Regie,* die den Blick der Betrachtenden führt: Veranschaulichungen werden (wie Bilder überhaupt) nicht „auf einen Blick" wahrgenommen und verstanden, sondern durch einen Sehprozess, bei dem der Blick einzelne Elemente des Bildes wahrnimmt und ihnen folgt und sie zu einem Gesamtbild zusammensetzt. Bei Veranschaulichungen kommt es

darauf an, den Sehprozess der Betrachtenden durch klaren Aufbau, Linienführung und Wegweiser zu lenken (und nicht zu irritieren).

Großformatig visualisieren: Flipcharts, Wandzeitungen, Bilder
Wie solche Auftritte bei Arbeitsblättern und auf Tafeln gestaltet werden können, wurde bereits gezeigt (vgl. Kapitel 2: *Lehr- und Lernmittel und Medien gezielt und koordiniert einsetzen* und Kapitel 3.1: *Das Material als Lern-Landkarte gestalten*). Eine besondere Herausforderung stellen jedoch großformatige Veranschaulichungen dar, bei denen nicht einfach kleine Formate nur vergrößert oder gezoomt werden können, sondern eigene Bedingungen zu beachten sind. Dabei gilt:
Je großformatiger visuelle Darstellungen (analog oder digital) angelegt sind,
- desto eher werden sie als wichtige Veranschaulichung wahrgenommen: Was Lehrende während des Unterrichts als unstrukturierte Notizen an die Tafel schreiben, wird für Lernende nach einiger Zeit zu einer bedeutsamen Veranschaulichung, da sie aus dem Kontext der improvisierten Schulstunde herausgelöst ist: Nähe und Entfernung der Notizen, Schrift und Verbindungen bekommen plötzlich eine viel größere Bedeutung, als das beabsichtigt war. ▷ Großformatige Darstellungen (auch Tafelbilder) sollten nur dann gewählt werden, wenn die Abbildungen für den weiteren Lernprozess von Bedeutung sind.
- umso schwieriger ist es, Proportionen und Layout zu gestalten, vor allem, wenn die Darstellung im laufenden Unterricht vor der Klasse erarbeitet wird. ▷ Großformatige Darstellungen, die aus größerer Entfernung lesbar sein sollen, benötigen eine gut ausgebildete Moderationsschrift mit klar erkennbaren Schrifttypen (ohne Serifen) sowie Groß- und Kleinschreibung, Gliederung durch Abschnitte und Markierungen. Beim Layout gibt ein angedeutetes Raster Orientierung. Werden digitale Darstellungen (z. B. Folienpräsentationen) projiziert, sind geeignete Schriftgrößen und -arten zu wählen, Graustufenfüllungen oder Rot-Grün- bzw. Rot-Schwarz-Kontraste sollten vermieden werden.
- umso anspruchsvoller ist es, figürlich zu zeichnen und kreativ zu gestalten, wenn beispielsweise Figuren oder Bilder integriert werden. ▷ Für die Gestaltung großer Formate können „visuelle Rettungsanker" (Abbildungen, Bilder, Figuren) vorproduziert und einfach in die Darstellung eingebaut werden.
- umso wichtiger ist es, inhaltliche und insbesondere optische Überfrachtung zu vermeiden. Gerade bei breiten Wandzeitungen (z. B. Inhalte von Romankapiteln) geht leicht der Überblick verloren, Details verschwinden in der Masse. ▷ Großformatige Darstellungen, die das Format einer Wandtafel überschreiten, sollten über mehrere Stunden hinweg erarbeitet, do-

kumentiert und jeweils ergänzt werden. Bei Dramen- oder Romanübersichten sollte akt- oder kapitelweise vorgegangen werden, Teilergebnisse sollten durch Zwischenzusammenfassungen gesichert werden.

Für Darstellungen, auf die immer wieder zurückgegriffen werden soll (z. B. eine Übersicht über die Figuren eines Dramas), spricht viel dafür, Flipcharts oder Plakate zu verwenden (es sei denn, man präsentiert in der Aula – ab 50 Personen eignen sich hier digitale Präsentationen besser). Flipcharts und Lernplakate sind schnell aktivierbar, haben im Gegensatz zu Beamern und digitalen Whiteboards kaum Pannenrisiken, erfordern keinen großen technischen Aufwand und können vor allem bis zu einer Wandzeitung kombiniert und ergänzt werden. Linierte Flipcharts bieten außerdem den Vorteil, dass sich auch Ungeübte besser orientieren können.

Die Gestaltung von Flipcharts und Lernplakaten wird im Deutschunterricht oft stiefmütterlich behandelt, Hauptkriterien sind meist Lesbarkeit und Gliederung. Die folgenden Tipps können helfen, die visuelle Darstellung zu verbessern:

Tipps zur Gestaltung von Großformaten wie Flipcharts und Lernplakaten

Orientierung geben, Tagesordnung und Ziele permanent präsentieren
Vor dem Beginn einer Präsentation wird in der Regel ein Überblick über die Tagesordnung oder den Stundenverlauf gegeben – und zu Beginn der Präsentation erfolgt meist eine Gliederung. Beides sollte jeweils auf einem Flipchart dokumentiert und an der Seite des Raumes aufgehängt werden: So haben die Teilnehmenden eine Orientierung über die Organisation und können während der Präsentation der Gliederung folgen (was bei digitalen Präsentationen oft nicht möglich ist).

Schrift
Schriftgröße: doppelte Zentimeter-Größe der maximalen Entfernung in Metern von der Präsentationsfläche; bei einem Abstand Tafel – letzter Sitzplatz von 6 Metern sollte die Schrift also 12 cm hoch sein.
Strichstärke (bei Flipchartmarkern) > 1,3 mm; mit Keilspitze, um die Strichstärke variieren zu können, für dünne Linien Marker mit Pinselspitze; Freiräume zwischen Wörtern müssen größer gewählt werden als bei normaler Schrift.

Verwendung von Bildern, Symbolen und Überschriften
Befürworter der Verwendung von Flipcharts und Lernplakaten plädieren immer wieder für die Verwendung von ansprechenden und aufmunternden Bildern oder Symbolen,

um mehrere Sinneskanäle anzusprechen („Doppelkodierung"), Erinnerungen zu wecken, an Positives anzuknüpfen und zu motivieren. Die Wirkung solcher Bilder ist umstritten und stark kontext- und inhaltsabhängig. Als Faustregel gilt: Alles, was keinen Sinn macht, kann wegfallen. Die Überschrift hingegen darf auf keinen Fall fehlen, sondern sollte gut sichtbar als Überschrift erkennbar sein. Flipcharts und Lernplakate sollten außerdem (rechts oben) einen Hinweis enthalten, zu welchem Thema sie gehören und von wem sie erstellt wurden.

Verwendung von Farben und Weißraum
Zunächst muss eine Entscheidung getroffen werden: Farben zur Kennzeichnung von Gliederung und Unterschieden *oder* zum Malen oder Zeichnen. Eine gemischte Verwendung (Gliederung und Zeichnen oder Malen) lenkt leichter ab. In der Regel ist es wichtiger, Unterschiede und Gliederungen hervorzuheben. Die Verwendung von Weißraum ist in der Regel wichtiger als die Verwendung bunter Farben. Für das Verhältnis von Informationen/Inhalten zu verwendeter Tinte/Markerflüssigkeit gilt: Je weniger Tinte für die Darstellung der Informationen verwendet wird, umso größer ist die Wahrscheinlichkeit einer kompakten und übersichtlichen Darstellung.

Raumaufteilung auf dem Chart
Zentrale Elemente sollten nicht direkt in die Mitte platziert werden, sondern etwas ausgerückt, um Lebendigkeit zu erzeugen; zentrale Begriffe fallen besser auf, wenn sie in Textcontainern stehen.

Umfang
Im Gegensatz zu digitalen Präsentationen haben Flipcharts und Lernplakate eine quasi natürliche Umfangsbegrenzung – mehr als zehn Plakate oder Charts sind in einer Unterrichtsstunde kaum unterzubringen. Dies erfordert Konzentration und Fokussierung.

Position bei der Präsentation
Wie bei Tafelbildern besteht auch bei der Gestaltung von Großformaten die Gefahr, die falsche Präsentationsposition zu wählen: Es sollte möglichst so geschrieben und vor allem präsentiert werden, dass alle dem Geschriebenen direkt folgen können (Rechtshändige stehen links vom Großformat).

Verzicht auf Schnickschnack
Dass Klassen bei einer Flipchart-Präsentation willkommen sind und dass man sich am Ende fürs Zuhören bedankt, muss nicht auf Flipcharts stehen. Es so aufzuschreiben und gar mit Herzchen oder Blümchen zu versehen, entwertet es leicht zum Ritual oder zur Peinlichkeit. Überflüssig ist in der Schule auch das „Branding" der Charts, d. h. auf jede Folie oder jedes Chart den Namen zu schreiben.

Leicht modifiziert lassen sich diese Tipps auch auf Folien bei digitalen Präsentationen übertragen: Für sie gilt mindestens in gleichem Maße die Anregung, Informationen auf das Notwendige zu beschränken, Blickfänge und Sehwege durch Layout und Schriftgestaltung zu schaffen und gut wahrnehmbar zu präsentieren – und die goldene Regel: Wer mehr als zehn Folien pro Stunde zeigt, hat nichts zu sagen ...

Eine Herausforderung ist der Einsatz von großformatigen Bildern beim *Visualisieren* im Deutschunterricht. Dazu gehören fertige Bildimpulse wie beim Unterrichtseinstieg (vgl. Kapitel 2.5: *Basismaterial: Bilder und Abbildungen ... kuratieren*), aber auch im Unterricht selbst erstellte großformatige Visualisierungen, die über einen längeren Zeitraum im Klassenraum präsent sein sollen. In Unterrichtsreihen zu längeren fiktionalen Texten haben sich zwei großformatige „Bilder" bewährt:

Figuren-Soziogramm

Im Figuren-Soziogramm werden die Beziehungen zwischen den Figuren nach ihrer Nähe zueinander und der Qualität oder Emotionalität ihrer Beziehung dargestellt.

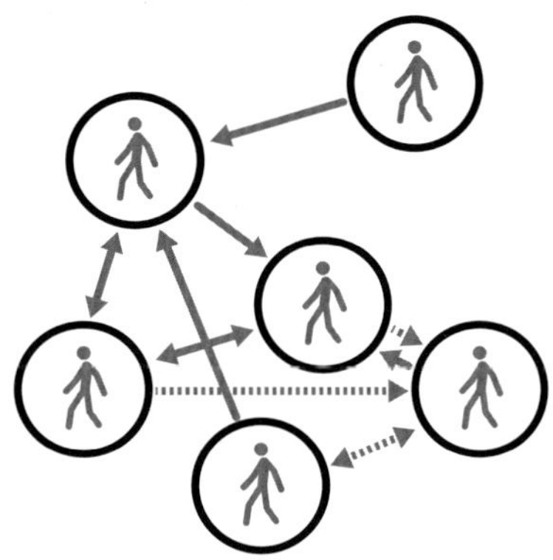

Beispiel: Soziogramm zu Ibsens Nora (Abb. 2.15)

Vorgehen:

- Zur Vorbereitung wird zu den Figuren der Handlung zuerst eine abgewandelte Form der Soziomatrix erstellt. In einer Tabelle werden alle wichtigen Protagonisten bzw. Figuren aufgenommen (vgl. Abb. 3.10).
- Aus der Perspektive der einzelnen Figuren (senkrechte Spalte: Wählende) wird die Beziehung zu den anderen (waagerechte Zeile: Gewählte) eingeschätzt.
- Eingetragen werden: positiv, negativ oder neutral, Veränderungen der Beziehung können durch Pfeile angedeutet werden.
- Ablesen lässt sich jetzt, in welchem Verhältnis die Figuren zueinander stehen.
- Auf der Tafel (oder auf dem Flipchart) werden die Namen der zentralen Personen in die Mitte geschrieben, die der Randpersonen außen.
- Wenn der Abstand der Figuren zueinander noch nicht klar ablesbar ist (und in der Gruppe diskutiert werden soll), sollten statt der direkten Beschriftung die Namenskarten erst nur gelegt und dann befestigt werden. Die Entfernung zwischen den Namen kennzeichnet dabei die positive oder negative Nähe der Figuren.

- Anschließend werden negative und positive Beziehungen zwischen den Figuren mit Pfeilen gekennzeichnet (gestrichelt: negativ, durchgezogen: positiv). Doppelpfeile bedeuten wechselseitige negative oder positive Beziehungen, Einzelpfeile einseitige Beziehungen. Werden jeweils für einzelne Textabschnitte „Soziogramme" erstellt, kann die Entwicklung der Figuren im Verlauf der Handlung abgelesen werden.

		Gewählte				
Wählende		Nora	Helmer	Krogstad	Rank	Linde
	Nora		+ → –	–	+	+
	Helmer	+ → –		–	?	?
	Krogstad	– → +	– –		?	+
	Rank	+	+	–		(+)
	Linde	+	– ?	+	(+)	

Abb. 3.10: Soziomatrix als Vorbereitung für Figurenkonstellation in *Nora* (Ibsen), Schülerarbeit (vgl. das Soziogramm in Abb. 2.15)

Körperumriss

Diese Form erfasst die Eigenschaften einer Figur um einen typischen Körperumriss.

Material: Packpapierrolle, Filzstifte

Vorgehen:

(1) Eine charakteristische Körperhaltung der Figur als Körperumriss auf einem Packpapierbogen abzeichnen.

(2) Jeweils eine Gruppe übernimmt die Gestaltung eines Körperumrisses für eine Figur. Als Anregung dienen Körpermetaphern.

(3) Arbeitsauftrag:

- Überlegt in der Gruppe: Wie handelt/denkt/fühlt die Figur? (Stichworte dazu ins Heft!)
- Wählt eine Person aus eurer Gruppe, die vom Äußeren oder der Haltung am besten zur Romanfigur passt.
- Zeichnet von dieser Person einen Körperumriss der Figur auf das große Packpapier. Achtung: Achtet darauf, dass keine Farbe an die Kleidung kommt!
- Schreibt in den Körperumriss an den entsprechenden Stellen, wie die Romanfigur fühlt, denkt und handelt (Schriftgröße mindestens 8 cm).

(4) Am Ende werden die Körperumrisse mit ihren Charakterisierungen nebeneinander in der Klasse präsentiert. Dabei geht es dann sowohl um die einzelnen Figuren als auch um ihr Verhältnis zueinander.

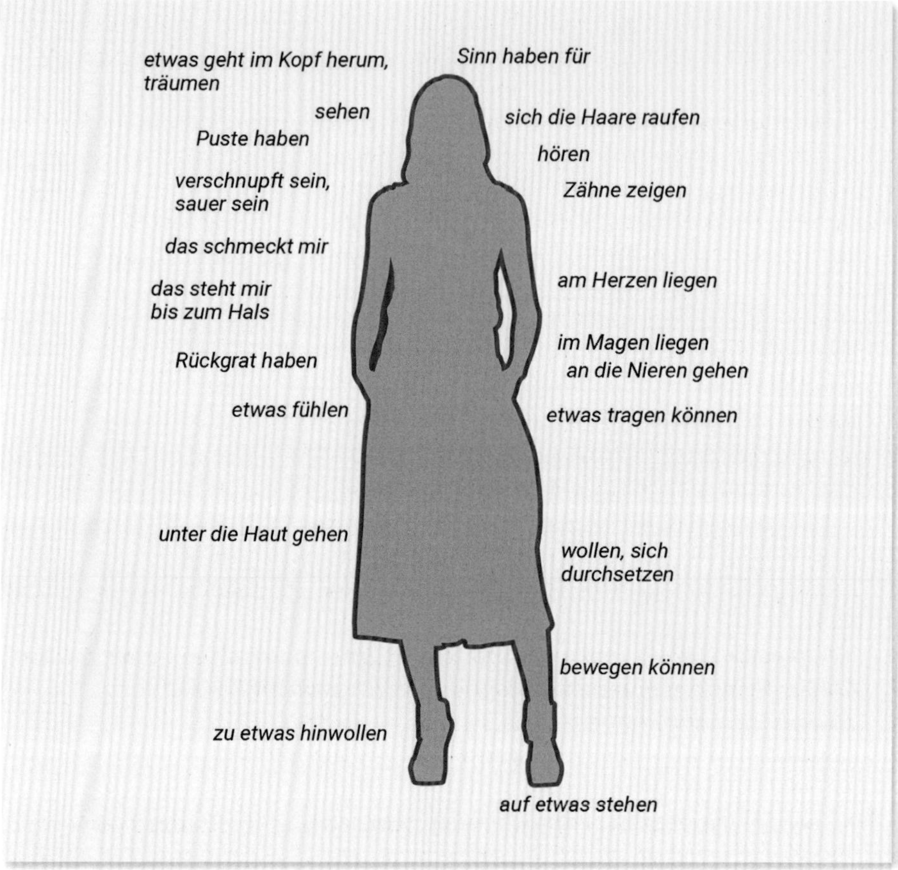

Abb. 3.11: Arbeitsblatt: *Nora* – Körperumriss-Metaphern

Daten visualisieren

„Diagramme" sind *das* Thema, wenn es um Visualisieren im Deutschunterricht geht. Deshalb wurden sie in diesem Buch schon mehrfach behandelt, u. a. im Hinblick auf ihre oft missverständliche Verankerung in den Lehrplänen (vgl. Kapitel 1: *Visualisieren ist im Deutschunterricht mehr als bloß ein Thema* und *Visualisieren muss man im Unterricht oft erst sichtbar machen*) und im Hinblick auf einen „Basisvorrat" für Lehrkräfte und auf ihren Stellenwert im Unterricht (vgl. Abb. 2.19).

Zwei Fragen stehen beim Thema „Diagramme" meist im Vordergrund:

- Wie erstellt man aus kleinen Datenmengen Diagramme wie Balken- oder Säulendiagramme (z. B. einer Klassenbefragung)?
- Wie analysiert man Diagramme und findet fehlerhafte oder manipulative Darstellungen?

Bei der ersten Frage geht es um handwerkliche Kompetenzen wie das Bedienen und Anwenden von Programmen oder Arbeitsschritten, das Auswerten und Bewerten von Informationen und Daten, das Auswählen und Anwenden einer geeigneten Diagrammform. Die Schülerinnen und Schüler (und oft auch ihre Lehrkräfte) treffen ihre Entscheidungen in der Regel aufgrund ihres Geschmacks oder ihrer Vorlieben und weniger aus sachlichen Gründen. Sie sind meist zufrieden, wenn sie die Transformation der Daten sauber in ein Diagramm umgesetzt haben. Diese Sichtweise spiegelt sich auch in den Bewertungs- und Beurteilungsrastern der Lehrkräfte wider. Hier wird überwiegend schematisch nach äußeren Kriterien bewertet, z. B.

- „Du hast die Ergebnisse aus Material x in ein Balkendiagramm umgewandelt."
- „Du nennst das Thema deines Diagramms."
- „Du hast die Balken richtig beschriftet."
- „Das Verhältnis der einzelnen Balken zueinander ist …"

Oder es werden Auswertung und Umsetzung formal bewertet:

- „Du hast die Kategorien richtig gewählt und angeordnet (x- und y-Achse) (25 %)."
- „Du hast die Gestaltungsregeln für die Diagrammform beachtet (12,5 %)."
- „Du hast eine angemessene Diagrammform gewählt (25 %)."
- „Du hast ein anschauliches Diagramm angelegt (12,5 %)."
- „Zusammenarbeit, Überarbeitung, Engagement (25 %)."

Diese rein instrumentelle Perspektive der Umsetzung von Daten in Diagramme blendet die Aspekte der Adressatenorientierung, der Zielsetzung und der Intention weitgehend aus. Die Schülerinnen und Schüler werden zu Detektiven, die Diagramme hauptsächlich aus einer Verdachtsperspektive betrachten sollen. Allerdings sind sie dabei auf die Aufgaben und die Hilfestellungen der Lehrperson angewiesen, wenn es um mehr geht als die Kontrolle der Einhaltung von Formalia (Quellenangabe, Kategorienangabe, Mengeneinheiten).

Aber weder die instrumentelle noch die Verdachtsperspektive auf Diagramme reicht aus (und ist auch wenig motivierend), um zu lernen und zu reflektieren, wie Diagramme eingesetzt werden und wozu sie gebraucht und missbraucht werden können. Dies kann eher durch einen Perspektivwechsel auf die Produzentenseite erreicht werden, bei dem die Schülerinnen und Schüler exemplarisch Einblick in den Prozess der interessegeleiteten Datengewinnung, -verarbeitung und -präsentation erhalten. Dieser Perspektivwechsel kann im Deutschunterricht mit folgendem Szenario eingeübt werden:

Szenario „Skatepark" – Wie man mit Diagrammen Meinung machen kann …

Hintergrund:

In Bad Meeresdorf wird seit Jahren über den Bau eines „Skaterparks" diskutiert. Nun sind die Planungen der Stadtverwaltung abgeschlossen: Vorgeschlagen wird der Bau eines Skateparks am Ostrand des Kurortes – hier besitzt die Stadt ein geeignetes Baugrundstück, es gibt eine akzeptable Verkehrsverbindung. Jugendverbände und eine Initiative „Pro Skater" haben sich für den Bau des Parks ausgesprochen. Doch es gibt auch Proteste. In wenigen Tagen soll im Bürgerhaus ein „runder Tisch" stattfinden, wo interessierte Bürger ihre Meinung zur Skateranlage äußern können. Zu Beginn sollen die Teilnehmenden jeweils ihre Position in maximal fünf Minuten erläutern und dabei nicht mehr als drei Präsentationsfolien mit maximal sechs Diagrammen verwenden. Diese Beschränkungen wurden gewählt, um möglichst vielen Beteiligten die Möglichkeit zu geben, sich zu äußern.

Ausgangssituation:

Die Klasse wird in zwei Gruppen aufgeteilt:

- Initiative: „Skatepark sofort!"
- Initiative: „Kein Skatepark in Bad Meeresdorf"

Beide Initiativen sollen eine Präsentation für den runden Tisch erarbeiten und sich an die Vorgaben halten. Sie sollen dabei auch dieselben Informationen und Daten der Stadtverwaltung nutzen.

Auftrag:

1. Wählt die Daten aus, die ihr für die Präsentation verwenden wollt.
2. Entwickelt ein Konzept, wie ihr die Daten präsentieren wollt.
3. Setzt die ausgewählten Daten digital in Diagramme um (maximal sechs Diagramme, dabei mindestens Ausprobieren von Balken-, Säulen-, Torten- und Liniendiagramm).
4. Präsentiert die Diagramme auf maximal drei Folien.
5. Begründet auf einer weiteren Folie die Auswahl und Gestaltung eurer Präsentation.

Beide Gruppen erhalten die gleichen Daten, die sie nicht verändern oder ergänzen dürfen. (Auslassungen sind erlaubt). Aus Platzgründen sind hier nur zwei Dateien abgedruckt, weitere Daten und Informationen stehen im Download-Material zur Verfügung bzw. können beliebig ergänzt werden.

Daten zu Bad Meeresdorf

1 Geräuschbelastung tagsüber in Bad Meeresdorf in dbA (außerhalb von Gebäuden)

	2010	2015	2020	2022
Land- und Stadtstraßen	60	59	62	64
Krankenhaus	50	48	46	45
Sportanlage „Stadion"	85	80	78	82
Skateranlage in 300 m	0	0	0	62 – 75
Wohngebiet am Park	48	47	49	49

2 Ergebnisse von Befragungen in Bad Meeresdorf zum Skatepark in % der Befragten

	0 – 17	18 – 30	31 – 64	≥ 65
bin für neuen Skatepark	52	45	25	28
bin gegen neuen Skatepark	5	6	45	55
zu wenig Angebote für junge Menschen	55	40	41	42
in Bad Meeresdorf ist es ruhig	80	70	50	55
Skatepark wird Gäste abschrecken	10	20	70	80
Skatepark ja, aber woanders	20	25	65	78

Für die ersten beiden Schritte benötigen die Schülerinnen und Schüler ausreichend Zeit, um den Perspektivwechsel nachzuvollziehen und die Auswirkungen einer interessengeleiteten Datenauswahl zu verstehen. Erst wenn dies geklärt ist, sollte mit dem dritten Schritt begonnen werden. Hier sollte beim Experimentieren mit Diagrammformen die Bewertungs- und Auswahlentscheidung im Vordergrund stehen, welche Diagrammform wie am besten die Ziele erfüllen kann. Gängige Tabellenkalkulations- und Präsentationsprogramme sind hier weniger geeignet, da leicht Formatierungsfragen in den Vordergrund rücken. Empfehlenswert sind Programme für die Erstellung von Tabellen (z. B. Tableau, Datawrapper, Lucidchart), mit denen nach dem Datenimport verschiedene Diagrammformen ausprobiert werden können.

In jedem Fall sollen die Schülerinnen und Schüler in diesem Szenario mit den weit verbreiteten und in Deutschlehrplänen geforderten Diagrammformen vertraut gemacht werden (vgl. die folgenden Übersichten). Deshalb enthält der dritte Arbeitsschritt entsprechende Vorgaben für das Experimentieren mit bestimmten Formen. Die folgenden Hintergrundinformationen sollen die Lehrkräfte bei der Begleitung dieser Experimente unterstützen.

Balkendiagramm

Balkendiagramme stellen Häufigkeitsverteilungen von nominalskalierten Merkmalen (z. B. Haarfarbe, Konsum) oder ordinalskalierten Merkmalen (Rangfolgen, wie z. B. die Hattie-Rankings) in horizontal angeordneten Balken dar, wobei die Länge der Balken den Zahlenwert wiedergibt.
Gut geeignet sind sie deshalb für den Vergleich qualitativ unterschiedlicher Gruppen (z. B. Verkaufszahlen von Artikeln für einen bestimmten Zeitraum).
Vorteile: Datenbeschriftungen (an der y-Achse) können länger und mehrzeilig sein, Achsen und Werte können farblich oder durch Ausschnittvergrößerung hervorgehoben werden.
Problematisch ist die Verwendung bei zeitlichen Dimensionen, da Zeitverläufe dann von unten nach oben (oder umgekehrt) und nicht, wie üblich, von links nach rechts angeordnet werden. Sehr große Wertunterschiede lassen sich mit Balkendiagrammen schlecht darstellen, da diese sehr groß und leer wirken.
Zu beachten: Balken sollten sich nicht berühren, viele Kategorien bei gruppierten Balkendiagrammen machen sie unübersichtlich.

Säulen- bzw. Stabdiagramm

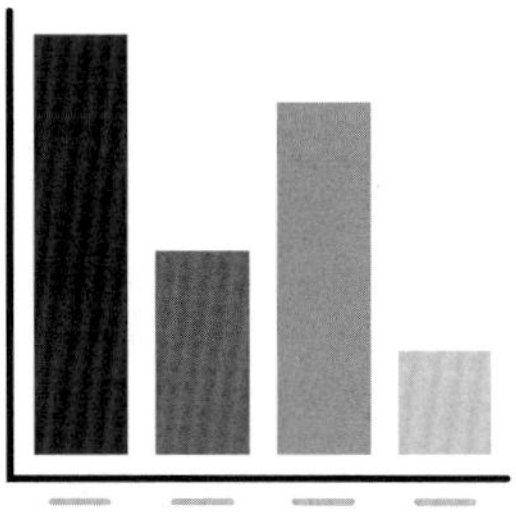

Säulen- bzw. Stabdiagramme stellen Häufigkeitsverteilungen von nominalskalierten Merkmalen (z. B. Haarfarbe, Konsum) oder ordinalskalierten Merkmalen (Rangfolgen, wie z. B. die Hattie-Rankings) in horizontal angeordneten Balken dar, wobei die Länge der Balken den Zahlenwert wiedergibt.
Gut geeignet sind sie deshalb für den Vergleich qualitativ unterschiedlicher Gruppen (z. B. Verkaufszahlen von Artikeln für einen bestimmten Zeitraum).
Vorteile: Datenbeschriftungen (an der y-Achse) können länger und mehrzeilig sein, Achsen und Werte können farblich oder durch Ausschnittvergrößerung hervorgehoben werden.
Problematisch ist die Verwendung bei zeitlichen Dimensionen, da Zeitverläufe dann von unten nach oben (oder umgekehrt) und nicht wie üblich, von links nach rechts angeordnet werden. Sehr große Wertunterschiede lassen sich mit Balkendiagrammen schlecht darstellen, da diese sehr groß und leer wirken.
Zu beachten: Balken sollten sich nicht berühren, viele Kategorien bei gruppierten Balkendiagrammen machen sie unübersichtlich

Gestapeltes Diagramm

Gestapelte Diagramme stellen Häufigkeitsverteilungen in vertikal angeordneten Säulen dar, wobei die Länge der Säulen den Zahlenwert wiedergibt.
Gut geeignet für den Vergleich von Werten von einer oder zwei Kategorien über Zeiträume oder Stufen (z. B. Umsatz über Zeitraum mehrerer Jahre).
Problematisch ist, dass große Wertunterschiede schlecht dargestellt werden können, da die Diagramme dann sehr groß und leer wirken.
Zu beachten: Säulen sollten sich nicht berühren, mehr als 2 – 3 Kategorien bei gruppierten Säulendiagrammen führen zur Unübersichtlichkeit

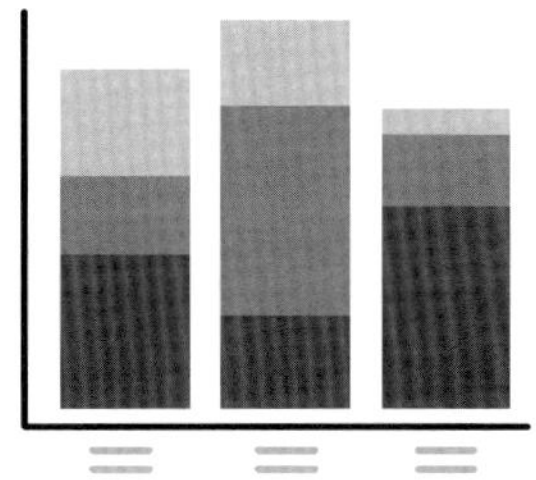

Tortendiagramm, Donut-Diagramm

Torten- und Donut-Diagramme stellen Häufigkeitsverteilungen in Bezug auf eine Gesamtmenge (z. B. 100 %) dar und bilden Anteilsverteilungen an der Gesamtmenge.
Gut geeignet für die Darstellung von maximal 5 – 7 Anteilen (von 100 %), da die Werte und die Beschriftung in der Nähe der Darstellung platziert werden können.
Problematisch ist die Verwendung für direkte Vergleiche von Unterschieden zwischen verschiedenen Datensätzen oder für die Darstellung von Trends.
Zu beachten: Die Segmente von Donut- oder Tortendiagrammen sollten direkt beschriftet werden. Torten sollten möglichst mit dem wichtigsten Element bei „12 Uhr" beginnen, die Elemente sollten der Größe nach geordnet sein

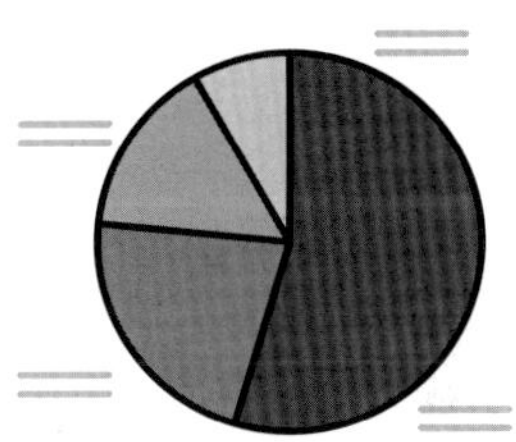

Die meisten dieser Informationen über Diagrammformen und -formate werden die Schülerinnen und Schüler zumindest indirekt im dritten Szenario-Schritt des Experimentierens erfahren (vgl. Beispiele im Kasten *Szenario „Skatepark"*). Beim Experimentieren mit Diagrammformen und -formaten sind Fehler, Missverständnisse und auch falsche Darstellungen der Normalfall. So erfüllen die Beispiel-Diagramme meist nur ansatzweise die Regeln der Statistik und angemessener infografischer Darstellung.

Liniendiagramm

Liniendiagramme stellen kontinuierliche Verläufe oder Veränderungen von stetigen Werten (z. B. über einen bestimmten Zeitraum) dar. Durchgezogene Linien zeigen an, dass jeder Wert den jeweiligen Wert einer Größe (z. B. Temperatur) beschreibt, der vom vorherigen Wert abhängt. Bei schrittweisen Veränderungen (z. B. erreichte Punktzahlen, Rekorde) muss eine stufige Linie gezeichnet werden.
Gut geeignet für die Darstellung kontinuierlicher Verläufe (z. B. Umsatz über Zeitraum von mehreren Jahren).
Problematisch ist die Verwendung dieser Form insbesondere bei diskontinuierlichen Verläufen oder bei Auslassung von Abschnitten.
Zu beachten: Wenn Zwischenpunkte bei Verläufen nicht bekannt sind, sollten die Datenpunkte geradlinig verbunden werden.

Natürlich sollten diese Regelverstöße und ungenauen Darstellungen im Deutschunterricht systematisch aufgegriffen und die Regeln noch einmal vermittelt werden (u. a. Angabe der Quelle, der Stichprobe, Überschrift, Beschriftung). Die Qualität der zugrundeliegenden Daten und der daraus gezogenen Schlussfolgerungen sollte ebenfalls untersucht werden. Der Schwerpunkt sollte jedoch auf der Analyse der Ziele und der Verwendung der Diagramme liegen.

Lösungsbeispiele

Zum Beispiel könnten die Diagramme a), d) f) und h) gut für die Gegenseite verwendet werden, wenn im Kontext hervorgehoben wird,

- wie wichtig in Bad Meeresdorf die Ruhe, aber auch ein gutes Freizeitangebot (nur nicht Skateboarding) ist,
- dass das Interesse durchweg nur bei Jugendlichen besteht, die ja bald älter werden,
- wie einhellig doch die Ablehnung des Skateparks ist,
- dass die Jugendlichen bereits auf andere „lautere" Sportanlagen ausweichen können.

Dagegen können b), c), d), g) und i) gut für die Pro-Seite verwendet werden, wenn damit kommuniziert wird,

- dass der Wunsch in der wichtigen Altersgruppe (zukünftige Steuerzahler) sehr groß ist,
- dass es zu wenig Angebote für Jugendliche gibt,
- dass nur ältere Menschen den Skatepark ablehnen,
- dass die Bevölkerung mehrheitlich für einen Skatepark ist, wenn auch zum Teil an anderer Stelle,
- dass Skateboarding leiser ist als andere Sportarten.

Szenario „Skatepark“: Experimentieren mit Diagrammformen – Welche Diagrammform lässt sich für welche Absicht einsetzen?

a)
Gestapeltes Balkendiagramm
- Legende ausgeblendet
- Summierung der Werte
- unsortierte Kategorien
- Ausblendung von Quelle

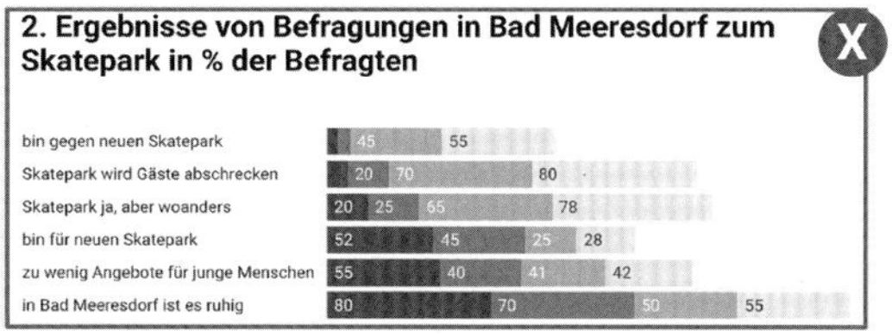

b)
Separierte Balken
- ≥ 65- Gruppe ausgeblendet
- Betonung Alter

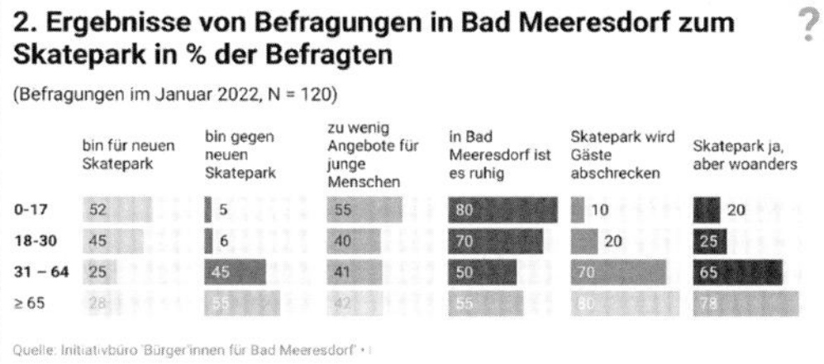

c)
Separierte Balken
- zwei Kategorien betont
- X- und Y-Achse vertauscht und Argumente betont

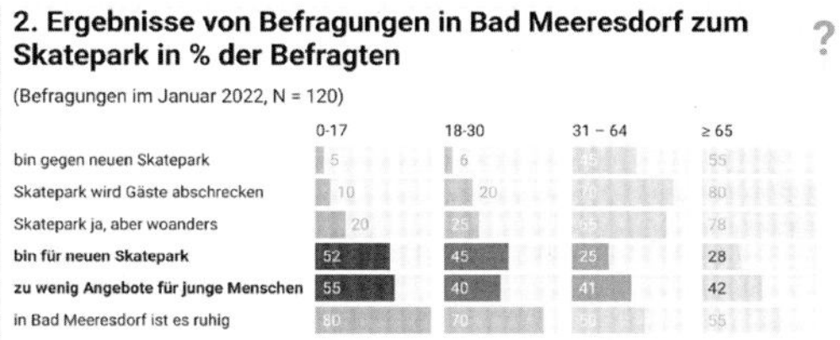

d)
Gestapeltes Säulendiagramm
- umfangreiche Legende
- Betonung Altersgruppe
- unsortierte Kategorien
- Ausblendung von Quelle und Stichprobe

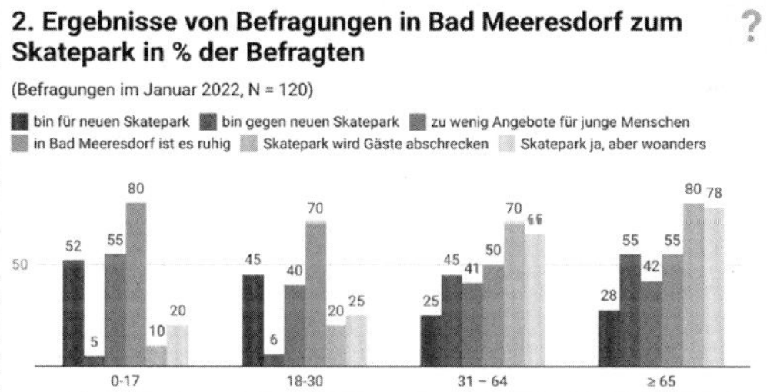

e)
Pfeildiagramm
- Betonung der Spannweite zwischen Altersgruppen
- keine weitere Differenzierung der Altersgruppen
- ähnlich: Intervalldiagramm

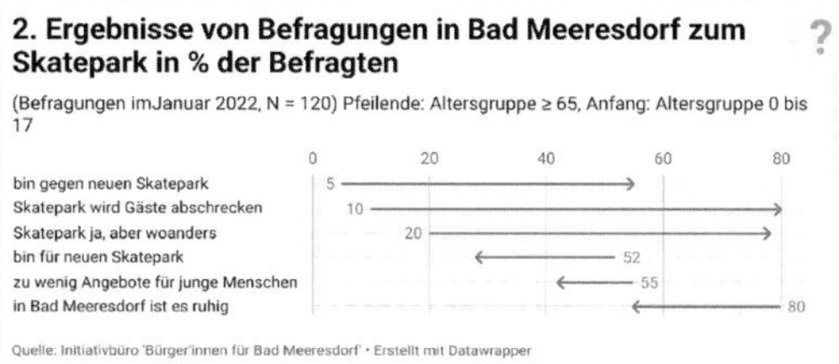

f)
mehrere Tortendiagramme bzw. Donut-Diagramme
- direkte Vergleiche von Unterschieden unmöglich
- falsche Prozent-Bezugsgröße
- Direktbeschriftung fehlt
- fehlende Angabe von Quelle und Stichprobe

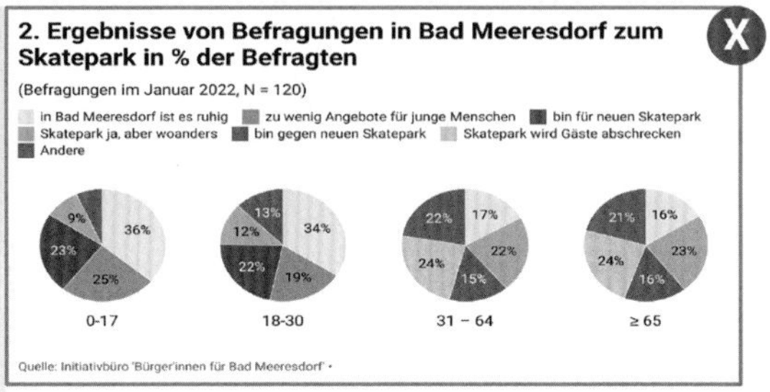

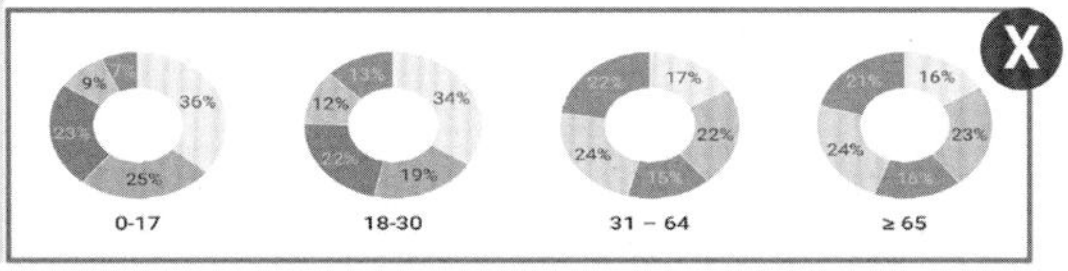

g)
Linien-Flächendiagramm
- Darstellung kontinuierlicher Veränderungen
- schrittweise Veränderungen nicht erkennbar
- unübersichtliche Zuordnung
- Beschriftung y-Achse unklar

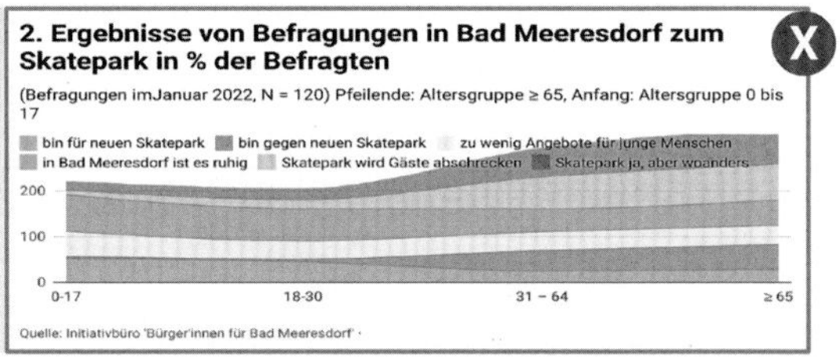

h)
Balkendiagramm
- Ausschluss von Kategorien bei Vergleich
- fehlende Quelle

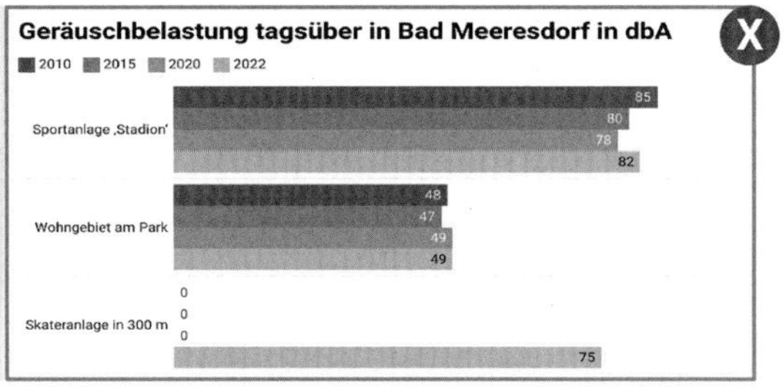

i)
Scatterplot-Diagramm
- falsche Darstellung der fehlender Werte

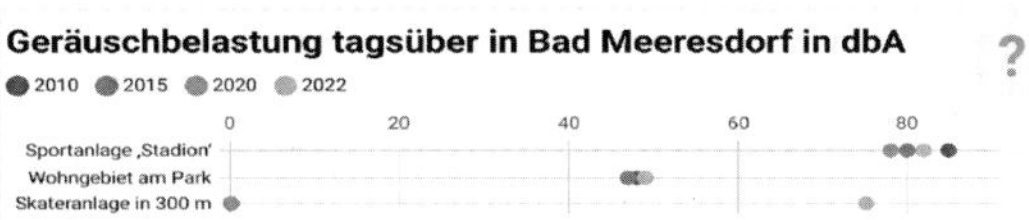

Szenario „Skatepark" – Experimente mit Diagrammformen und Darstellungsarten (Datawrapper)

Solche Analysen machen deutlich, dass der Kontext, in den die Diagramme eingebettet sind, ein zentraler Faktor für ihre Wirkung ist. Entscheidend ist also nicht nur, wie die Diagramme gestaltet sind, sondern auch, wie sie ausgewählt und in welchem Kontext sie verwendet werden.

Die Bedeutung des Kontextes beim Visualisieren ist für die Auseinandersetzung im Deutschunterricht unerlässlich: Viele visuelle Darstellungen von Daten werden durch den Kontext manipulativ – wie oft bei Fake News. Selbst wenn ein Diagramm allen Regeln der statistischen und infografischen Kunst entspricht, kann schon die Auswahl der Stichprobe und der Vergleichsgruppen hochgradig manipulativ sein (z. B. bei den Kosten für Sozialleistungen für bestimmte Gruppen). Auch die Platzierung ansonsten korrekter Diagramme in einem bestimmten Kontext kann die Wahrnehmung manipulieren.

Diagramme können also ein wichtiger Inhalt des Deutschunterrichts sein – wenn er sich nicht auf die instrumentelle Umsetzung von Daten in Grafiken beschränkt, sondern wenn Diagramme als Werkzeuge des Visualisierens verstanden und erprobt werden, die für unterschiedliche Zwecke eingesetzt werden können. Dabei geht es nicht um ein generelles Misstrauen gegenüber Diagrammen oder Statistiken, das oft mit dem falschen Zitat des englischen Premierministers Churchill („Ich glaube nur der Statistik, ...") (Barke 2011) begründet wird, sondern um das Verständnis, wie Daten und Diagramme uns anschauen und was sie im Kontext aussagen wollen.

3.1.4 Analysieren und Interpretieren von Texten

Nachdem im vorangegangenen Abschnitt das Visualisieren als eigenständiges Unterrichtsthema vorgestellt wurde, konzentriert sich der folgende Abschnitt darauf, wie es als Methode bei der Analyse und der Interpretation von Texten, einem Schwerpunkt des Deutschunterrichts, eingesetzt werden kann. Dabei geht es um das Visualisieren im Unterricht selbst, aber auch um den Einsatz des Visualisierens bei der Unterrichtsvorbereitung.

Visualisieren ausprobieren und eine Text-Landkarte erstellen

Es gibt zwei Ansätze, wie Deutschlehrerinnen und -lehrer das Visualisieren für Analyse und Interpretation von Texten einsetzen können:

- *zielgerichtet/instrumentell:* von den Kompetenzzielen für die Schülerinnen und Schüler ausgehen und geeignete Formen des Visualisierens wählen;
- *explorativ/forschend:* so viel wie möglich ausprobieren, was sich mit Visualisieren in der Analyse erreichen lässt.

Für diesen Abschnitt wurde der zweite Weg gewählt, weil er mehr Möglichkeiten des Visualisierens aufzeigt und weil er auch einen spielerischen Zugang zu den Texten ermöglicht. Wann immer es also zeitlich und inhaltlich möglich ist, sollte man als Lehrperson beim Visualisieren diesen Weg wählen, um Unerwartetes und neue Möglichkeiten im Text zu entdecken.

Ausgangspunkt des Experimentierens ist die Annahme, dass Texte[2] als „Material" behandelt werden und zerlegt werden dürfen, um so Merkmale und Strukturen zu erkennen, Analysen und Deutungen auszuprobieren und Analyseergebnisse visuell darzustellen, z. B.:

- einzelne Textelemente und ihre Anordnung bzw. Verknüpfung;
- Rekurrenzen (Wiederholungen gleicher sprachlicher Formen in einem Text) und Oppositionen (gegensätzliche Eigenschaften oder Werte);
- Denotationen und Konnotationen (neutrale und zusätzliche Bedeutungen, die mit einem Wort assoziiert werden);
- sprachliche Verbindungen und Bezüge zwischen Elementen;
- Konfiguration (Menge der Figuren eines Textes und ihrer Beziehungen zueinander; Figurenkonstellation, die durch eine Konfigurationsmatrix dargestellt werden kann);
- Handlungsstruktur, Muster- und Aufbausignale, Motivreihen;
- Konfliktstruktur (z. B. bei literarischen Konflikten eine Herausforderung, der sich eine Hauptfigur stellen muss).

Diese Herangehensweise kann beispielsweise am Märchen *Rapunzel* erprobt werden, um dann daraus Material für Visualisierungen zu gewinnen.

2 Unter „Text" werden hier Aussageeinheiten aus sprachlichen und auch nichtsprachlichen Elementen verstanden, also auch Bild-Text-Kombinationen und diskontinuierliche Texte.

Einen Text wie „Material" behandeln: Text-Landkarte zu „Rapunzel"

Textgrundlage: *Rapunzel,* Märchen von Jakob und Wilhelm Grimm (1812), S. 38 – 42 (siehe Download-Material)

- Das Märchen soll ohne Vorgaben oder Zielsetzung „auseinandergenommen" werden – und zwar möglichst schonungslos, die Brauchbarkeit der Ergebnisse für die Analyse spielt noch keine Rolle. Dazu kann man sich an folgendem Raster orientieren.

Ordnung		→		→		→		→			
Textelemente	z. B. Zeitsprünge, Handlungsschritte, Entscheidungen										
Rekurrenzen	Fee	Frau	Thurm	„Lass..."	Hunger						
Denotation, Konnotation		*Denotation*	*Konnotation*								
	Haar	Hornfaden auf Haut									
	Augen	…									
Oppositionen		schön	nicht schön	böse Absichten	gute Absichten	traurig	froh	frei	unfrei	Liebe	nicht Liebe
	Mann vor Turm, nach Turm										
	Frau vor Turm, nach Turm										
	Fee										
	Rapunzel vor Turm, nach Turm										
	junger Königssohn										
Muster- und Aufbausignale	Dann … eines Tages … später										
Textmuster/ Genremerkmale	Es war einmal …, 3-Zahl										
Konfliktstruktur	Wie „schwer" wiegt der Konflikt im jeweiligen Abschnitt?										

Anhaltspunkte für visuelle Darstellungen gewinnen: Analyseraster

- *Nach* diesem Schritt sollte versucht werden, so viele der Informationen und Ergebnisse wie möglich visuell darzustellen. Dies kann von einfachen „handgemachten" Visualisierungen bis hin zu elaborierten Anwendungen von Skizzen- oder Diagrammformen reichen (Beispiele vgl. Abb. 3.12).
- Erst nach diesem Schritt sollten die Visualisierungen geordnet und zu einer individuellen „Text-Landkarte" verknüpft werden – sowohl für das eigene Textverständnis als auch im Hinblick darauf, wie die Ergebnisse im Unterricht verwendet werden können.

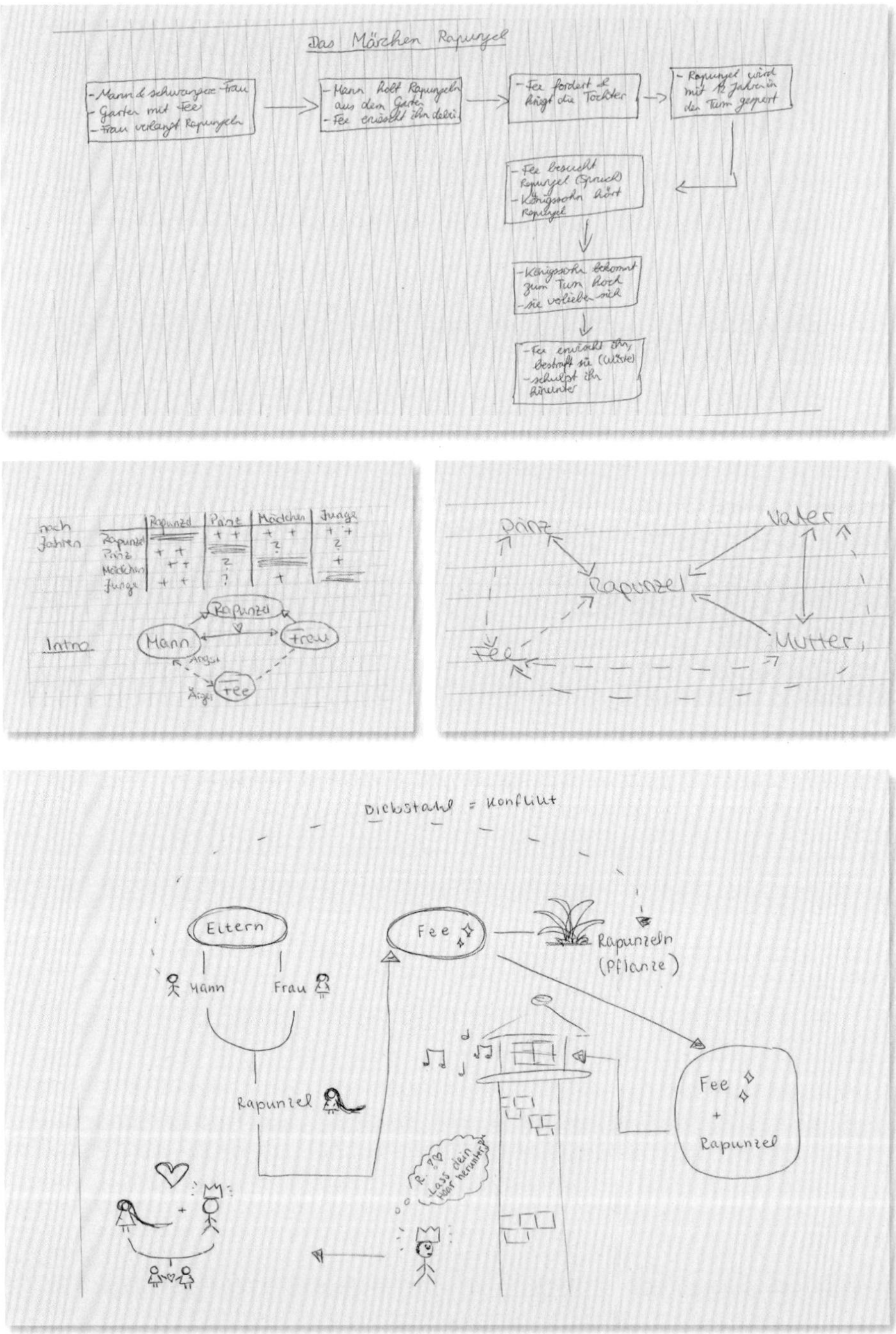

Abb. 3.12: Textlandkarte: Rapunzel, Seminararbeiten Rostock 2022

Für Lehrkräfte liegt der Wert der Text-Landkarten darin, einen schnellen und persönlichen „Überblick" über den Text oder das Thema zu gewinnen und die Facetten und Möglichkeiten, die der Text bietet, zu entdecken.

Visuelle Darstellungsformen für die Textanalyse nutzen

Ob und welche Visualisierungen bei der Textanalyse eingesetzt werden, hängt neben den Ergebnissen des „Zerlegens" insbesondere von den Unterrichtszielen ab. Im Bereich der Textkompetenz bzw. des „Umgangs mit Texten" stehen hier in der Regel folgende Kompetenzen im Vordergrund:

- Identifizieren, Erkennen, Einordnen, Zusammenfassen;
- Erklären, Verstehen, Übersetzen;
- Analysieren;
- Stellungnehmen, Bewerten.

Wenn geklärt ist, wozu visualisiert werden soll, muss weiter entschieden werden, was denn genau Gegenstand des Visualisierens sein soll:

- der Inhalt (Abschnitte), Ablauf (Handlung), Konsequenzen?
- die Kategorien (Begriffe), Muster (Grammatik, Argumentation), Systeme?
- die Strukturen des Textes?

Tab. 3.3 verbindet diese beiden Entscheidungen.

Was / Wozu	Inhalt, Verlauf	Kategorie, System	Strukturen
identifizieren, einordnen, erkennen, zusammenfassen	**1** Textelemente, Bezüge zwischen ihnen, genretypische Merkmale	**2** Gegenstände, Begriffe, Definitionen, Bezüge zwischen Begriffen	**3** Ablauf von Handlungsschritten
erklären, verstehen, übersetzen	**4** Ordnung, Folge, Verbindungen und Hierarchien von Textelementen	**5** Muster, Ordnungen, Organisation, Bezüge, Abhängigkeiten	**6** Ebenen, Konfiguration, Erzählperspektive und -ebene
analysieren	**7** De- und Konnotationen, Oppositionen, Rekurrenzen, Verknüpfungen	**8** Funktion, Variation, Zusammenhänge, Anwendungen	**9** Handlungs- und Konfliktstruktur, Argumentations- oder Motivstruktur
Stellung nehmen, werten	**10** Schlüssigkeit, Logik, Verbindung, Argumentation	**11** Einbezug textexterner Informationen, Deutlichkeit, Funktionalität, Verständnis, Vergleich	**12** Interpretation, Vergleich, Einbezug und Anwendung externer Informationen (Geschichte, Autor etc.)

Tab. 3.3: Was soll wozu mithilfe des Visualisierens vermittelt werden? Entscheidungsraster: Ziele und Gegenstände für das Visualisieren im Deutschunterricht:

Nach der Entscheidung über die angestrebten Kompetenzziele und Inhalte ist im nächsten Schritt zu klären, ob, wo und wie Visualisieren hilfreich sein kann, um die Ziele zu erreichen. Hierzu können nur Erfahrungswerte und Anregungen gegeben werden. Die Wahl der Mittel für das Visualisieren hängt jedoch neben den Zielen und den Inhalten von drei weiteren Faktoren ab:

- persönliche Voraussetzungen der Lehrperson („Das kann ich!");
- Ausstattung und Gestaltung des Klassenzimmers („Das ist möglich!");
- Voraussetzungen in der Klasse („Das funktioniert, das wird gewollt!").

Für jedes der oben (in Tab. 3.3) genannten 12 Ziel-/Inhaltsfelder gibt es visuelle Darstellungsformen, die sich dort besonders gut eignen und leichter umsetzen lassen als vielleicht andere (vgl. Tab. 3.4).

Was / Wozu	Inhalt, Verlauf	Kategorie, System	Strukturen
identifizieren, einordnen, erkennen, zusammenfassen	**1** Markieren, Listen, Ordnen: Mindmap, Wortstern, Cluster	**2** Markieren, Ordnen: Mindmap, Wortstern, Ergänzung	**3** Zeitstrahl, Pfeildiagramm
erklären, verstehen, übersetzen	**4** Tabelle, Zwischenüberschriften, Baumdiagramm, Ablaufdiagramm	**5** Concept Map, grafische Modelle, Ablaufdiagramm	**6** Zeitleiste, Ebenen- und Oppositionstabellen, Soziogramm, Körperumriss
analysieren	**7** Fischgräten- und Venn-Diagramm, Concept Map, Tabelle	**8** visualisierte Beschreibung, Tabelle, Illustration	**9** Strukturskizze, Text-Landkarte
Stellung nehmen, werten	**10 – 12** Veränderung, Vergrößerung, Kommentierung, Akzentuierung		

Tab. 3.4: Geeignete Darstellungsformen für Ziele und Gegenstände (Beispiele). Orientierung: Mögliche Visualisierungs- bzw. Darstellungsformen beim Umgang mit Texten

Wie man als Lehrperson im Hinblick auf bestimmte Ziele und Gegenstände im Unterricht geeignete Darstellungsformen finden und anwenden kann, soll mithilfe der folgenden Übung an einem kurzen Text demonstriert werden.

Nach der Textanalyse visuelle Darstellungsformen auswählen

Text: Nadja Einzmann: *An manchen Tagen* (siehe Download-Material)

Ausgangspunkt: Der Text soll in einer Deutsch-Doppelstunde der Klasse 7 eingesetzt werden. Sie als Lehrperson möchten planen, welche visuellen Darstellungsformen dabei hilfreich sein können. In der Stunde streben Sie als Kompetenzziel für die Schülerinnen und Schüler an: altersgemäße literarische Texte im Hinblick auf inhaltliche, sprachliche und formale Zusammenhänge untersuchen können (Handlungsabläufe und Entwicklung von Figuren in … Texten wiedergeben; Texte gliedern und wichtige Textstellen sammeln; Handlungsmotive von Figuren erklären).

Übung:

- Skizzieren Sie eine Text-Landkarte zu: *An manchen Tagen* (Muster- und Aufbausignale, Konfiguration, Handlungs- und Konfliktstruktur) und verwenden Sie dabei auch grafische Skizzen bzw. visuelle Darstellungsformen, vgl. Beispiel Abb. 3.9).
- Markieren Sie die Erkenntnisse in Ihrer Text-Landkarte, die *überhaupt* für den Unterricht in der 7. Klasse (mit Blick auf die Kompetenzziele) relevant sein können.
- Wählen Sie daraus einen Aspekt der Text-Landkarte aus, der sich für das Visualisieren im Unterricht der 7. Klasse besonders eignen würde.
- Skizzieren Sie einen Entwurf, wie Sie diesen Aspekt der Text-Landkarte im Unterricht visuell vermitteln können.

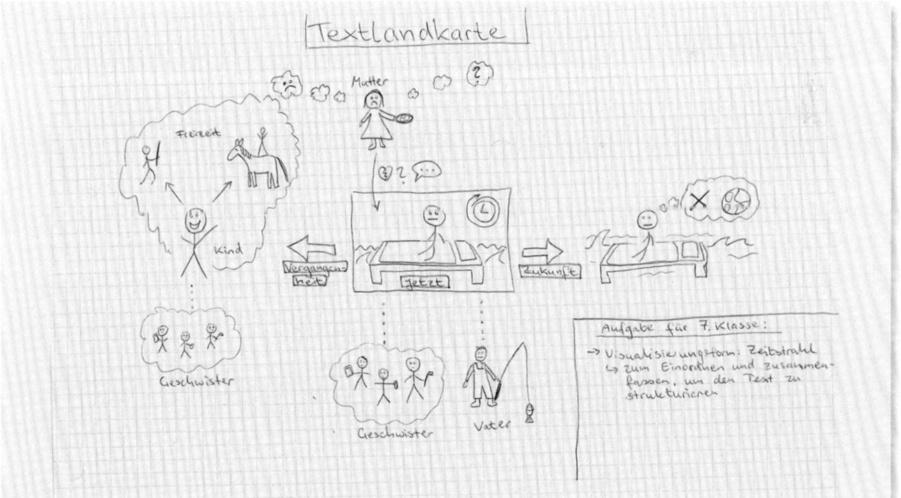

Abb. 3.13: Beispiel 1 einer Text-Landkarte zu *An manchen Tagen*, Seminararbeit Rostock 2022

Der kurze Prosatext von Nadja Einzmann regt zu sehr unterschiedlichen Text-Landkarten an.

Im Beispiel 1 (Abb. 3.13) werden Handlungssituationen in kleinen Soziogramm-Snippets geordnet und so ein Zugang zur (nicht ganz unkomplizierten) Zeit- und Handlungsstruktur und zur Konfiguration der Familie geschaffen. Diese bildliche Darstellungsform erscheint auf den ersten Blick für eine 7. Klasse attraktiv und motivierend, hilft aber jüngeren Schülerinnen und Schülern noch zu wenig, Zusammenhänge zu entdecken und zu verankern.

Im Beispiel 2 (Abb. 3.14 oben) werden nur die Textstrukturen markiert und visualisiert. Besonders hilfreich ist die Markierung der wiederholenden Textelemente, Rekurrenzen, Signale des Erzählaufbaus sowie das Einzeichnen von Verknüpfungen zwischen den Figuren, die eine Basiskonfiguration der Figuren erkennen lassen.

Für eine 7. Klasse sind diese Markierungen und Verknüpfungen in der Text-Landkarte der Lehrperson noch zu komplex, deshalb müssen sie entlastet werden. Geeignete visuelle Darstellungsformen dazu lassen sich in den Feldern 7 bis 9 der Orientierungs- und Entscheidungsraster (Tab. 3.3 und Tab. 3.4) finden, um Analyse- und Verstehensprozess der Schülerinnen und Schüler anzuleiten und zu fördern: So kann, um den Zeit- und Handlungsablauf übersichtlich zu erfassen, besser die Form des „Ablaufdiagramms" gewählt werden. Ergänzend kann eine tabellarische Übersicht über die (grammatischen) Zeiten die Zeitstruktur der Handlung (inklusive der Rückblenden) besser verdeutlichen (vgl. Abb. 3.14 unten).

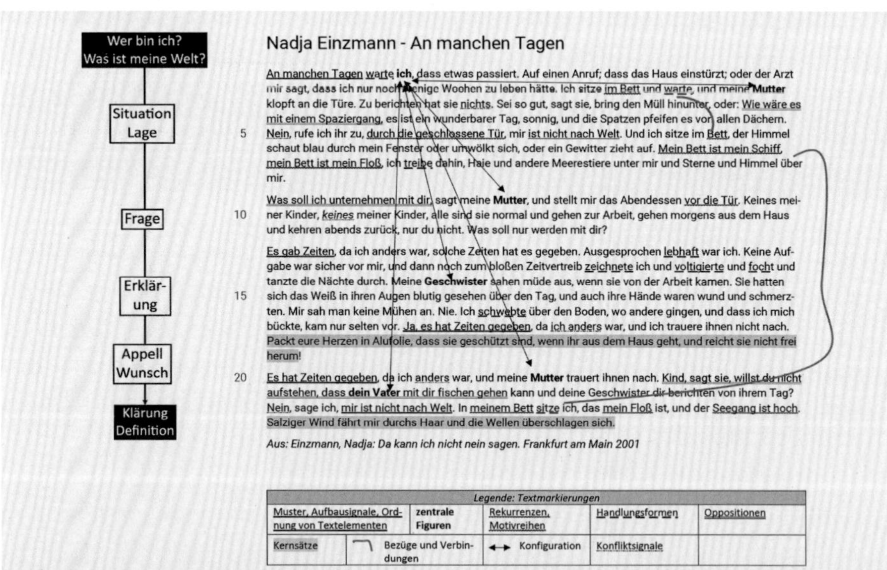

Nadja Einzmann - An manchen Tagen

An manchen Tagen warte **ich**, dass etwas passiert. Auf einen Anruf; dass das Haus einstürzt; oder der Arzt mir sagt, dass ich nur noch wenige Wochen zu leben hätte. Ich sitze im Bett und warte, und meine **Mutter** klopft an die Türe. Zu berichten hat sie nichts. Sei so gut, sagt sie, bring den Müll hinunter, oder: Wie wäre es mit einem Spaziergang, es ist ein wunderbarer Tag, sonnig, und die Spatzen pfeifen es von allen Dächern. Nein, rufe ich ihr zu, durch die geschlossene Tür, mir ist nicht nach Welt. Und ich sitze im Bett, der Himmel schaut blau durch mein Fenster oder umwölkt sich, oder ein Gewitter zieht auf. Mein Bett ist mein Schiff, mein Bett ist mein Floß, ich treibe dahin, Haie und andere Meerestiere unter mir und Sterne und Himmel über mir.

Was soll ich unternehmen mit dir, sagt meine **Mutter**, und stellt mir das Abendessen vor die Tür. Keines meiner Kinder, *keines* meiner Kinder, alle sind sie normal und gehen zur Arbeit, gehen morgens aus dem Haus und kehren abends zurück, nur du nicht. Was soll nur werden mit dir?

Es gab Zeiten, da ich anders war, solche Zeiten hat es gegeben. Ausgesprochen lebhaft war ich. Keine Aufgabe war sicher vor mir, und dann noch zum bloßen Zeitvertreib zeichnete ich und voltigierte und focht und tanzte die Nächte durch. Meine **Geschwister** sahen müde aus, wenn sie von der Arbeit kamen. Sie hatten sich das Weiß in ihren Augen blutig gesehen über den Tag, und auch ihre Hände waren wund und schmerzten. Mir sah man keine Mühen an. Nie. Ich schwebte über den Boden, wo andere gingen, und dass ich mich bückte, kam nur selten vor. Ja, es hat Zeiten gegeben, da ich anders war, und ich trauere ihnen nicht nach. Packt eure Herzen in Alufolie, dass sie geschützt sind, wenn ihr aus dem Haus geht, und reicht sie nicht frei herum!

Es hat Zeiten gegeben, da ich anders war, und meine **Mutter** trauert ihnen nach. Kind, sagt sie, willst du nicht aufstehen, dass **dein Vater** mit dir fischen gehen kann und deine Geschwister dir berichten von ihrem Tag? Nein, sage ich, mir ist nicht nach Welt. In meinem Bett sitze ich, das mein Floß ist, und der Seegang ist hoch. Salziger Wind fährt mir durchs Haar und die Wellen überschlagen sich.

Aus: Einzmann, Nadja: Da kann ich nicht nein sagen. Frankfurt am Main 2001

Legende: Textmarkierungen					
Muster, Aufbausignale, Ordnung von Textelementen		**zentrale Figuren**	Rekurrenzen, Motivreihen	Handlungsformen	Oppositionen
Kernsätze	Bezüge und Verbindungen		↔ Konfiguration	Konfliktsignale	

Abb. 3.14: Beispiel 2, Naja Einzmann: *An manchen Tagen* (Frankfurt/M., 2001, S. 95 – 98) – Visualisieren mit Ablaufdiagramm, Textmarkierung … (Seminararbeit Rostock 2022)

Das Ablaufdiagramm soll hier nicht bloß den inhaltlichen Ablauf wiedergeben – dafür wären Zwischenüberschriften die geeignete visuelle Darstellungsform. Vielmehr soll deutlich werden, wie der Text die Frage nach der Identität aufwirft (Schilderung der schwierigen Situation, Formulierung der Frage durch die Mutter, Rückblende sowie Bruch). Der endgültige Bruch der Hauptfigur mit ihren Eltern („Nein, sage ich, ...") wird durch das Blitzsymbol hervorgehoben, die Konsequenzen daraus werden farbig gekennzeichnet („Herzen in Alufolie", „die Wellen überschlagen sich"). Der blaue Bogen kennzeichnet die Entwicklung vom ersten Rückzug („Mein Bett ist mein Schiff") bis hin zur Trennung („die Wellen überschlagen sich").

Visualisieren der Struktur komplexer Texte

Solange sich die Schülerinnen und Schüler (und oft auch die Lehrkräfte) mit kürzeren fiktionalen Texten beschäftigen, sind die Bereitschaft und die Neugierde in der Regel recht groß, mit Ansätzen des Visualisierens zu experimentieren und ein „Auseinandernehmen" zu wagen, ohne genau zu wissen, zu welchem Ergebnis das führen wird. Im Umgang mit längeren fiktionalen Texten (Romane, Dramen) herrscht dagegen Zurückhaltung: Meist ist der zeitliche Rahmen für die entsprechende Unterrichtsreihe eng gesteckt, die Termine für Klassenarbeiten zur Lektüre stehen bereits fest, und die Bereitschaft, bei einer umfangreichen Unterrichtsreihe „ins Risiko" zu gehen und noch mit visuellen Darstellungen zu arbeiten, ist meist gering. Um diese Bereitschaft zu erhöhen und das Risiko des Scheiterns so gering wie möglich zu halten, bietet sich ein Vorgehen an, das der Klasse in jedem Fall eine gute Grundlage für die weitere Arbeit schafft – man muss also „auf Nummer sicher" gehen. Die beiden folgenden Beispiele zeigen, wie dies geschehen kann:

Unterrichtsbeispiel 1: Eoin Colfer: *Artemis Fowl* (Jugendbuch, 2017)

- *Planung:* genügend Zeit einplanen, damit sich die Klasse einen ersten Eindruck vom Text verschaffen kann, z. B. durch Rezensionen, Klappentexte oder eine Umfrage in der Klasse: Was könnte wichtig und interessant bei der Lektüre sein? (Z. B. Schauplätze, Konflikt Artemis – Elfen, Gegensatz Verbrecher – Ehre, Gegenwelt; Science-Fiction- oder Fantasy-Elemente.)
- *Vorbereitung:* Erstellung einer Text-Landkarte durch die Schülerinnen und Schüler: Welche Aspekte sollen in jedem Kapitel untersucht werden? Festlegung der „Auswertungskategorien".

- Erprobung der Auswertungskategorien am Beispiel des 2. Kapitels *Die Übersetzung* (S. 15 f.) (das Einführungskapitel hat eine besondere, von den anderen Kapiteln abweichende Struktur).
- Arbeitsteilige Gruppenarbeit: Vorbereitung (in Stichworten) der neun Kapitel für Text-Landkarte:

	Kapitel 2	…
Personen/Wesen		
Schauplätze/Orte		
Elemente Science-Fiction/Fantasy		
Oppositionen		
Gruppenbild/ Soziogramm		
Entwicklung Personen		
Zusammenfassung Handlung		
drei Testfragen		

Konsens-Konflikt-Kurve	Konsens Konflikt					
Spannungskurve	sehr hoch sehr niedrig					
	Seite					
unbekannte Wörter						
zu klären						

Sammlung für Text-Landkarte *Artemis Fowl* (je Gruppe ein Kapitel)

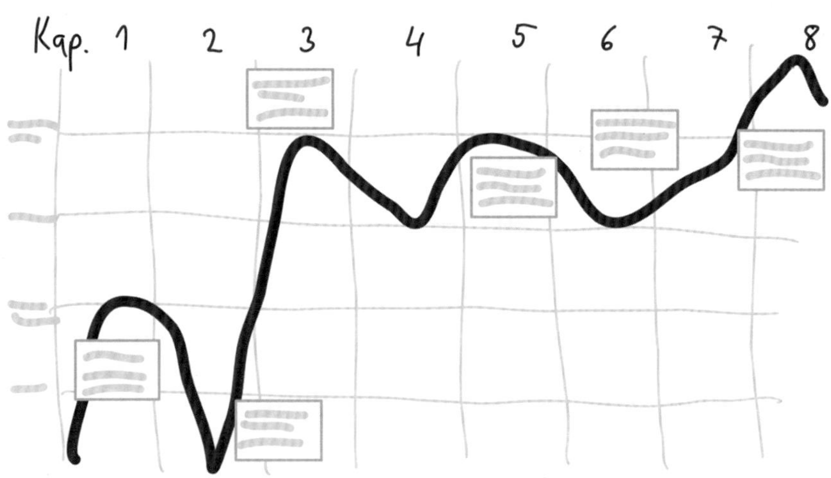

Wandzeitung *Artemis Fowl*

- Die Gruppen können dieses Raster auf A3-Blättern im Hochformat ausfüllen und später nebeneinander aufhängen (die Kategorien überlappen sich dann). Wenn möglich, sollte jedoch ein Packpapierbogen (50 × 100 cm) verwendet werden, auf dem die Kategorien gekennzeichnet sind. So können die Gruppen ihre Angaben in großer Schrift eintragen und die Blätter zu einer Wandzeitung zusammenfügen (vgl. Abb. *Wandzeitung*).
- Eine Besonderheit, auf die noch näher eingegangen wird (vgl. Abb. 3.18), ist die Angabe von zwei Kurven bei den Kapitelzusammenfassungen: Denn bereits am Beispiel der „Erzählmaus“ (Abb. 2.19) wurde deutlich, dass die Kategorie „Spannung“ bei der Analyse von Texten problematisch ist – weil oft nicht klar ist, ob die Spannung der Handlung oder die des Lesers bzw. der Leserin gemeint ist, und weil es von den individuellen Lesegewohnheiten, -neigungen, -interessen, der eigenen Erfahrung und Übung abhängt, wie „Spannung“ eingeschätzt wird. Um das Problem zu vermeiden, dass das Unterrichtsgespräch über „Spannung“ am Ende beliebig wird, kann hier differenzierter vorgegangen werden: In der einen Kurve können die Schülerinnen und Schüler einzeln oder in Gruppen einschätzen, wie hoch (oder niedrig) der Konsens bzw. der Konflikt zwischen den jeweiligen Figuren auf den Seiten des entsprechenden Kapitels ist. In der zweiten Kurve können sie dann ihre „Lesespannung“ im jeweiligen Kapitel angeben. Die Zusammenschau der beiden Kurven und die Angaben zum „Gruppenbild/Soziogramm“ ermöglichen dann sowohl einen Einblick in die Konfiguration sowie die Handlungs- und Konfliktstruktur des Textes als auch eine Reflexion der eigenen Wahrnehmung und Einschätzung des Textes.

Unterrichtsbeispiel 2: Henrik Ibsen: *Nora – oder ein Puppenheim* (Drama, 1879)

Im Abschnitt über Strukturskizzen (vgl. Kapitel 2.5: *Minimalausstattung: Strukturskizzen*) wurde bereits ein erster Einblick in die Möglichkeiten des Visualisierens bei der Analyse von Dramen gegeben, u. a. durch die Darstellung der Konfiguration (vgl. Abb. 2.16) und die Charakterisierung der Hauptfigur durch einen Körperumriss (vgl. Abb. 3.11). Beide Beispiele beziehen sich auf das Drama *Nora – oder ein Puppenheim* von Henrik Ibsen. Eingebettet waren die beiden Analyseausschnitte in eine umfangreiche Unterrichtsreihe (14 Unterrichtsstunden) zu Ibsens Drama.

- Ausgangspunkt der Unterrichtsreihe war nicht, wie üblich, der Text des Dramas oder ein Ausschnitt aus einer Verfilmung, sondern zwei „Teaser“ aus Theaterprogrammen. Diese wurden hinsichtlich der darin enthaltenen Informationen über Plot, Figuren, Zeit, aktuelle Bedeutung ausgewertet, mit dem Ergebnis, dass es sich um ein im zeitlichen Ablauf klar gegliedertes Stück mit wenigen – stark durch ihr Umfeld und die Gesellschaft definierten – Rollen handeln muss.

- Um rasch einen Überblick über die Handlungs-, Konflikt- und Konfigurationsstruktur zu erhalten, wurde (arbeitsteilig) eine Text-Landkarte erarbeitet. Für jede Szene wurden Konfiguration, Inhalt und die Konfliktkurve auf einer Wandzeitung (vgl. Abb. oben) eingetragen; auf dieser Grundlage wurde der Gesamtverlauf des Dramas untersucht:

	Krogstad	**Linde**	**Torvald**	**Nora**	**Dr. Rank**	**Anne M.**
vor acht Jahren						
in den letzten acht Jahren						
Zwei Tage (Weihnachten)						
(Ausblick ...)						

Rekurrenzen	*Verbrechen/Unglück* *Fälschung* *Lüge* *(falsche) Ehre* *Erpressung*	*Entdeckungen/Aufdeckungen* *Sünden des Vaters* *Egoismus* *Darlehen* *unglückliche Liebe*
Hinweise auf: Werte, Oppositionen, Konflikte	*Erpressung – Verzicht* *großmütig – kleinlich* *liebevoll – egoistisch* *hilfreich – tyrannisch*	*penibel – großzügig* *selbständig – abhängig* *konventionell – unkonventionell* *Objekt – Subjekt*
Konfiguration, Oppositionen	*Helmer – Krogstad; Helmer – Rank; Linde – Rank; Nora – Helmer; Nora – Krogstad ...*	

Raster für Auswertung der Text-Landkarte (mit *Lösungshinweisen*)

- Mithilfe der Auswertung wurde die Entwicklung des grundlegenden Werte-Konflikts (vgl. Abb. 2.17) zwischen den beiden Hauptfiguren herausgearbeitet.

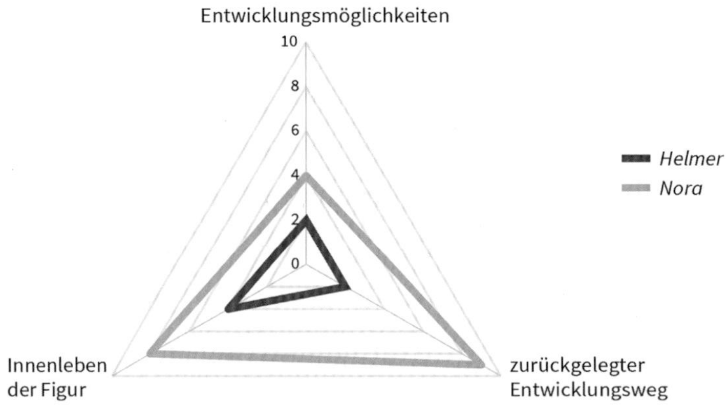

WLT-Dimensionen: Nora und Helmer

- Die Figurenkonzeption der Hauptfiguren wurde dann in einem Netzdiagramm dargestellt: Erfasst wurden dabei die drei WLT-Dimensionen der Hauptfiguren (Beckerman 1979): (a) *Weite:* ihre Möglichkeiten und ihre Bereitschaft, sich persönlich weiterzuentwickeln, (b) *Länge:* des eigenen Entwicklungsweges (im Drama), (c) *Tiefe:* ihres „Innenlebens". Wie weit sich Nora im Laufe des Stücks von Helmer und seiner Welt entfernt, wurde so direkt anschaulich.

Die Handlungs- und Konfliktstruktur visualisieren

Als Alternative oder zumindest Ergänzung zur klassischen „Spannungskurve" (vgl. Abb. 2.19) oder zur Kurve der „Handlungsintensität" (Brown/Tu 2020), wurde im vorigen Abschnitt über *Artemis Fowl* die „Konsens-Konflikt-Kurve" kurz angesprochen. Sie ist eine interessante und eindrückliche visuelle Darstellungsform bei der Analyse von Handlungs- und Konfliktstrukturen (auch längerer Texte).

Die Konsens-Konflikt-Kurve ist eine Darstellungsform der Handlungs- und Konfliktstruktur von Texten, die die Dynamik der Handlung bzw. der ihr zugrunde liegenden Motive und Gefühle wie Konsens oder Konflikt veranschaulicht. Diese Dynamik entfaltet sich in der Regel zwischen dem Pol „größtmöglicher Konsens und Zufriedenheit bzw. Glück" auf der einen Seite und dem Pol „tiefster Konflikt und Unglück" auf der anderen Seite.

Während in der Mitte zwischen den beiden Polen ein Zustand der Ruhe oder Ausgeglichenheit herrscht, vertiefen sich die Konflikte oder der Konsens, je weiter sie sich den Polen nähern. Bei Konsens und Konflikt wird explizit nicht von einer „Steigerung" gesprochen, da dieser Begriff häufig missverstanden wird, als würde sich die Intensität eines Konfliktes oder eines Konsenses durch Steigerung von Heftigkeit, Lautstärke und Aktion ausdrücken. Oft sind es aber auch Rückzug und Schweigen, die eine Eskalation des Konflikts (oder auch des Konsenses) anzeigen können. Dieser Ansatz bezieht sich auf das Konfliktmodell von Friedrich Glasl (2008, 2013, 2015), das die Eskalation von kleinen Spannungen bis hin zu destruktiven „heißen" oder auch „kalten" Konflikten als einen Weg in den „Abgrund" beschreibt, bei dem sich Konfliktreichweite, -rahmen und -tiefe immer weiter ausdehnen (vgl. Abb. 3.15).

Die Eskalation

- beginnt meist mit einer destruktiven Wahrnehmung des Gegenübers (Wahrnehmungsfilter, Röhrenblick),
- geht weiter über negatives Denken (Simplifizierung, Stereotypisierung),
- über ein problematisches Gefühlsleben (triebhaftes Handeln, starre Zielverfolgung),

Standpunkte verhärten; zeitweilige Ausrutscher; noch keine starren Parteien oder Lager	**Verhärtung**	1
Polarisation im Denken, Fühlen und Wollen, verbale Gewalt; über Dritte reden, Differenz von Oberton und Unterton	**Debatte**	2
Reden hilft nicht mehr, Taten! Diskrepanz verbalen und nonverbalen Verhaltens; Verlust von Empathie	**Taten**	3
Image-Kampagnen, Gerüchte über Wissen und Können; in negative Rollen manövrieren und bekämpfen; Anhänger werben	**Koalitionen**	4
öffentlich und direkt: Gesichtsangriffe; inszenierte „Demaskierungsaktion", Verlangen nach Rehabilitierung!	**Gesichtsverlust**	5
Drohung und Gegendrohung, Selbstbehinderungsaktivitäten, Stolperdrähte; Stress	**Drohstrategien**	6
Denken in „Dingkategorie"; begrenzte Vernichtungsschläge, kleinerer eigener Schaden ist Gewinn	**begrenzte Vernichtungsschläge**	7
Paralysieren, Desintegrieren des feindlichen Systems	**Zersplitterung**	8
kein Weg zurück, totale Konfrontation	**gemeinsam in den Abgrund**	9

Abb. 3.15: Eskalation von Konflikten (nach Glasl 2008)

- um dann über destruktive Willensäußerungen (Wut, Lähmung)
- zu destruktivem Verhalten nach außen zu gehen (Verrohung, Destruktion, Kontrollverlust).

Glasl stellt diese Eskalation als eine nach unten in den Abgrund führende „Treppe" dar, bei der es bei jeder Stufe schwieriger wird, von allein wieder aus der Eskalation herauszukommen.

Der Eskalation in den tiefen Konflikt steht am anderen Pol der wachsende Konsens und das Glück gegenüber – auch hier wird nicht von „Steigerung" gesprochen, sondern von einem Wachsen –, das sich in neun Stufen darstellen lässt (vgl. Abb. 3.16).

Bereitschaft, die Position zu verändern; Unverkrampftheit, achtsamer Umgang	**Offenheit**	1
gemeinsames Drittes, Rationalität, direkte Ansprache, Vermeidung von Ironie und Unterton	**positive Einstellung**	2
Einbeziehung in Entscheidungen; sagen, was man meint; positive Erwartungen und Rollenzuschreibung	**Gespräch, Verständnis**	3
Rollen verstehen wollen; aufmerksam und genau wahrnehmen; überlegt reden und kommunizieren	**Dialog**	4
Sachorientierung, Annahme des Gegenübers, Suche nach Gemeinsamkeiten	**Akzeptanz**	5
Ermunterung: dem Gegenüber vertrauen, Entspannung	**Bestätigung, Ermunterung**	6
Gegenüber als Menschen sehen; aktive Hilfe, positive Handlungen	**Unterstützung, Hilfe**	7
Einbinden ins eigene System; Beziehung; Integration	**Verbindung**	8
gemeinsamer Weg; gemeinsame Werte und gemeinsames Handeln	**Konsens**	9

Abb. 3.16: Entwicklungsschritte zu Konsens und Glück

Diese beiden Darstellungen lassen sich in der Konsens-Konflikt-Matrix zusammenführen (vgl. Abb. 3.17), in die dann die Konsens-Konflikt-Struktur des Textes eingezeichnet werden kann (im Beispiel: graue Linie).

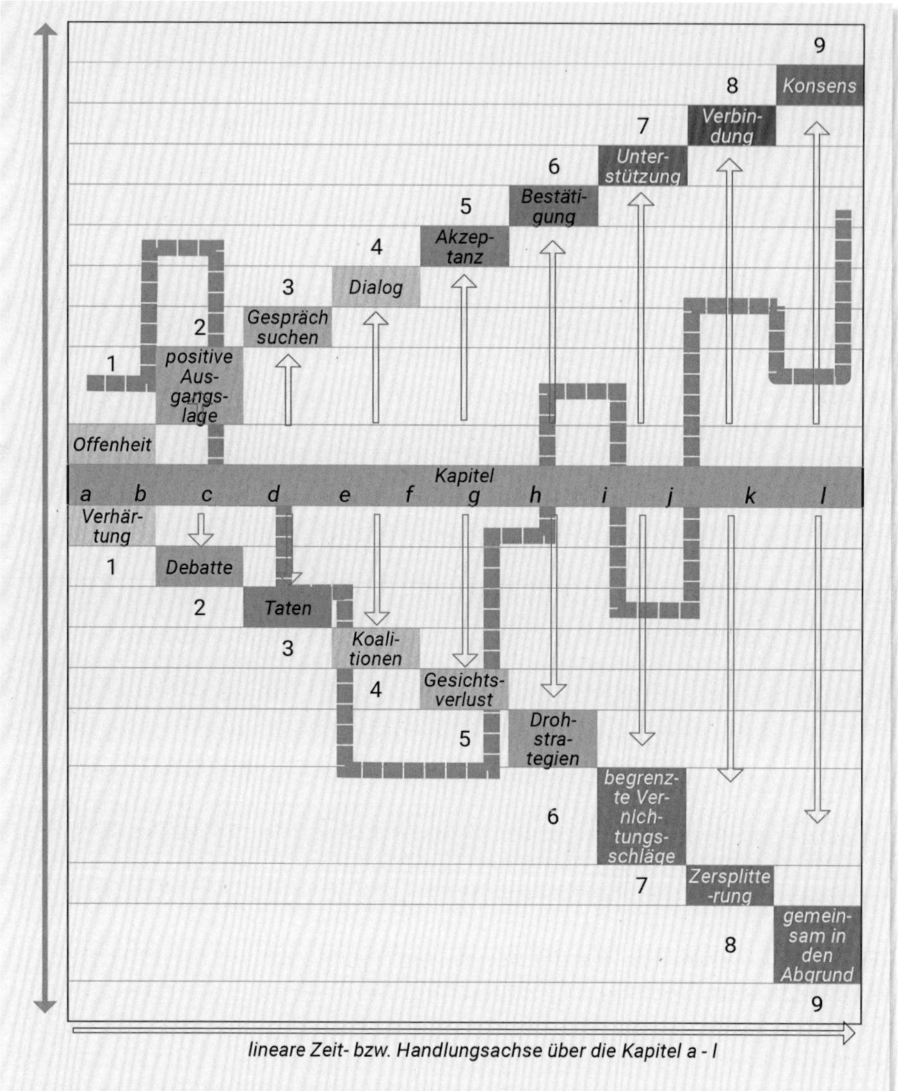

Abb. 3.17: Beispiel einer Konsens-Konflikt-Kurve (dunkelgrau) eines Textes – von Offenheit und positiver Ausgangslage zu Drohstrategien, „Konflikt-Taten" und schließlich zur gegenseitigen Bestätigung

In Kombination mit der zugrunde liegenden Text-Landkarte bietet die Konsens-Konflikt-Kurve die Grundlage, die Handlung und Konflikte eines (auch komplexen) Textes bildlich darzustellen und so zu verstehen. Dabei greift sie auf die Erkenntnisse des „Auseinandernehmens" zurück und überführt sie in eine Gesamtschau des Textes, die zentrale Elemente „auf einen Blick" erfasst.

Ausprobieren, welches Muster passt – den „Plot" eines Textes entdecken

Statt sich, wie im vorigen Abschnitt, die Mühe zu machen, zuerst die Handlungs- und Konfliktstruktur zu analysieren, kann man auch einfach ausprobieren, welches Bild eines klassischen Erzählmusters sich am besten auf den Text anwenden lässt. Diese Methode ist ein alter Hut, wie beim „Mausbild" (vgl. Abb. 2.18) oder der „Pyramiden-Grafik" beim klassischen Drama (steigende Handlung, Peripetie, fallende Handlung und Auflösung des Konflikts). Aber sie hat im Deutschunterricht leider auch eine Tradition des Zwanghaften, bei dem Muster entdeckt werden, weil sie entdeckt werden müssen. Und entdeckt werden fast immer nur die klassischen Formen (Novelle, Kurzgeschichte, Anekdote). Insofern bringt die Analyse von Texten anhand vorgegebener Muster nur wenig eigene Einsichten und bleibt oft nur eine Pflichtübung zur Aneignung von Wissen für die Leistungsbewertung.

Das heißt jedoch nicht, dass es keine Grundformen oder Idealtypen der Erzähldramaturgie gäbe – und auch nicht, dass es uninteressant sein muss, diese Grundformen zu entdecken. Auszuprobieren, welches visuelle Muster einer Erzählform auf einen Text zutrifft, kann Spaß machen, wenn man so lernen kann, wie ein Text „funktioniert".

Der amerikanische Schriftsteller, Literaturwissenschaftler und Geschichtenerzähler Kurt Vonnegut (1922–2007) hat ein solches Werkzeug entwickelt (2006, 2007) und später in Vorträgen humorvoll und mit gekonntem Visualisieren vorgeführt (Kurt Vonnegut: „On the shape of stories", 1985, https://www.youtube.com/watch?v=oP3c1h8v2ZQ).

Sein Ansatz beruht auf zwei Thesen:

- Es gibt nur einige wenige universelle Grundformen der Dramaturgie von Erzählungen (Kurzgeschichten, Romane, Filme).
- Diese Grundformen der Dramaturgie lassen sich grafisch darstellen.

Während die erste These Kurt Vonneguts, insbesondere die Beschränkung auf fünf bis acht Formen, umstritten blieb, wurde die zweite These einhellig positiv aufgenommen – vor allem wegen des kreativen Ansatzes, die Dramaturgie des Erzählens und die Erzählformen von Texten zu visualisieren. Ausgangspunkt ist ein kartesisches Koordinatensystem mit zwei Dimensionen: „Schicksal: gut vs. schlecht/böse" und „Zeit/Verlauf der Erzählung: vom Anfang bis zum Ende". Anhand dieser Dimensionen beschreibt Vonnegut die wichtigsten idealtypischen Erzählverläufe, mit denen sich seiner Überzeugung nach (fast alle) Werke der Weltliteratur erfassen lassen (vgl. Abb. 3.18). Dazu (2007) rechnete Vonnegut:

- „in eine Grube fallen": Die Hauptfigur gerät in Schwierigkeiten, kommt wieder heraus und ist am Ende besser dran als vorher (z. B. Kesselring: *Arsen und Spitzenhäubchen*),

- „Junge trifft Mädchen“: Die Hauptfigur findet etwas Wunderbares, bekommt es, verliert es und bekommt es zurück (z. B. Brontë: *Jane Eyre*).
- „Aschenputtel“: Die Hauptfigur lebt in schrecklichen Umständen, kann sich mit Hilfe daraus befreien, um wieder abzustürzen, um erneut in unendliches Glück gerettet zu werden ...
- „Kafka“: Die Hauptfigur, eher unattraktiv und nicht sehr sympathisch, hat unangenehme Verwandte, Jobs ohne Aussicht auf Beförderung. Eines Morgens wacht sie auf und hat sich in eine Kakerlake verwandelt.
- „Hamlet“: Unklar, ob die Hauptfigur Glück oder Unglück hat, eine schwebende Figur ...

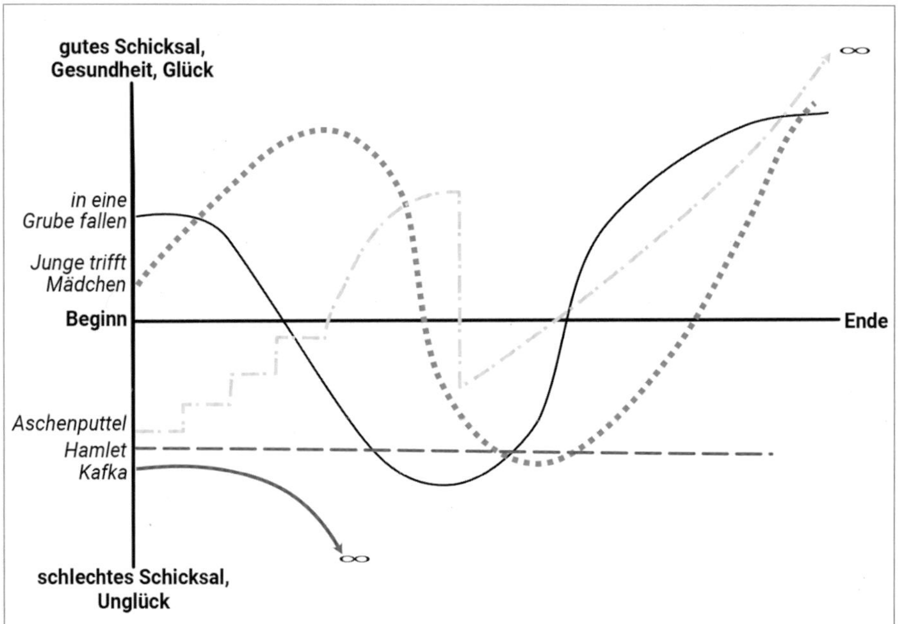

Abb. 3.18: Kurt Vonnegut: Muster der Dramaturgie von Erzählungen (angelehnt an Vonnegut 2007)

Natürlich vereinfachen diese idealtypischen Erzählverläufe, aber sie sind auch Verdichtungen einer intensiven Lektüre – deshalb eignen sie sich so gut für unsere Methode: Man sucht unter Vonneguts Mustern das, was am besten zum Text passt: Warum passt dieses Muster gut zum Text? Was sagt es darüber, wie der Text funktioniert? – Eine Variante dazu bietet die von Vonnegut inspirierte Webseite http://www.hedonometer.org/books/v1/, die automatisiert nach Grundformen des Erzählens sucht (Reagan/Mitchell u. a. 2016).

3.1.5 Bewerten und Beurteilen

Wenn im Zusammenhang mit Visualisieren von Bewerten und Beurteilen die Rede ist, dann meist nur im Hinblick darauf, wie Lehrkräfte visuelle Darstellungen ihrer Schülerinnen und Schüler bewerten können. Durchweg erfolgt die Bewertung dabei leider nach überwiegend formalen Kriterien:

- Angemessenheit der gewählten Darstellungsform;
- Relevanz der ausgewählten Informationen oder Daten für das Thema;
- Einhaltung von Mindeststandards der visuellen Umsetzung (Gliederung, Ordnung, Verständlichkeit und Übersichtlichkeit);
- Einhaltung formaler Vorgaben (Quelle, Stichprobe usw.);
- grafische Gestaltung der Darstellung.

Wenn sich die Bewertung von visuellen Darstellungen von Schülerinnen und Schülern hauptsächlich an diesen Kriterien orientiert, dann ist das so, als würde man die Qualität eines Essens nach der Zutatenliste und der Sauberkeit in der Küche beurteilen – beides ist sicherlich wichtig, aber allein eben nicht ausschlaggebend. Zu den wichtigen Lernerfahrungen im Deutschunterricht muss die Erfahrung gehören, dass auch problematische Inhalte mit ansprechend gestalteten visuellen Darstellungen transportiert werden können. Dass Inhalte visuell „aufgepeppt" werden können, wissen Schülerinnen und Schüler spätestens nach ihrer ersten PowerPoint-Präsentation – umso wichtiger ist es, diesen Aspekt auch bei der Bewertung zu berücksichtigen.

Vier Strategien sind dabei besonders hilfreich:

- *Prozessbegleitung:* Visuelle Darstellungen sollten nicht „fertig" abgeliefert werden, sondern ihr Entstehungsprozess sollte nachvollziehbar sein, dokumentiert werden. Eine Möglichkeit ist z. B., sich PowerPoint-Präsentationen von Schülerinnen und Schülern zunächst nur als reine Textversion (unformatiert und ungestaltet) vorlegen zu lassen, um inhaltliche Fragen zu klären und zu überlegen, welche Ergebnisse hervorgehoben werden sollen. Wenn die Umsetzung der visuellen Darstellung dann noch in mehreren Schritten erfolgen kann (Reduzierung der Textvorlage, Gliederung der Textvorlage, Vorschläge für Visualisierungen), ermöglicht dies einen guten Einblick in die Arbeit der Schülerinnen und Schüler.
- *Begründung:* Häufig wählen Schülerinnen und Schüler die Gestaltungsmittel beim Visualisieren intuitiv oder abhängig von ihren Kenntnissen mit Grafik- und Präsentationsprogrammen. Ob die Wahl der Mittel zielgerichtet und bewusst erfolgt ist, lässt sich an kurzen Begründungen erkennen, die zu den visuellen Darstellungen gegeben werden sollen.
- *Alternativen:* Vor allem bei der Verwendung von Diagrammen sollten verschiedene Formen ausprobiert und deren Vor- und Nachteile beschrieben und abgewogen werden. Dies ist besonders notwendig, wenn eigene Da-

tenerhebungen visuell dargestellt werden.
- *Alles in Grau:* Alle Vorlagen für Präsentationen werden zunächst als Entwurf in Graustufen vorgelegt – das spart nicht nur Ressourcen (bei Farbdruckern), sondern es hilft auch, Präsentationen unvoreingenommener zu betrachten und sich nicht von Farben ablenken zu lassen.

Wenn Schülerinnen und Schüler also in Leistungssituationen wie bei Klassenarbeiten visuelle Darstellungen erstellen sollen, dann entweder als Prozess in mehreren Schritten (mit Begründungen) oder als Überarbeitung vorhandener Darstellungen nach Kriterien. Gut geeignet sind auch Vergleichsaufgaben zu mehreren bildlichen Darstellungen desselben Sachverhalts.

Ein weiteres Problem bei der Bewertung von Leistungen im Bereich Visualisieren ist die Fokussierung auf Großformen (Diagramme, Strukturskizzen, Ablaufdiagramme). Hier wäre es wichtig, auch einfache Alltagsformen wie Tabellen, Gliederungen und Concept Maps in den Blick zu nehmen und zu bewerten, wie sie gut und vor allem verwertbar gestaltet werden können.

Schließlich kann auch beim Visualisieren nur das bewertet und beurteilt werden, was geliefert wurde: So können Diagramme und andere Abbildungen nur dann sinnvoll und fair bewertet werden, wenn ihre visuelle Gestaltung im Unterricht explizit vermittelt wurde – und nicht nur nebenbei. Das allein reicht aber noch nicht: Schülerinnen und Schüler müssen Gelegenheit haben, über Visualisieren und ihre Arbeit mit visuellen Darstellungen im Unterricht „fachlich" zu sprechen und sich mit Gestaltungs- und Bewertungskriterien auseinanderzusetzen. Dies setzt voraus, dass Lehrkräfte im Unterricht nicht nur anspruchsvolle und strukturierte visuelle Darstellungen verwenden, sondern auch das eigene Visualisieren zum Gegenstand des Unterrichts machen und beispielsweise mit den Schülerinnen und Schülern reflektieren:
- Was war an dem (heutigen) Tafelbild für das Lernen hilfreich?
- Wozu wurde das digitale Whiteboard genutzt?
- Wie können Arbeitsblätter so gestaltet werden, dass sie für die weitere Arbeit wichtig werden?

Dass Lehrkräfte im Unterricht u. a. durch Korrekturen, Tafelbilder, Präsentationen immer auch ein „Bild" von sich und ihrer Arbeit abgeben, wurde bereits (vgl. Kapitel 1: *Aber: Gute Absichten allein reichen fürs Visualisieren nicht*) erwähnt. Umso wichtiger ist es deshalb, eine Rückmeldung darüber zu erhalten, wie ihr Bild von den Schülerinnen und Schülern überhaupt ankommt, ob die Darstellung stimmt und was ggf. verbessert werden kann.

3.2 Visualisieren für Schülerinnen und Schüler

Beim Visualisieren im Deutschunterricht haben Schülerinnen und Schüler häufig unter einer Kompetenzvermutung zu leiden: Weil sie – im Vergleich zu ihren Lehrkräften – eher zu den „early adopters" gehören, die neue Medientrends schnell ausprobieren und nutzen, wird ihnen unterstellt, dass sie das gerne und interessiert tun und dass sie besonders kompetent darin sind.

Diese Kompetenzvermutung erweist sich für die jungen Menschen in zweierlei Hinsicht als fatal: Zum einen trifft sie so überhaupt nicht zu – denn auch wenn junge Menschen neue digitale Medien, Plattformen, Werkzeuge, Programme etc. nutzen, heißt das noch lange nicht, dass sie das kompetent tun oder – wenn sie es kompetent tun – dass es nützlich für sie ist. Und zum anderen löst die unterstellte Kompetenz der Schülerinnen und Schüler bei den Lehrkräften eine Unterlegenheitserwartung aus, dass sie als vergleichsweise schlechtere Nutzer und Anwender neuer Medien den jungen Menschen nichts, zumindest nichts Neues vermitteln könnten.

Wie wenig – in aller Regel – die Kompetenzvermutung und die Unterlegenheitserwartung zutreffen, könnten Lehrkräfte wie Schülerinnen und Schüler leicht erfahren, wenn sie sich gegenseitig über die Schulter schauen ließen:

Ein kleines Experiment: Was können Schülerinnen und Schüler wirklich (nicht)?

Ausgangssituation: Schülerinnen und Schüler und die Lehrkraft arbeiten jeweils an den gleichen Aufgaben (digital oder auch analog) und beobachten sich dabei:

- Eine Tabelle mit 5 Spalten und 7 Zeilen erstellen für eine Übung Wortarten/Satzzeichen, dabei Dachzeile und Vorspalte hervorheben (farblich, durch den Schrifttyp).
- Einen Text schreiben mit gegliederten Absätzen und Aufzählungen – und dabei Tabulatoren/Einzüge benutzen (keine Leerzeichen).
- Die Konflikt-Konsens-Kurve zu einem kurzen Text analog auf eine Wandzeitung oder digital mit einem Zeichenprogramm zeichnen.

Auswertung: Wie werden die drei Aufgaben jeweils angegangen? Lassen die Gestaltungen jeweils eine klare Ordnung und Beziehungen und Zusammenhänge erkennen? Welche Arbeitsschritte dauern am längsten, welche sind schnell erledigt?

Oft erkennen beide Beteiligte, sowohl die jungen Menschen als auch die Lehrkräfte, dass diese drei Aufgaben keineswegs trivial sind (insbesondere dann nicht, wenn beispielsweise Tabellenzellen verändert werden oder Kurvenabschnitte definiert werden müssen) und dass es Zeit kostet, sie einigermaßen ansehnlich zu lösen. Die Unterschiede liegen jedoch meist in der Zugangsweise, z. B. in der Bereitschaft, etwas auszuprobieren, ein Programm falsch zu benutzen oder in der Fähigkeit, eine Struktur zur Lösung dieser Aufgaben zu entwickeln.

Diese Erfahrung macht ein zentrales Prinzip für das Visualisieren von Schülerinnen und Schülern im Deutschunterricht deutlich:

Visualisieren lässt sich nicht bloß intuitiv durch den Umgang mit (digitalen) Medien erlernen, sondern muss aktiv und systematisch gelernt werden. Dies gelingt besser, wenn dabei an vorhandene Kompetenzen und Erfahrungen angeknüpft wird – das gilt für Schülerinnen und Schüler, aber auch für ihre Lehrkräfte.

Wer Visualisieren lernen oder vermitteln will, braucht systematische und an Erfahrungen und Kompetenzen orientierte Lernprozesse. Denkbar ungeeignet dafür sind kurze Kurse oder Unterrichtsreihen, allgemeine Workshops ohne Bezüge zu Inhalten oder Methoden-Unterrichtsreihen wie „Lernen lernen“. Ein sinnvoller Weg dahin ist, Visualisieren inhaltlich und methodisch immer wieder in den Deutschunterricht einzubinden.

Allerdings erfordert dieser Weg, dass man als Lehrperson dem Thema Visualisieren einen bedeutsamen Platz im Deutschunterricht gibt und weiß, was Schülerinnen und Schüler hier schon können, erwarten und noch brauchen.

Die folgenden zehn Impulse geben dafür Anregungen und Hinweise. Sie greifen auf, wie der Unterricht an das Vorwissen der Schülerinnen und Schüler angeschlossen werden kann, welche Lernziele für sie von besonderer Bedeutung sind und was sie am Ende der Sekundarstufe I unbedingt können sollten, um selber visualisieren zu können und mit visuellen Darstellungen kompetent umzugehen. Damit bilden die zehn Impulse beim Thema Visualisieren eine Art „roten Faden“ für die Perspektive der Schülerinnen und Schüler – sie sollen Lehrkräften helfen, die Ziele beim Visualisieren nicht aus den Augen zu verlieren – und sie sollen den Schülerinnen und Schülern Orientierung und Sicherheit geben, und gut und sicher geführt zu werden. Dabei lässt sich keine Rangfolge der Wichtigkeit der Impulse festlegen: Je nach Situation, Klasse und Ziel kann sie unterschiedlich sein.

3.2.1 Impuls 1: Erfahren statt Überzeugen – Visualisieren ist wichtig

Natürlich kann man Schülerinnen und Schüler von der Notwendigkeit oder dem Sinn des Visualisierens (auch) im Deutschunterricht überzeugen. Dafür gibt es mindestens ebenso gute Gründe, wie es sie für viele andere Themen, Fächer oder Unterrichtsinhalte gibt: Wichtigkeit für die Zukunft, Vorbereitung auf Arbeitswelt, Bedeutung für effektives Lernen, Beherrschen von Medien-Modalitäten ...

Aber diese Gründe können junge Menschen nur wenig überzeugen, wenn sie nicht genug durch eigene Erfahrungen in der Schule bestätigt werden. Für Schülerinnen und Schüler, die im Schulalltag erleben müssen, dass Unterricht auch ohne oder nur mit schlechtem Visualisieren funktioniert, wird dies zum Gegenargument, sich mit diesem Thema näher zu befassen.

Visualisieren muss daher im Deutschunterricht wichtig gemacht werden – und eben nicht durch Überreden oder Überzeugen, sondern durch systematisch gestaltete Lern- und Erfahrungsprozesse:

- *über Visualisieren sprechen:* Schülerinnen und Schüler brauchen Begriffe dafür, was Visualisieren ausmacht und wie es funktioniert. Deshalb müssen Lehrkräfte im Deutschunterricht über visuelle Darstellungen sprechen und dabei Anlässe durch Aufgaben und Impulse schaffen, über Visualisierungen auch fachlich zu sprechen.
- *Visualisieren vormachen:* Schülerinnen und Schüler müssen nachverfolgen können, wie Visualisieren schrittweise erfolgt – deshalb müssen Schritte geordnet und erkennbar sein (z. B. durch Nummerierungen).
- *Visualisieren als Prozess erproben:* Von Anfang an muss beim Visualisieren der Prozess im Vordergrund stehen. Für Arbeitsschritte und Zwischenergebnisse sind insbesondere in unteren Klassen flexible Zeitvorgaben notwendig, auch wegen der großen Unterschiede im Vorwissen und im visuellen Vorstellungs- und Darstellungsvermögen.
- *Produkte sind erst einmal zweitrangig:* Aufgabenstellung und ggf. Bewertungen sollten nicht das Endprodukt in den Mittelpunkt stellen, sondern den gesamten Erarbeitungsprozess. Dazu gehört auch, die visuellen Darstellungen in der Klasse sichtbar zu machen, und zwar als Ergebnis eines Prozesses, über das diskutiert werden kann.
- *„Visualisieren" als effektives Lernwerkzeug vermitteln,* das hilft, Wissen, Inhalte und Themen aufzubereiten, zu strukturieren und zu lernen.
- *Freiräume und Möglichkeiten für Experimentieren geben:* Bei Schülerinnen und Schülern dürfen Erfahrungen mit Visualisieren auch scheitern oder negativ bewertet werden. Zu erklären, warum es zu dieser Erfahrung und Einschätzung kam, ist oft ein wichtiger neuer Lernschritt für Lehrkräfte wie für Schülerinnen und Schüler.

3.2.2 Impuls 2: Man muss nicht zeichnen, aber gut sehen können …

Der Seufzer „Ich kann nicht zeichnen“ gehört zum Standardrepertoire von Schülerinnen und Schülern – und oft trifft er auch zu. Nur: Das ziemlich Letzte, was man zum Visualisieren können muss, ist gut zeichnen zu können.

Viel wichtiger für das Visualisieren ist zu lernen, genau zu sehen, aufmerksam zu beobachten, zu verfolgen, wie sich ein Tafelbild entwickelt, wie sich Darstellungen im Laufe des Unterrichts verändern. Voraussetzungen dafür, dass Schülerinnen und Schüler dies lernen, sind Beharrlichkeit und Genauigkeit (auch seitens der Lehrkräfte): immer wieder nachzufragen, was an einer visuellen Darstellung oder einem Bild wahrzunehmen ist, wie sie bzw. es geordnet und aufgebaut ist, welche Zusammenhänge darin sichtbar werden.

Ein weiterer Lernschritt beim Visualisieren wird oft vernachlässigt: das visuelle Denken aufzubauen und zu fördern – also zu lernen, visuelle Elemente zu erkennen, zu unterscheiden, zu verändern, zu rekonstruieren oder neu zusammenzusetzen und dafür ein Vokabular aufzubauen.

Im Deutschunterricht gibt es hier vielfältige Übungsmöglichkeiten, etwa bei Strukturskizzen (wenn Textabschnitte neu geordnet und mit Überschriften versehen werden sollen), bei der Umsetzung von Texten in Bildgeschichten und bei der Analyse und Veränderung von multimodalen Texten, bei denen Bilder und Texte von Webseiten neu zusammengestellt werden, ggf. sogar adressatenspezifisch (z. B. Nachrichten für Kinder oder für Erwachsene). Bei diesen Übungen kommt es nicht darauf an, dass man gut zeichnen kann, sondern dass visuelle Strukturen und Beziehungen sorgfältig markiert werden. Wenn man von den Schülerinnen und Schülern nicht verlangen kann, dass sie gut zeichnen, dann muss man aber andererseits von ihnen verlangen können, dass sie die Ergebnisse ihres visuellen Denkens strukturiert darstellen und zeigen, dass sie genau hingesehen haben. Um dies zu lernen, gibt es kreative Übungen, bei denen nicht gezeichnet werden muss – z. B. die Zeitungsübung (vgl. McLuhan/Hutchon u. a. 1977), bei der Gruppen in der Klasse das (ausgeschnittene) Material einer Zeitungsseite bekommen und dann (eventuell ohne miteinander zu sprechen) die Zeitungsseite neu aufbauen sollen. Wichtig ist hier, wie Überschriften, Bilder und Texte immer wieder neu geordnet und zusammengesetzt werden und dann aus dem gleichen Material auch visuell unterschiedliche Zeitungsseiten entstehen können.

Ähnliches kann auch beim Clustern (vgl. Kapitel 3.1.2: Kasten *Clustern*) geübt werden, wenn vorgegebene Begriffe oder Informationen geordnet und verknüpft werden müssen – oder auch bei der Neuanordnung von Bildern aus Graphic Novels. So ergeben sich auch im Deutschunterricht viele Gelegenheiten, visuelles Denken zu üben und die visuelle Lesefähigkeit („visual literacy“) zu verbessern.

3.2.3 Impuls 3: Nebenbei Visualisieren lernen

Zu den am meisten unterschätzten Lernwerkzeugen in der Schule gehören die Unterrichtsmitschriften und Arbeitsblattsammlungen, meist noch analog im Heft oder Ordner, oft schon digital als Datei auf dem Tablet. Für die Schülerinnen und Schüler sind sie meist Pflichtenhefte, Lernhilfen, Gedächtnisstützen, aber auch Abfallordner und Bewertungsgrundlagen. Bewertet werden Übersicht, Sorgfalt, Erledigung der Aufgaben ... Schaut man sich aber die Haushefte und digitale Mitschriften an und achtet dabei auch auf die Notizen und die Zeichnungen, wird klar, dass sie auch als ‚Workbooks für *Visualisieren*' verwendet werden können. Denn in den Heften und Ordnern probieren die Schülerinnen und Schüler Gliederungen aus, entwickeln Tabellen, machen Randnotizen, unterstreichen, radieren und entwickeln kognitive Strategien zur Aufgabenbewältigung und Ordnungssysteme. Damit dies gelingt, ist es hilfreich, ihnen einen Gestaltungsrahmen zu geben, mit dem sie in ihrem Heft *Visualisieren* lernen und praktizieren können.

- *Struktur schaffen*: Visualisieren lebt davon, dass Informationen auf einen Blick zu finden sind – deshalb müssen die Einträge und Arbeitsblätter mit Datum und Thema versehen und geordnet werden. Symbole für die Wichtigkeit sind hilfreich. Die ersten beiden Seiten jedes Heftes oder Ordners sollten für das Inhaltsverzeichnis reserviert werden, das vierteljährlich aktualisiert werden sollte, Heftseiten, Arbeitsblätter und Dateien sollten nummeriert werden.
- *Selbstständigkeit ermöglichen:* Im Unterricht sollte vereinbart werden, was auf jeden Fall dokumentiert, notiert oder gesammelt werden muss (Minimum). Darüber hinaus sollten die Schülerinnen und Schüler ermutigt und angehalten werden, selbstständig Notizen, Stichpunkte, Fragen, Kommentare in ihr Heft zu schreiben. Dafür muss im Unterricht, vor allem in den unteren Klassen, regelmäßig Zeit zur Verfügung gestellt werden („Jetzt die fünf Minuten für euer Heft ...") und es muss klar sein, dass diese persönlichen Lernaufzeichnungen nicht kontrolliert oder bewertet werden. Um dies zu unterstreichen, kann den Schülerinnen und Schülern angeboten werden, im unteren Drittel der Seite eine Rubrik „Unterm Strich" für persönliche Anmerkungen, Zeichnungen und Kommentare anzulegen.
- *Freiraum* geben: Wenn Schülerinnen und Schüler die Erfahrung machen können, frei und kreativ in ihrem Heft oder in Dateien arbeiten zu können, entstehen fast immer interessante Visualisierungen. Dabei werden Unterrichtsinhalte neu entdeckt, wichtige Nebensächlichkeiten hervorgehoben und Rückmeldungen zum Unterricht gegeben, die verbal so gar nicht möglich gewesen wären – wie bei den folgenden Heft-Kommentaren aus einer 5. und 6. Klasse.

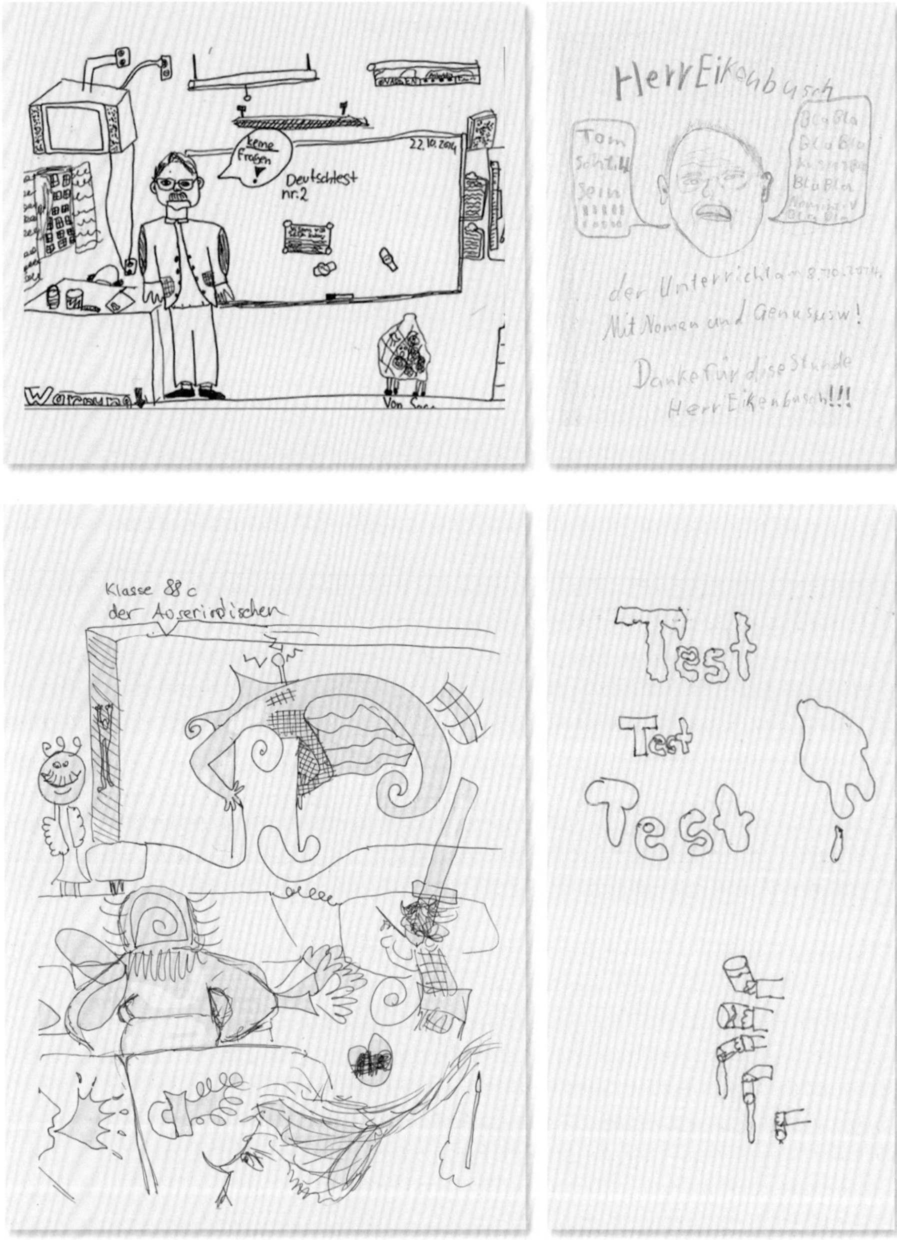

Abb. 3.19: Freiraum geben beim Visualisieren: Schülerkritzeleien in Deutschheften (2014)

3.2.4 Impuls 4: Analoge und digitale Werkzeuge nutzen

Visualisieren ist kein Feld für Glaubens- oder Revierkämpfe über Vor- und Nachteile digitaler oder analoger Medien. Schülerinnen und Schüler sollten in der Lage sein, mit beidem grundlegende visuelle Darstellungsformen wie Flipcharts, Strukturskizzen, Lernplakate oder Tabellen zu realisieren.

Im analogen Modus benötigen sie dazu mehr Material als üblicherweise in Klassen vorhanden ist: u. a. Flipchart-Marker (breite Spitze), Magnete, Flipcharts, Packpapier, Karton, Skizzenpapier, Moderationskarten, Kleber. Gegen die Anschaffung dieses Materials werden weniger Kosten- als Aufsichtsgründe vorgebracht: Wer soll auf die Materialien aufpassen, für Nachschub sorgen? Ein pragmatischer erster Schritt wäre hier die Anschaffung von „Moderationskoffern" (Werkzeugkoffer aus dem Baumarkt für unter 20 Euro) und die Bestückung mit Discounter-Material. Und falls sich am „Standort Schule" niemand für die Betreuung der Koffer findet, ist oft die SMV oder Technik-AG dazu bereit, wenn sie auch davon profitieren kann.

Für das Visualisieren im digitalen Modus benötigen die Schülerinnen und Schüler nicht bloß (funktionierende!) Geräte (Rechner, Tablets, digitale Whiteboards, Projektoren) – viel schwieriger ist die Ausstattung mit geeigneten Programmen. Wenn das Visualisieren mit digitalen Werkzeugen zum Arbeitsalltag der Schülerinnen und Schülern gehören soll, müssen von der Schule dafür geeignete Programme zur Verfügung gestellt werden bzw. darf nur auf kostenlose Produkte zurückgegriffen werden. Nicht dazu gehören Programme, die kostenlos „ausprobiert" werden können (mit eingeschränktem Zugang) oder für die ein persönlicher Account erforderlich ist.

Diese Vorgaben schränken die Auswahl an Softwareanwendungen erheblich ein. Hinzu kommt, dass es speziell für das Visualisieren nur wenig intuitive Programme gibt. So muss ausgewichen werden auf kostenfreie Office-Anwendungen, die auch Grafikprogramme bzw. Tabellenkalkulationsprogramme enthalten (z. B. LibreOffice, CryptPad), auf Grafik- bzw. Gestaltungsprogramme wie MindMap, Krita, Datawrapper oder Canva (teilw. kostenpflichtig) oder auf anspruchsvolle Grafik-Programme wie GIMP oder Inkscape. Visualisieren innerhalb eines Textverarbeitungsprogramms wie Word ist umständlich und wenig stabil (beim Positionieren von Grafiken), es führt regelmäßig zu „falschem Sehen und falschen Gestalten".

Es wäre viel erreicht, wenn die Schülerinnen und Schüler am Ende der Sekundarstufe I zumindest ein Programm so beherrschen würden, dass sie damit grundlegende visuelle Darstellungsformen gut erstellen könnten. Und noch mehr wäre erreicht, wenn sie die Gelegenheit bekämen, in der Mittelstufe an einem Tastaturschreibkurs teilzunehmen, um schnell schreiben zu lernen. Denn was nützt alles Visualisieren, wenn man nicht „tippen" kann.

3.2.5 Impuls 5: Das Alphabet der Sprache des Visualisierens lernen

Sich bei einer Präsentation für seine schlechte analoge oder digitale (Hand-) Schrift oder Zeichnung zu entschuldigen, ist ein Offenbarungseid – es zeigt, dass man die Sprache des Visualisierens nicht ausreichend beherrscht, nicht ausreichend geübt hat oder nicht visuell kommunizieren kann – oder will. Wie wichtig die Gestaltung der Schrift für das Visualisieren ist und wie man daran arbeiten kann, wurde bereits mit Blick auf die Lehrpersonen thematisiert (vgl. Kapitel 2.1) – es gilt aber in vergleichbarer Form auch für die Lernenden. Vor der Tafel zu stehen und darauf zu schreiben, will gelernt sein: Schriftstärke, -größe und -art müssen stimmen, deshalb braucht es hier neben guten Vorbildern und Beispielen vor allem Übungs- und Wiederholungsmöglichkeiten – erst recht an digitalen Whiteboards, insbesondere wenn deren Scanfunktion genutzt und Handgeschriebenes automatisch in Druckschrift umgewandelt werden soll.

Zum Alphabet des Visualisierens gehören auch Piktogramme, Pfeile, Textrahmen, -boxen und Symbole. Bei ihnen kann es auch darauf ankommen, wo, in welcher Richtung und in welcher Farbe sie eingezeichnet werden, wobei man sich auf die zentralen Elemente konzentrieren und unnötige illustrative Elemente vermeiden sollte. Beim Clustern können die Schülerinnen und Schüler dieses Alphabet des Visualisierens gut lernen. Dass Pfeile und Formen auch in einer Grammatik der visuellen Darstellungsform festgelegt werden können, wird bei der Arbeit mit Ablauf- bzw. Flussdiagrammen deutlich, bei denen es einen großen Unterschied macht, welches Symbol (z. B. für Entscheidung oder Prozess) verwendet wird.

Und wie bei den Lehrkräften, so ist auch bei den Schülerinnen und Schülern die Präsentation ein Element im Alphabet des Visualisierens: Es bedarf einer schrittweisen Vorbereitung und Übung, um zunächst die Darstellungen so zu präsentieren, dass sie von allen gesehen werden können (Wahl des Materials, des Ortes). Dazu müssen Pinnwände, Whiteboards oder Plakatwände so aufgestellt bzw. angebracht werden, dass man sich während der Präsentation vor ihnen bewegen und mit klarer Körpersprache auftreten kann. Dies ist umso wichtiger, wenn die Präsentation im Unterricht schrittweise entwickelt werden soll und Beiträge oder Ergänzungen eingearbeitet werden sollen.

Grundsätzlich ist davon auszugehen, dass Schülerinnen und Schüler mindestens die gleichen, wenn nicht sogar bessere Rahmenbedingungen für das Visualisieren benötigen wie Lehrkräfte: Sie brauchen Platz, um zu präsentieren und gesehen zu werden, sie brauchen Arbeitsmittel, die sie bei der Präsentation unterstützen und um deren Vorhandensein und Funktion sie sich nicht ständig sorgen müssen.

3.2.6 Impuls 6: Punkte machen ohne PowerPoint

„PowerPoint ist böse." (Tufte 2003)

Seit PowerPoint for Windows 1990 auf den Markt kam, steht es in der Kritik (Schnettler/Knoblauch 2007; Tufte 2008; Themann 2012), wird hartnäckig verteidigt – und heftig genutzt: Bereits für 2004 wurde die Zahl der jährlich verbreiteten PowerPoint-Präsentationen auf 11 Milliarden geschätzt (Mertens 2005). Die Kritik wirft PowerPoint vor allem drei Dinge vor: formalistische Gestaltung (angelehnt an To-do-Listen, die abgearbeitet werden müssen), mangelnde Adressatenorientierung und der Zwang zur Sequenzialität, weil Folie nach Folie abgearbeitet wird. Dies mache Vorträge zu „typischen PowerPoint-Präsentationen", die von den Vortragenden wie Anzüge getragen würden, bei denen es auf Sitz und Aussehen ankomme und weniger auf den Inhalt ... Befürwortet wird PowerPoint hingegen, weil es sich an Grundstrukturen des Wirtschaftslebens orientiere, Grundlagen für effektives Konferenzmanagement schaffe, leicht handhabbare Vorlagen bereitstelle, Inhalte effektiv vermittle und langatmige Textpassagen vermeiden helfe.

Die Frage, ob PowerPoint an sich böse ist, weil es das Denken präformiere oder uniformiere, sollte im Deutschunterricht unbedingt thematisiert werden – man kann dabei untersuchen, wie Werkzeuge das Visualisieren beeinflussen. Ob dagegen PowerPoint-Präsentationen generell im Deutschunterricht als Methode oder Verfahren bei Referaten, Vorträgen etc. eingesetzt werden sollten, ist eine ganz andere Frage. Um sie salomonisch zu beantworten: PowerPoint kann im Deutschunterricht als Präsentationssoftware eingesetzt werden – allerdings nur unter bestimmten Voraussetzungen, die bei den meisten Referaten oder Vorträgen (hoffentlich) nicht gegeben sind:

- wenn die Inhalte/Themen einfach strukturiert sind und sequentiell entfaltet werden können – ohne Rückbezüge, Verbindungen, Verknüpfungen;
- wenn die Präsentation als reine Vortragssequenz ablaufen soll;
- wenn keine Interaktion mit dem Publikum vorgesehen ist;
- wenn Vortrag oder Präsentation nicht mit PowerPoint verfasst werden – weil dies in einigen Bereichen zu einer engen und durch das Programm geformten Bildsprache führt (vgl. Böhm 2022) –, sondern wenn sie zunächst frei entworfen und ihr Gerüst oder ihre Gliederung dann in PowerPoint umgesetzt werden.

Es spricht also viel dafür, sich mit PowerPoint im Deutschunterricht zu beschäftigen – und es nur sehr selten einzusetzen. Oder es nur dann einzusetzen, wenn man sehr viel Zeit hat, um es gründlich zu vermitteln. Viele praktische Hinweise dazu finden sich bei Reynolds (2013).

3.2.7 Impuls 7: Wissen, wozu Sketchnotes & Co. (nicht) geeignet sind

Visualisieren als Methode visueller Veranschaulichung wird häufig in Verbindung gebracht mit Verfahren und Ansätzen wie „Sketchnotes", „Kanban", „Padlets", „Graphic Recording" und „Scrum", bei denen die bildliche Darstellung oder Umsetzung von Ideen oder Inhalten ebenfalls eine Rolle spielt.

So werden „Sketchnotes" (visuelle Notizen) beispielsweise als visuelle Kommunikationsmethode verstanden, bei der Text und Bilder mit illustrativem Charakter kombiniert werden, um Informationen und Ideen zu vermitteln und festzuhalten. Sketchnotes können als fertiges Produkt präsentiert (Begrüßung, Programm) oder während der Präsentation gezeichnet werden. Kernstück sind Bilder, Figuren und Symbole, die mit Textelementen verbunden werden und sie „doppeln". Die Zeichnungen sind rudimentär, damit sie schnell erstellt werden können und Informationen besser behalten werden.

Auch wenn Sketchnotes als Input und Aufmunterung motivierend wirken können und hier ihren Sinn haben, so sind sie für das Visualisieren nur wenig geeignet, weil sie kaum Einsichten in Strukturen und Zusammenhänge eröffnen, durch die Doppelung von Text und Bild die Wahrnehmung belasten können, für die Schülerinnen und Schüler zeitaufwendiger als das Erstellen von Skizzen und Diagrammen sein können und weil sie auf das Erstellen schöner Skizzen und Layouts fokussieren. In der Praxis vollziehen Sketchnotes den wichtigen Schritt zur Strukturierung und Verarbeitung von Informationen oder Inhalten in der Regel meist nicht oder allenfalls schematisch.

Wenn man Sketchnotes im Deutschunterricht thematisieren oder mit ihnen arbeiten möchte, sollte man Unterschiede zwischen ihnen und anderen Darstellungsformen des Visualisierens deutlich machen. Gut zeigen lässt sich an Sketchnotes, wie Illustrationen auf Wahrnehmung wirken, wie Sehrichtungen und Sehwege durch sie gesteuert werden können.

Vergleichsweise gut geeignet für das Visualisieren im Deutschunterricht, wenn auch teilweise umständlich zu handhaben, sind digitale Tools wie „Padlets" und „Kanban-Boards". Mit ihnen können Schülerinnen und Schüler digitale Pinnwände erstellen, auf denen Inhalte oder Links gepostet, geteilt und verlinkt werden können. So lassen sich etwa der Ablauf eines Dramas oder Figurenkonstellationen visualisieren (vgl. von Brand/Lehmann u. a. 20221, S. 253 f.). Wenn Schülerinnen und Schüler diese Tools zum (kooperativen) Visualisieren nutzen, ist es wichtig, mit ihnen inhaltliche Verknüpfungen aufzuzeigen und gemeinsame Skizzen zu entwickeln.

Methoden wie „Scrum und „Graphic Recording" sind dagegen für Schülerinnen und Schüler beim Visualisieren nur selten hilfreich, da sie eher auf das Projektmanagement und die grafische Dokumentation komplexer Prozesse fokussieren, nicht aber auf Prozesse des Visualisierens.

3.2.8 Impuls 8: Visualisieren schlägt KI – zumindest noch

Auch wenn man den Geist gerne wieder in die Flasche stecken würde – spätestens seit dem Hype um den Chatbot ChatGPT der amerikanischen Firma OpenAI Ende 2022 ist es eine Tatsache, dass Schulen, Lehrkräfte und auch Schülerinnen und Schüler in einer Welt mit von künstlicher Intelligenz erstellten Texten und Bildern werden leben müssen – und können. Bei ChatGPT kann man auf dem Display oder Monitor quasi live mitverfolgen, wie von Zauberhand Texte entstehen und wie bei DALLE-E künstliche Bilder auftauchen. Immerhin ist es jetzt schon möglich, Piktogramme, fotoähnliche Bilder zu vorgegebenen Situationen oder Motiven zu erzeugen (vgl. Abb. 2.4), wobei sowohl bei Texten als auch bei Bildern erstaunliche Ergebnisse erzielt werden, die von nahezu perfekter Qualität bis hin zu völlig unbrauchbaren Zusammenschnitten, Falschangaben und reinen Erfindungen reichen.

Im Zusammenhang mit Visualisieren ist weniger von Belang, wie weit und bis wann künstliche Intelligenz so perfektioniert werden kann, dass zumindest alles, was sie produziert, richtig oder stimmig ist. Interessanter ist hier, ob Programme wie ChatGPT auch visualisieren können. Versuche, sie in diese Richtung zu nutzen, sind ernüchternd: So können Programme wie ChatGTP zwar Informationen zusammenstellen, wie visuelle Darstellungen erstellt werden sollen (vgl. Kapitel 2.5: Minimalausstattung: Diagramme), und auf der Grundlage von Texteingaben rudimentäre visuelle Beschreibungen erstellen. Aber – zumindest aktuell – können sie nicht mehr. Zwar können neuronale Netze wie DALLE-E (https://gpt3demo.com/apps/openai-dall-e) so nahezu beliebige Diagramme erzeugen, diese aber nicht auf einen Sachverhalt beziehen, gliedern, ordnen oder Zusammenhänge aufzeigen. Eine visuelle Darstellung von Textinhalten ist sowohl mit DALLE-E als auch mit ChatGTP nicht oder nur sehr schematisch möglich. Das mag mancher schade oder gut finden, aber es ist wahrscheinlich eine große Chance und zugleich auch eine große Gefahr für das Visualisieren im Deutschunterricht: Denn Visualisieren erscheint plötzlich als eines der wenigen Themen, Aufgaben- und Prüfungsformate, bei denen die Schülerinnen und Schüler die Möglichkeiten der Künstlichen Intelligenz nicht oder nur wenig nutzen können. Wird Visualisieren zum bevorzugten, weil fälschungssicheren Aufgaben- und Prüfungsformat, kann dies dazu führen, dass Schülerinnen und Schüler ihre Lösungen an Vorgaben und Leistungserwartungen ausrichten und sich nicht mehr trauen, eigene und originelle Lösungen zu finden, die gerade beim Visualisieren immer möglich und erwünscht sind. Wenn es aber gelingt, den Schülerinnen und Schülern das Visualisieren auch als etwas Positives und Kreatives zu vermitteln, dann eröffnet sich ihnen damit ein interessantes Entwicklungs- und Experimentierfeld.

3.2.9 Impuls 9: Vor lauter Bildern wieder sehen lernen

Schülerinnen und Schüler leben in einer überreichen und oft auch überwältigenden Bilderwelt (vgl. Kapitel 1), die sie wahrnehmen und verarbeiten müssen. Neben den Medien ist die Schule oft die Instanz, die visuelle Aufmerksamkeit von Kindern und Jugendlichen am stärksten beansprucht und herausfordert: In den meisten Klassenzimmern steht das Leitmedium (Tafel, digitales Whiteboard) sichtbar im Mittelpunkt, ihr Blick wird immer wieder darauf gelenkt.

Natürlich haben diese zentrale Positionierung und die hervorgehobene Bedeutung von Bildern und Visualisierungen im Deutschunterricht ihre Berechtigung. Ohne sie wären die wichtigen Veranschaulichungen beim Lehren und Lernen kaum möglich. Im Alltag der Bilderwelt Schule wird aber leicht übersehen, dass es für die Schülerinnen und Schüler auch Arbeit und Anstrengung bedeutet, sich ständig mit Bildern in den unterschiedlichsten Situationen, Formen und Darbietungen auseinanderzusetzen, sie zu verarbeiten.

Eine Strukturskizze einer Erzählung, die im Unterricht erarbeitet wurde, braucht ebenso Zeit, um bei Schülerinnen und Schülern zu wirken, wie eine kleine Grafik im Sprachunterricht. Was am Ende einer Unterrichtsstunde auf einen Blick sichtbar ist, ist noch lange nicht gedanklich verarbeitet. Wenn Schülerinnen und Schüler sich dann manchmal Ruhe vor Bildern und erst recht Ruhe für das Betrachten von Bildern wünschen, ist das eine verständliche und auch eine sinnvolle Reaktion.

Für das Gelingen des Visualisierens im Deutschunterricht ist daher die Dosierung der visuellen Impulse und Anforderungen eine wichtige Voraussetzung für aufmerksames Wahrnehmen und Lernerfolg. Mit Dosierung ist weniger der quantitative Aspekt gemeint, nicht zu viele Abbildungen und Darstellungen im Unterricht zu zeigen. Vielmehr geht es um den qualitativen Aspekt, beim Visualisieren genügend Zeit zum Betrachten zu geben und vor allem die Lernergebnisse immer wieder zu sichern, sich frühere visuelle Darstellungen zu betrachten, Lernfortschritte beim Verfolgen der Darstellungen zu beobachten und wichtige Inhalte und Lernergebnisse aus dem Unterricht auch wieder in neuen Darstellungen zu verankern.

Bilder neu sehen zu lernen, muss für Schülerinnen und Schüler also nicht unbedingt weniger Bilder oder Darstellungen im Unterricht bedeuten, sondern mehr Zeit und Aufmerksamkeit zu ermöglichen für die Verarbeitung des Gesehenen.

3.2.10 Impuls 10: Visualisieren wertschätzen (lernen)

Dieser Impuls steht in engem Zusammenhang mit dem vorhergehenden: Visualisieren im Deutschunterricht braucht Ruhe, Aufmerksamkeit, Zeit – und vor allem Wertschätzung.

Wertschätzung beginnt schon bei den Materialien und Werkzeugen für Visualisieren: Wenn Medien nicht funktionieren, wenn Papier, Stifte und Präsentationsflächen fehlen, ist das für Schülerinnen und Schüler ein deutliches Signal: Visualisieren scheint nicht wichtig zu sein.

Ein zweiter wichtiger Aspekt ist die wertschätzende Behandlung und Präsentation von Plakaten, Bildern, Wandzeitungen etc. in der Schule. Dies ist nur möglich, wenn es klare Regeln gibt, wo welche Produkte wie lange präsentiert werden dürfen und wer dafür verantwortlich ist, dass sie angemessen präsentiert und wieder entfernt werden. Visualisieren in der Schule wertzuschätzen bedeutet immer auch, ihm Raum zu geben, diesen Raum auch rar zu machen, damit Präsentationen etwas Besonderes bleiben.

Räume und Präsentationsregeln in der Schule sind eine wichtige Voraussetzung dafür, dass die Ergebnisse von Visualisierungsprozessen in der Schule einen würdigen Platz finden, z. B. als Lernplakat der Woche in der Klasse oder auf Projektwänden außerhalb der Klassenräume. Dort gehört zur Präsentation immer auch eine kurze Erläuterung, in welchem Zusammenhang sie entstanden ist, wie sie erarbeitet wurde.

Ob Visualisieren in der Schule wertgeschätzt wird, merken Schülerinnen und Schüler auch daran, ob es im Schulleben Beachtung findet oder nur nebenbei läuft: Aufmerksamkeit kann beispielsweise durch eine „Grafikparade" in der Schule erzeugt werden, bei der halbjährlich besonders interessante Lernplakate, Skizzen oder Bilder der Schulöffentlichkeit präsentiert werden. Aufmerksamkeit erregt auch, wenn in Jahresberichten, Flyern oder Elterninformationen nicht nur Bilder von Aktivitäten aus dem Sport- und dem Kunstunterricht erscheinen, sondern Bilder und Arbeitsergebnisse von Aktivitäten aus anderen Fächern oder Projekten.

Wertschätzend sind oft schon kleine Gesten: wenn die Lehrperson zeigt, dass sie die visuellen Darstellungen aufmerksam angeschaut hat, wenn sie sie fotografiert und dokumentiert und den Schülerinnen und Schülern Kopien mit Rückmeldungen und Ideen gibt.

Wenn Visualisieren im Deutschunterricht ernst genommen werden soll, dann muss erkennbar sein, dass es aufmerksam, wertschätzend und auch kritisch gesehen wird – und zwar sowohl von den Lehrkräften als auch von den Schülerinnen und Schülern.

Literaturverzeichnis

Abramović, Marina (2021): *Die Marina Abramović Methode. Anleitung für einen Neustart.* Berlin.

Alze, Benny/Breuer-Küppers, Petra u. a. (2015): *Deutsch.kombi plus 8. Differenzierende Ausgabe.* Stuttgart.

Anokhin, Petr Kuzmich (1973): The forming of natural and artificial intelligence. In: Impact of science on society (XXIII, 3), S. 195 – 223.

Arcavi, Abraham (2003): *The role of visual representations in the learning of mathematics.* In: *Educational Studies in Mathematics, 52* (3), S. 215 – 241.

Barke, Werner (2011): *Ich glaube nur der Statistik ... Was Winston Churchill über Zahlen und Statistik gesagt haben soll – und was er wirklich sagte.* Stuttgart.

Bay, Wolfgang A./Thiede, Benjamin u. a. (2016): *Die Theorie der kognitiven Belastung (Cognitive Load Theory).* In: Gretsch, Petra/Holzäpfel, Lars (2016): *Lernen mit Visualisierungen. Erkenntnisse aus der Forschung und deren Implikation für die Fachdidaktik.*, Münster/New York, S. 123 – 138.

Beckerman, Bernard (1979): *Dynamics of drama theory and method of analysis.* New York, NY.

Berger, Norbert (2014): *Lebendige Tafelbilder Deutsch Rechtschreibung, Grammatik, Wortschatz und Aufsatz; plus CD; mit allen Tafelbildern als PowerPoint.* Donauwörth.

Böhm, Felix (2022): Zur Beeinflussung des schulischen Schreibens durch Software. Eine prozess- und produktbezogene Annäherung am Beispiel von PowerPoint. In: *MiDU-Medien im Deutschunterricht, 4* (2), S. 1 – 19.

Böhringer, Joachim/Bühler, Peter u. a. (2014). *Kompendium der Mediengestaltung I. Konzeption und Gestaltung.* X.media.press.

Bonnkirch-Sapper, Michaela (2022): *Sketchnotes in der Grundschule: Mit einfachen Zeichnungen visualisieren, organisieren, strukturieren und präsentieren.* Hamburg.

Brand, Tilman von/Lehmann, Annett/Röwert, Ronny/Tanejew, Susanne: *Digital Deutsch unterrichten. Grundlagen, Impulse und Perspektiven.* Hannover.

Brand, Tilman von/Eikenbusch, Gerhard u. a. (2023): *Digitales Lesen.* Hannover.

Brown, Steven/Tu, Carmen (2020): The shapes of stories: A “resonator” model of plot structure. In: *Frontiers of Narrative Studies, 6* (2), S. 259 – 288.

Brüning, Ludger/Saum, Tobias (2019): *Erfolgreich unterrichten durch Visualisieren: die Kraft von Concept Maps & Co.* Essen.

Bühs, Roland (1993): *Tafelzeichnen kann man lernen.* Hamburg.

Buzan, Think (2010): *Scientific Research and Studies.*

Buzan, Tony (2013): *Mind map handbook. The ultimate thinking tool.* New York.

Buzan, Tony/Buzan, Barry (2013): *Das Mind-Map-Buch. Die beste Methode zur Steigerung Ihres geistigen Potenzials.* München.

Chang, Dempsey/Dooley, Laurence u. a. (2002): Gestalt theory in visual screen design: a new look at an old subject. In: *Proceedings of the seventh world conference on computers in education conference on computers in education: Australian topics, v. 8,* S. 5 – 12.

Colfer, Eoin (2017): *Artemis Fowl. Roman.* Berlin.

Comenius, Johann Amos [Joh. Amos Commenii] (1658): *Orbis sensualium pictus. Hoc est Omnium fundamentalium in Mundo Rerum & in Vita Actionum Pictura & Boenclatura. Die sichtbare Welt / Das ist Aller vornemsten Welt=Dinge und Lebens-Verrichtungen, Vorbildung und Benahmung.* Noribergae [Nürnberg].

Descartes, René: Renati Des-Cartes (1677): *Tractatus De Homine, Et De Formatione Foetus. Ill. v. Ludovici de La Forge.* Amstelodami (Amsterdam).

Deutscher Bildungsserver (2023): Fake News – Arbeitsblätter und weitere Unterrichtsmaterialien. https://www.bildungsserver.de/fake-news-im-unterricht-12934-de.html.

Dieckhoff, Artur/Eikenbusch, Gerhard (2020): *Wir machen Druck! Bücher, Broschüren und Plakate selbst produzieren im Unterricht der Sekundarstufe I.* Hannover.

Eitel, Alexander/Oestermeier, Uwe (2014): Lernen mit Text und Bild. https://www.e-teaching.org/etresources/media/pdf/langtext_2014_oestermeier-uwe_eitel-alexander_lernen-mit-text-und-bild.pdf.

Fichtel, Stefan (2022): *Praxisbuch Infografik.* Frechen.

Fitzek, Herbert (2020): *Gestaltpsychologie.* In: *Handbuch Qualitative Forschung in der Psychologie: Band 1: Ansätze und Anwendungsfelder*, S. 85–100.

Flix/Goethe (2014): *Faust, der Tragödie erster Teil.* Hamburg.

Fögele, Janis/Mehren, Rainer u. a. (2020): *Wissen vernetzen. Concept Maps im Geographieunterricht.* In: *Praxis Geographie, 50* (4), S. 10–14.

Frings, Stephan/Müller, Frank (2019): Sehen. In: *Biologie der Sinne: Vom Molekül zur Wahrnehmung.* Berlin, Heidelberg, S. 125–201.

Gätje, Olaf (2020): *Schülerpräsentation im Gymnasium: eine theoretische und historische Untersuchung visuell gestützten Sprechens.* Berlin.

Glasl, Friedrich (2008): Konfliktfähig werden – Grundlagen für einen konstruktiven Umgang mit Differenzen und Auseinandersetzungen. In: *Pädagogik (Weinheim)* (10), S. 10–15.

Glasl, Friedrich (2013): *Konfliktmanagement – ein Handbuch für Führungskräfte, Beraterinnen und Berater.* Bern/Stuttgart.

Glasl, Friedrich (2015): *Selbsthilfe in Konflikten. Konzepte – Übungen – Praktische Methoden.* Bern.

Gretsch, Petra (2016): Visualisierungen in der Sprachdidaktik. In: Gretsch, Petra/Holzäpfel, Lars *(2016): Lernen mit Visualisierungen. Erkenntnisse aus der Forschung und deren Implikationen für die Fachdidaktik,* Münster, S. 21–61.

Gretsch, Petra/Holzäpfel, Lars u. a. (2016): *Lernen mit Visualisierungen Erkenntnisse aus der Forschung und deren Implikationen für die Fachdidaktik.* Münster, New York.

Grimm, Jacob/Grimm, Wilhelm (1812): *Kinder- und Haus-Märchen.* Berlin.

Grzesik, Jürgen (1990): *Textverstehen lernen und lehren: geistige Operationen im Prozess des Textverstehens und typische Methoden für die Schulung zum kompetenten Leser.* Stuttgart.

Gudjons, Herbert (2021): *Frontalunterricht – neu entdeckt. Integration in offene Unterrichtsformen.* Bad Heilbrunn.

Heinz, Tobias/Pflaeging, Jana (2015): Metaphern in Sprache und Bild – Zum Vermittlungspotenzial von Arbeitsmaterialien in Deutschlehrwerken. In: Jana Kiesendahl und Christine Ott (Hrsg.): *Linguistik und Schulbuchforschung. Gegenstände – Methoden – Perspektiven.* Göttingen, S. 235–253.

Helmholtz, Hermann von/König, Arthur (1896): *Handbuch der physiologischen Optik.* Hamburg [u. a.].

Hilmes, Judith/Troué, Nicole (2021): *Leitfaden Visualisierung im Unterricht: Grundlegende Techniken der Visual Facilitation und des Sketchnoting.* Hannover.

Hussong, Martin/Schütt, Artur u. a. (1971): *Textanalyse optisch.* Düsseldorf.

Ibsen, Henrik (1879): *Nora oder Ein Puppenheim. Schauspiel in 3 Aufzügen.* Leipzig.

Jarvis, Jeff (2016). Lernt von den Fake News! *Zeit,* 23.11.2016.

Jesch, Tatjana (2015): *Fachdidaktik Deutsch.* Tübingen.

Jesch, Tatjana/Staiger, Michael (2016): Bilder und Visualisierungen in der Lese- und Literaturdidaktik. In: Gretsch, Petra/Holzäpfel, Lars (2016): *Lernen mit Visualisierungen. Erkenntnisse aus der Forschung und deren Implikationen für die Fachdidaktik.* Münster, S. 62–83.

Kist, Magdalena (2017): *Visualisierungen in der Literaturdidaktik. Präferenzen von Schüler_innen der Klassenstufen 4 bis 6 im Umgang mit erzähltextbezogenen Bildern sowie Bildwirkungen im Bereich der Kognition und Lesemotivation.* Freiburg: Universität Freiburg.

Kleber, Arno/Richter-Krautz, Jana (2022): *Klimawandel FAQs – Fake News erkennen, Argumente verstehen, qualitativ antworten.* Berlin, Heidelberg.

Klippert, Heinz/Müller, Frank u. a. (2012): *Methodenlernen in der Grundschule. Bausteine für den Unterricht.* Weinheim [u. a.].

Knogler, M./B., Wiesbeck A. u. a. (2018): Lernen mit Concept Maps: Eine Bilanz nach 42 Jahren Forschung. https://www.clearinghouse.edu.tum.de/wp-content/uploads/2018/07/CHU_KR-19_Schroeder-2_2017_Concept-Maps.pdf.

Koffka, Kurt (1935): *Principles of Gestalt Psychology*. London [u. a.].

Kohler, Ewald (1999): *Tafelbilder für den Deutschunterricht.* Donauwörth.

Korth, Jutta/Roßa, Nadine (2021): *Lebendig visualisieren in der Schule. Sketchnotes-Vorlagen für Unterrichtsplanung, -organisation und -durchführung.* Berlin.

Lehrerinnenfortbildung Baden-Württemberg (o. J.): Digitales Präsentieren. https://lehrerfortbildung-bw.de/st_digital/medienkompetenz/digipraes/projekt/bausteine/bau/visualisierung.html.

Marks, David F. (2023): The action cycle theory of perception and mental imagery. In: *Vision, 7* (1).

Mayer, Richard E. (2021): *Multimedia learning.* 3. Aufl. Cambridge.

McLuhan, Marshall/Hutchon, Kathryn u. a. (1977): *City as classroom. Understanding language and media.* Agincourt, Ontario.

Mertens, Mathias (2005): Die Debatte um PowerPoint. https://www.uni-giessen.de/de/fbz/zmi/das-zmi/publikationen/dossiers/powerpointdebatte.

Meyer, Hilbert/Junghans, Carola (2021): *Unterrichtsmethoden. 2. Praxisband.* 17. komplett überarbeitete Neuauflage. Berlin.

Meyer, Markus/Meyer, Mariola u. a. (2018): *Unterrichten mit Lernlandkarten.* Weinheim.

Ministerium für Schule und Bildung des Landes Nordrhein-Westfalen(2020): *Kernlehrplan Wahlpflichtfach Informatik Sekundarstufe I.* Düsseldorf.

Ministerium für Bildung, Wissenschaft und Kultur Mecklenburg-Vorpommern (2019): *Rahmenplan Deutsch für die Sekundarstufe I.* Schwerin.

Ministerium für Bildung, Wissenschaft und Kultur Mecklenburg-Vorpommern (2020): *Rahmenplan Deutsch für die Orientierungsstufe.* Schwerin.

Müller, Thomas (2021): Neurodidaktik: Anspruch und Scheitern einer Verbindung von Neurowissenschaften und Didaktik. In: Porsch, Raphaela (2021): *Einführung in die Allgemeine Didaktik.* Stuttgart, Deutschland, S. 206 – 227.

Neuland, Eva/Peschel, Corinna (2013): *Einführung in die Sprachdidaktik.* Stuttgart/Weimar.

Novak, Joseph D./Cañas, Alberto J. (2008): The theory underlying concept maps and how to construct and use them. http://cmap.ihmc.us/Publications/ResearchPapers/TheoryUnderlyingConceptMaps.pdf.

Paivio, Allan (2014): *Mind and its evolution: A dual coding theoretical approach.* New York.

Radvan, Florian (2012): *An-sehen, hin-schauen, über-blicken. Bilder im Deutschunterricht und im Lehrwerk.* In: *2012): Lernmedien und Lernaufgaben im Deutschunterricht. Konzeptionen und Analysen.* Bad Heilbrunn, S. 183 – 201.

Reagan, Andrew J./Mitchell, Lewis u. a. (2016): The emotional arcs of stories are dominated by six basic shapes. In: *EPJ Data Science, 5* (1), S. 31.

Renz, Karl-Christof (2022): *1 x 1 der Präsentation: Für Schule, Studium und Beruf.* Wiesbaden.

Reynolds, Garr (2013): *Zen oder die Kunst der Präsentation mit einfachen Ideen gestalten und präsentieren.* Heidelberg.

Rödel, Laura (2017): *Visualisierungen und ihr Verhältnis zu didaktischen Zugängen zur Satzgrammatik – Eine theoretische und empirische Untersuchung grammatikdidaktischer Visualisierungen in Sprachbüchern des Deutschen als Erst-, Zweit- und Fremdsprache.* Freiburg.

Roßa, Nadine (2019): *Sketchnotes: Sketchnotes in der Schule – Unterrichtsinhalte leicht darstellen und merken. Mit Schritt-für-Schritt-Anleitung zum Visualisieren.* Berlin.

Sachs-Hombach, Klaus (2013): *Das Bild als kommunikatives Medium. Elemente einer allgemeinen Bildwissenschaft.* Köln.

Sarris, Viktor (2019): *Max Wertheimer. Produktives Denken.* Frankfurt/M.
Schmidt-Burkhardt, Astrit (2017): *Die Kunst der Diagrammatik. Perspektiven eines neuen bildwissenschaftlichen Paradigmas.* Bielefeld.
Schmitz, Ulrich (2005): Blind für Bilder. Warum sogar Sprachwissenschaftler auch Bilder betrachten müssen. In: *Osnabrücker Beiträge zur Sprachtheorie, 69,* S. 187–227.
Schmitz, Ulrich (2022): Dein Bildschirm als Diagramm. In: Knopp, Matthias/Bulut, Necle u. a.: *Sprachliche Bildung in der digitalisierten Gesellschaft. Was wir in Zukunft wissen und können müssen,* Münster S. 75–90.
Schnettler, Bernt/Knoblauch, Hubert (2007): *Powerpoint-Präsentationen. Neue Formen der gesellschaftlichen Kommunikation von Wissen.* Konstanz.
Schnotz, Wolfgang/Kulhavy, Raymond W. (2010): *Comprehension of graphics.* Amsterdam/New York.
Schnotz, Wolfgang/Zink, Thomas u. a. (1996): Visualisierungen im Lehr-Lern-Prozeß. [Visualizations in the process of teaching and learning]. In: *Zeitschrift für Pädagogik, 42* (2), S. 193–213.
Schulz, Wolfgang (1980): *Unterrichtsplanung.* München [u. a.].
Seifert, Josef W. (2018): *Visualisieren, Präsentieren, Moderieren.* Offenbach.
Stadler, M. (1985): Das Schicksal der nichtemigrierten Gestaltpsychologen im Nationalsozialismus. In: *Psychologie im Nationalsozialismus,* S. 139–164.
Stapelkamp, Torsten (2013): *Informationsvisualisierung Web – Print – Signaletik. Erfolgreiches Informationsdesign: Leitsysteme, Wissensvermittlung und Informationsarchitektur.* Berlin/Heidelberg.
Stetter, Moritz/Kafka, Franz (2015): *Das Urteil nach Franz Kafka.* München.
Sweller, John (1999): *Instructional design.* Camberwell.
Sweller, John (2005): *Implications of Cognitive Load Theory for multimedia learning.* In: Mayer, Richard (2005): *The Cambridge handbook of multimedia learning.* Cambridge, S. 19–30.
Sweller, John/Ayres, Paul u. a. (2011): *Cognitive Load Theory.* New York, NY.
Sweller, John/Chandler, Paul (1994): Why some material is difficult to learn. In: *Cognition and Instruction, 12* (3), S. 185–233.
Tausch, Anne-Marie/Lorenzer, Gabriele (1978): *Weinen, wüten, lachen. Sechs Menschen zeigen, was sie fühlen.* Ravensburg.
Terhart, Ewald (2009): *Didaktik. Eine Einführung.* Stuttgart.
Themann, Tim (2012): Ist PowerPoint wirklich gefährlich? https://die-computermaler.de/ist-powerpoint-wirklich-gefaehrlich/.
Themann, Tim (2013): Mindmaps – trotz Karte im eigenen Hirn verirrt? https://die-computermaler.de/mindmaps-trotz-karte-im-eigenen-hirn-verirrt/.
Trepte, Sabine/Reinecke, Leonard u. a. (2019): *Medienpsychologie.* Stuttgart.
Tufte, Edward (2003): PowerPoint is evil. In: *Wired Magazine,* 1.9.2003. https://www.wired.com/2003/09/ppt2/.
Tufte, Edward R. (2008): *The cognitive style of PowerPoint: Pitching out corrupts within.* Chesire.
Ullrich, Mark/Schnotz, Wolfgang u. a. (2012): Kognitionspsychologische Aspekte eines Kompetenzmodells zur Bild-Text-Integration. In: *Psychologische Rundschau, 63* (1), S. 11–17.
Vonnegut, Kurt (2004): Kurt Vonnegut on the shape of stories, Severence Hall, Case Collars Scholars Program, 4. 2. 2004. https://www.youtube.com/watch?v=oP3c1h8v2ZQ. https://progressivespeaker.com/news/kurt-vonnegut-lecture-at-case-western-reserve-university/ [offline].
Vonnegut, Kurt (2006): *Mann ohne Land.* München [u. a.].
Vonnegut, Kurt (2007): *A man without a country.* New York.
Vonnegut, Kurt/Rowohlt, Harry u. a. (2012): *Stories.* Zürich.
Ware, Colin (2022): *Visual thinking for information design.* Amsterdam/Boston, MA.
Watzlawick, Paul/Beavin, Janet H. u. a. (2011): *Menschliche Kommunikation. Formen, Störungen, Paradoxien.* Bern.

Weidenmann, Bernd (1994): *Lernen mit Bildmedien: Psychologische und didaktische Grundlagen.* Weinheim [u. a.].
Wertheimer, Max (1923): Untersuchungen zur Lehre von der Gestalt II. In: *Psychologische Forschung, 4* (1), S. 301 – 350.
Wertheimer, Max (2020): Productive thinking (1945). In: Sarris, Viktor (2020): *Max Wertheim. Produktives Denken.* Berlin.
Willenberg, Heiner (1999): *Lesen und lernen: eine Einführung in die Neuropsychologie des Textverstehens.* Heidelberg.

Bildquellenverzeichnis

S. 9: http://diglib.hab.de/drucke/47-7-eth-as/max/00218.jpg
S. 19: https://archive.org/details/ned-kbn-all-00003368-001/page/n224
S. 36: © dglimages/stock.adobe.com
S. 46: © ambassador806/stock.adobe.com
S. 59: Screenshot LibreOffice 6.4.7.2 (https://www.libreoffice.org/)
S. 61: © Tartila/stock.adobe.com
S. 89 (Küntsler): © Martina Diestel
S. 108 (Cartoon): © Thomas Plaßmann
S. 120 (Körperumriss): © michalsanca/stock.adobe.com

Verzeichnis der Visualisierungsformen

Balkendiagramm 124
Baumdiagramm 107
Clustern 102
Concept Map 109
Donut-Diagramm 125
Figuren-Soziogramm 118
Fischgräten-Diagramm 99
gestapeltes Diagramm 125
Ishikawa-Diagramm 99
Kartenabfrage 92
Körperumriss 119
Liniendiagramm 126
Maßnahmen-Tabelle 94
Mehrfachbepunktung und Rangordnung 93
Mindmap 96
Problem-Analyse-Schema 93
Rangordnung 93
Säulendiagramm 124
Stabdiagramm 124
Tabellen 104
Tortendiagramm 125
Ursachenkette 113
Venn-Diagramm 100
Word Web 98
Wortstern 98
Zeitleiste 113

Unter **www.friedrich-verlag.de** finden Sie Materialien zum Buch als Download.
Bitte geben Sie den achtstelligen Download-Code in das Suchfeld ein.

DOWNLOAD-CODE: d31724du

Hinweis:

Das Download-Material enthält die in diesem Buch entsprechend gekennzeichneten Übungen und Übersichten als Kopiervorlage.

Durch den Kauf dieses Buches (ISBN 978-3-7727-1724-6) haben Sie das Recht erworben, das ergänzende Download-Material in Ihren derzeitigen und zukünftigen Lerngruppen und Klassen einzusetzen und zu vervielfältigen. So können Sie etwa einzelne Seiten ausdrucken und verteilen oder mit Beamer oder Whiteboard verwenden.

Was Sie **nicht** dürfen:

- Das Download-Material oder Teile davon an Kolleginnen und Kollegen weitergeben.
- Das Download-Material oder Teile davon in Netzwerke einstellen, wie etwa Schulserver oder Cloud-Systeme, sodass Kolleginnen und Kollegen darauf Zugriff erhalten.
- Die Lizenzinformation und Quellenhinweise auf dem Download-Material entfernen.
- Bei einer Bibliotheksausleihe des Buches das Download-Material herunterladen.

Bitte tragen Sie im Sinne dieser Lizenz dazu bei, dass wir weiterhin digitales Ergänzungsmaterial für Lehrerinnen und Lehrer bereitstellen können. Der Verlag behält sich dabei vor, auch gegen urheberrechtliche Verstöße vorzugehen.

Unsere Autorinnen und Autoren sowie der Verlag wünschen Ihnen viel Erfolg bei der Nutzung der Materialien!

Haben Sie Fragen zum Download? Dann wenden Sie sich bitte an den Leserservice der Friedrich Verlags GmbH. Schreiben Sie uns oder rufen Sie uns an!

Sie erreichen unseren Leserservice
Montag bis Donnerstag von 8 – 18 Uhr
Freitag von 8 – 14 Uhr
Tel.: 0511/40004-150
Fax: 0511/40004-170
E-Mail: *leserservice@friedrich-verlag.de*

Wir freuen uns über Ihre Rückmeldung und helfen Ihnen gerne weiter!